A vuelo de pájaro

Cuadernos

Marcela Serrano

A vuelo de pájaro

Cuadernos

ALFAGUARA

El papel utilizado para la impresión de este libro ha sido fabricado a partir de madera procedente de bosques y plantaciones gestionadas con los más altos estándares ambientales, garantizando una explotación de los recursos sostenible con el medio ambiente y beneficiosa para las personas.

Penguin
Random House
Grupo Editorial

A vuelo de pájaro
Cuadernos

Primera edición en Chile: abril de 2024
Primera edición en México: junio de 2024

D. R. © 2024, Marcela Serrano
c/o Schavelzon Graham Agencia Literaria
www.schavelzongraham.com

D. R. © 2024, Penguin Random House Grupo Editorial, S.A.
Av. Andrés Bello 2299, of. 801, Providencia, Santiago de Chile

D. R. © 2024, derechos de edición mundiales en lengua castellana:
Penguin Random House Grupo Editorial, S. A. de C. V.
Blvd. Miguel de Cervantes Saavedra núm. 301, 1er piso,
colonia Granada, alcaldía Miguel Hidalgo, C. P. 11520,
Ciudad de México

penguinlibros.com

Imagen de portada: generada por Adobe Firefly generative AI.

ISBN: 978-607-384-613-4

Impreso en México – *Printed in Mexico*

A Lotty Rosenfeld, in memoriam

Es quizás el último día de mi vida.
He saludado al sol, levantando la mano derecha,
Mas no lo he saludado para decirle adiós.
He hecho la señal de que me gusta verlo todavía:
nada más.

FERNANDO PESSOA

Índice

Prólogo

Un día después. Tres años y un día: hoy.

Escribo, ese es mi oficio, porque invento, porque robo de por aquí y por allá y de adentro y de afuera.

Y de repente me aburrí. Quise salir de la novela, pero no pude salir de la página ni de las palabras.

Y así fueron armándose estos cuadernos, tan libres y arbitrarios en sus modos como metódicos en su escritura.

Es como si en la agenda —todavía de papel— donde habitualmente anoto que debo comprar el gas o ir al doctor, hubiese empezado a registrar la aventura de mis búsquedas cotidianas.

O pongámoslo así: imaginemos que quien escribe es una más de las protagonistas que he inventado en mis novelas. Imaginemos que una de ellas, cualquiera, un día se aburre de ser ficticia, se baja de las páginas y decide hablar sola. Es sencillamente una mujer hablando. De cualquier cosa. Y no puede parar de hablar; lo hace por tres años seguidos. Ya sabemos que las voces se entrecruzan, que una voz es siempre muchas voces y que las penas y las alegrías de una son también las de otra. Los afectos, los libros leídos, la pandemia, los avatares políticos, la naturaleza y el temor a la vejez tienen aquí espacios protagónicos. Son tres cuadernos escritos cada uno durante un año entero (del 2020 al 2022) y guiados por una idea general: consignar las delicias, el primer año; los asombros, el segundo; y buscar la luminosidad del sol, el tercero. De cada año he dejado una buena parte de las anotaciones, o a veces fragmentos de ellas, procurando mantener todos los hilos que lo compusieron originalmente, pero omitiendo algunos días y pasajes.

Siento una enorme gratitud por mis lectores y especialmente por mis lectoras. Y a ellos van estas palabras casi de disculpa por no ser la escritora de siempre y de asombro porque no puedo dejar de serlo.

Cuaderno de las delicias

Al cabo de los años he observado que la belleza, como la felicidad, es frecuente. No pasa un día en que no estemos, un instante, en el paraíso.

JORGE LUIS BORGES

1 de enero, miércoles

Blanco amaneció el año.

Prístino, liviano el aire de la primera mañana, con poca carga, poco deber, poca previsión, amable será en su pasar, sin apuro, sin deber. Ya todo lo he hecho.

Por mi ventana, las gardenias florecidas, blancas blanquísimas contra el verde de sus ramas, no eran más de dos o tres, esperándome.

Por la misma ventana, de repente, sin anuncio, seis gansos también blancos. No los conocía, serán del campo vecino, de visita en esta casa grande con perros y gatos que podrían perseguirlos. Pulularon por mi entorno, confiados, sin dilemas ni contratiempo, lejanos a cualquier aflicción. Picotearon el pasto, dieron un par de vueltas y partieron sin premura, cohesionados, muy juntos.

Gardenias y gansos.

2 de enero, jueves

Marcel se despierta y me da los buenos días. Sabe que no quiero levantarme aún. Sigue durmiendo, abuela, acuérdate de que quieres ser la Bella Durmiente, me dice y deja el dormitorio.

Los enormes ojos de Marcel, azules y concentrados, frente a las imágenes de *mi* infancia: revivo mostrándole mis películas de entonces. A él le gustan los trajes del faraón egipcio y yo me concentro en el discurso igualitario de Moisés; mientras matan a Cristo en la cruz, él observa los uniformes de los soldados romanos. Así nos vamos.

Marcel: el mayor placer, hechizo, seducción. La mayor de todas las delicias.

3 de enero, viernes

La historia de Deméter y Perséfone me golpea el corazón mientras la leo. Escucho el grito de la hija y sin ser diosa me encarno en aquella madre comprometida. Que no me falten, las hijas, que no me falten nunca.

Y los pájaros en bandadas. También blancos, con unas pequeñas pintas negras en el pecho, volando en perfecta armonía, unos gimnastas. Ninguno equivoca un movimiento; cómo lo acordaron, quién dio la orden, cómo logran esa avenencia. A campo abierto investigué dónde acababa el vuelo: no cruzan los cerros como yo creía, no, bajan con suavidad de pájaro en las plantaciones, en la ladera de los cerros que miran hacia mí, ahí reposan; ahí duerme, supongo, la bandada dichosa.

5 de enero, domingo

El blanco de la mozzarella, recreos de Roma, de Mantova, de la Toscana, suave, sólida y cremosa. Leche de búfala, creación exquisita, el paladar se alegra, se regocija. Viendo la película *The Two Popes*: Ratzinger —en su confesión—

le da carácter de pecado al no haberle tomado el gusto al mundo y a la vida. *The Taste of Life*. Concuerdo: se peca al no abrazar lo mundano, con las infinitas delicias que contiene.

Y a propósito de papas, los dioses eran bastante malos, y a más poder, más crueldad. Yahvé, Zeus, Odín. El mejor hechizo es no creer en ninguno. Brindo por eso con un vaso de calvados.

6 de enero, lunes

El blanco de los dientes de mi perro amado. Cada delicia pareciera nívea, pura, siendo yo una amante del color. Cuando caminamos por el campo me toma de la ropa, me sujeta, miedoso de mi alejamiento avanza a mi lado con la tela del vestido entre sus dientes. Me hace reír, trato de quitárselo, no quiere soltarme. Mis dos perros como un testimonio permanente del amor puro y duro. También mi gato, sería una injusticia dejarlo fuera cuando es él quien se acurruca a mi cuerpo en la noche y me dice, aquí está el calor, aquí la lealtad, me tienes a mí.

7 de enero, martes

Los espacios lo determinan todo. La terraza techada, fresca y protegida con su largo sillón es el favorito mío aquí en el campo. Este año el verano se ha desbocado, no sé qué se cree con este calor desmesurado. Y desde la terraza se contemplan los cerros al fondo y la línea de cada curva negra en sus puntas contrasta con el cielo. Las plantas son la línea intermedia, como si sostuvieran los cerros. Cada día las recorro, las toco, las limpio, las traslado, no me gustaría morirme y abandonarlas. No fallan en deleitarme. Alguien decía que jardinear y escribir terminaban siendo la misma cosa. Es como rezar. He puesto nuevos tapices y cojines en mi sillón, lo cuido porque es mi casa, mi cama. La alhajo con telas multicolores que traje de Mozambique y aparece un fulgor, amarillo, verde, azul, ya no el blanco.

8 de enero, miércoles

El agua. Disfrutar del cuerpo —el mío— que la atraviesa, la corta en dos, quiebra su calma. Ella, tan limpia y celeste, devuelve esa interrupción entregándome un delicioso brío. La frescura de lo recién hecho. Como el pan.

Dicen que es muy difícil ser feliz sin hacer el ridículo.

10 de enero, viernes

Estuve mi vida entera emparejada, entre unos y otros, pero emparejada al fin. Y hoy me descubro como una solterona, una eterna solterona desde siempre. Me aferro a las rutinas, tan disciplinada que me produce hasta ternura. Apuesto a la ilusión de que gane el espíritu. Que prime lo interior. Y ahí voy, con mi silencio, con el campo, con mis animales, mis libros, mi escritura, mi vodka, mis cigarrillos, de vez en cuando una conversación, de vez en cuando una gran risotada y otras un llanto desolador.

11 de enero, sábado

Un vino blanco helado bajo la sombra del nogal de la casa de la N luego de una semana silenciosa es un llamado a los cariños compartidos. La maravilla de la hermandad, un ancla a los recuerdos, pero también una ventana al porvenir.

13 de enero, lunes

Para llegar a afirmarlo se requiere mucho andar: la naturaleza es mi hogar. Y los dioses me la han regalado.

Naranjos.

Paltos.

Buganvilias.

Achiras.

Gardenias.

Laureles.

Palmeras

Son mis muebles. Y los helechos y el jazmín, mi cama.

14 de enero, martes

No soy ni un caballo de carrera ni un percherón de trabajo. Un intermedio. Y no me gusta ser un intermedio, hay algo mediocre en situarse entre lo alto y lo bajo. A no ser que ese lugar te permita respirar.

Cuando cruzo la cuesta veo a muchos caballos pastando en los potreros. Son hermosos. No son los elegantes de los criaderos (como los que tenía el tío Mauricio en el sur), sin embargo, siempre, siempre me ilumina verlos.

15 de enero, miércoles

Personaje ambiguo el sol: delicia y maldición, alumbra y corroe, entibia y masacra. Tan añorado en invierno como denostado en verano. Le hago el quite, lo evito como sea, se me pega al cuerpo, me incendia, me enceguece y lo odio. También lo adoro. Si solo se retirara a tiempo, los días son demasiado largos —a mí me gusta la noche—, luz a toda hora. Benditas aquellas tardes de julio en que la oscuridad llega temprano y una se guarda junto a ella.

16 de enero, jueves

Desde la ciudad llegaron a mis manos la *Ilíada* y la *Odisea*. En verso. En edición de Gredos. Los toco, los huelo, los ojeo. Olor a libro nuevo. Una inmensidad en mis manos. Al tacto, una ricura.

Mi casa son mis libros. Cada habitación es una página diferente.

Oh, los libros.

Qué puta vida tendríamos sin ellos.

17 de enero, viernes

Quisiera ser un campo de tulipanes holandés. Colorido, ordenado fila a fila, oloroso, fresco, magnífico. Un campo nítido y limpio con sus flores intensamente rojas, intensamente amarillas, intensamente blancas y moradas. Quisiera mejor ser la reproducción de ese campo. Pero como no soy holandesa, elijo más bien a los hibiscos, el canelo, los cactus espinosos, las rosas y las lavandas.

18 de enero, sábado

Hoy se cumplen tres meses del estallido social. La *pelea*, como la bautizó Marcel. Revolución en el país.

No a lo estático.

Que se rasguen todas las vestiduras.

19 de enero, domingo

Deja intacta mi soledad, pide Edgar Allan Poe.

Parten todos, veo el auto avanzando por el camino hacia la ruta de salida y vuelvo a tocar la sustancia milagrosa —a veces ambigua— de permanecer absolutamente sola en este campo largo y silencioso.

20 de enero, lunes

Mi gato Pamuk me trajo un conejo, lo tiró frente a mi ventana. En su lenguaje me dice: es para ti. No hay rastros de sangre, por lo que sospecho que el pobre, tan bonito y pequeño, está desgarrado por dentro.

Los naranjales, en sus largas hileras de árboles, guardan muchos conejos. Los veo cada día. Los perros les ladran y los corretean y ellos, inocentes, deben arrancar una y otra vez. ¿Por qué entonces permanecen aquí? Quizás vivirían en paz en otros potreros con vegetación más desordenada, con más maleza y caos. Pero eligen este.

23 de enero, jueves

Fui a Santiago —única vez durante el verano— solo para ir con mis hermanas a ver *Mujercitas*, la cuarta versión, la más reciente. Comimos luego en un rico restaurante y nos preguntamos: ¿es que nos educaron así porque nuestros padres leyeron el libro o lo leímos nosotras antes y decidimos ser como ellas?

24 de enero, viernes

Cuando Lola Hoffmann despotrica, lo hace con sabiduría. La famosa virginidad, dice, esa mezquindad con el instinto.

25 de enero, sábado

Me devuelvo al campo en compañía de Marcel y cruzando el portón el aire toma su propio nombre: el valle. La frescura y los olores, el verde y la sombra. Llegan los perros y se nos tiran encima, lengüeteándonos caras y manos como si llevásemos mucho tiempo fuera y cruzan por nuestras piernas los gatos, cada uno con su propio carácter, la Miguelina plácida y dulce, la Negra llorona y quejumbrosa y Pamuk regalón y ofendido.

No han crecido aún las uvas del parrón.

Pisamos hojas, una gran cantidad de hojas caídas de los paltos como si fuese otoño y entramos a la casa. Nos esperan con el almuerzo listo. Todo tiene un aspecto limpio y fresco.

Esto es mi campo. Puro cariño, puro reconforte. Familiar, amable, amigo.

Pienso en el *Homo sapiens* cuando descubrió la agricultura y se asentó.

29 de enero, miércoles

Los queltehues. Tantos y tantos, cada uno instalado con fijeza junto a una de las piedras del potrero vacío, grande y café. No, no se han rezagado, allí cuidan sus huevos, los pequeños queltehues por nacer: a ellos no los toca nadie. Parecen inofensivos hasta el momento en que osas acercarte a sus futuras crías, entonces muestran sus garras temibles, las que no se sospechan mirándolos desde lejos. Es difícil distinguirlos: como soldados camuflados en la jungla, se convierten al color de los terrones. Y cuidan. No paran de cuidar.

La protección.

30 de enero, jueves

La rebelión árabe.

Primera Guerra Mundial.

Lawrence de Arabia ha sido mi película favorita desde que la vi a los once años en el cine Gran Palace de la mano de mi padre, que estaba listo para confirmar que yo tenía quince y no once porque la película era para mayores de catorce. (Obama declara verla dos veces por año.) Los ojos azules de Peter O'Toole me perseguían, soñaba con ellos. Estoy a punto de afirmar que me alumbraban. Y el desierto. Años más tarde, cuando yo pisaba ese mismo polvo, la visión de él montado en un camello, muerto de sed, era una imagen inevitable.

Hoy se la doy a ver a Marcel. Se la voy explicando, escena por escena, y él revive conmigo la fascinación. Y los años idos.

La repetición.

31 de enero, viernes

Jugábamos con Marcel a «la construcción» con sus figuras geométricas de madera pintadas, a esa hora muerta después del almuerzo, cuando llegó una sorpresa: una mujer joven y florida con el pelo largo de oro como Rapunzel parada en el ventanal: grande, fornida, de piernas espléndidas, cintura angosta y una sonrisa pícara enorme como un manantial: mi hija.

1 de febrero, sábado

Almuerzo familiar: mis dos hijas, mi nieto y yo. Somos los que somos. Al desaparecer las parejas, la familia se volvió nuclear, sanguínea y femenina.

La familia y la comunidad como el todo que sostuvo al hombre hasta la modernidad. Gozo los privilegios de mi tiempo sin abandonar lo antiguo.

Este campo es una comunidad viva. Las cinco casas distribuidas entre los paltos y los naranjos, plantadas en medio del huerto como un árbol más. Un árbol grande, eso sí.

Me pongo el sombrero de paja para el sol y camino diez minutos a la casa de una hermana. Una vez allí, dos minutos a la casa de otra hermana. Y así. Y se comentan las novedades o se discute el último drama familiar —nunca faltan—, se analizan posibles resoluciones y todos se involucran en todo. De este modo más o menos vivían las antiguas comunidades antes de que el Estado y el capitalismo las liquidaran (si he de creerle a Harari).

3 de febrero, lunes

Pienso en la novia de mi amigo y me digo: es encantadora. Luego me pregunto: ¿qué más es? Y no lo sé. Entonces, por supuesto, llega la siguiente pregunta: ¿basta con el encanto? Tampoco lo sé.

Para casi todos los humanos resulta una delicia convivir con el encanto.

A mí no me bastaría.

4 de febrero, martes

Hoy llegó a nuestras vidas una nueva integrante: la Banana. Cachorrita de tres meses, adoptada por mí luego de ser atropellada, pobrecita, un alma noble la recogió y la llevó a un veterinario. Quiltra, herida y sin dueño.

¿Cuánto demora el corazón en abrirse? ¿Diez minutos? ¿Veinte? Lo espectacular e ignorado es la reserva de amor que se guarda en algún lugar interior desconocido. Y que se estira, se estira. Y todo cabe.

5 de febrero, miércoles

¿Puede haber algo más estúpido que afirmar que una no se arrepiente de nada?

Hoy, hace muchos años, murió mi padre. A las tres de la tarde, no a las cinco como Ignacio Sánchez Mejías. Yo estaba a su lado. Y si sigo con lo anterior, fui una buena hija. Menos mal en ese rubro no hay arrepentimientos.

6 de febrero, jueves

Después de largos años apostando por su vida, hoy el magnolio se atrevió a florecer. Su primera flor.

Desperdiciar la vida es un pecado mortal.

El magnolio me lo regaló mi hermana muerta.

8 de febrero, sábado

La temperatura perfecta.

La luz perfecta.

El atardecer en el campo, ocho de la tarde (en invierno serían las ocho de la noche).

Todo se trata del pequeño instante. Del goce. De que ni el calor ni el frío te distraigan. De que la luz no te ciegue ni te obstruya. De que los tres perros se hayan quedado dormidos a mis pies. Cualquier nota musical sería un insulto en esta calidad de silencio.

The delight of being alive, ¿estamos de acuerdo, Elizabeth Bishop? La delicia de estar viva.

9 de febrero, domingo

Un pájaro cruza el huerto volando bajo. Pienso en Marcel.

El tractor revienta un terrón de piedras en el potrero. Pienso en Marcel.

La Banana me muerde los pies. Pienso en Marcel.

La delicia de amar. Y la delicia de tomar por fin la *Odisea*. Lo hice hoy con bastante timidez, temiendo que me sobrepasaría. En buenas cuentas, que me quedaría grande. En su traducción romana nació la literatura latina, cojones. Empequeñecida ante eso, la abrí y fue una aventura gozosa. Me adentré en los primeros cantos con Telémaco, Néstor y Menelao y ya estoy instalada en sus palacios y en sus barcos.

10 de febrero, lunes

Desconcertantes estas gardenias mías. Aparecieron unas pocas a principios de enero por un pequeñísimo lapsus de tiempo y no entendí por qué brotaban entonces. En mi calendario de la memoria lo hacen solo en febrero. Volvieron a aparecer semanas más tarde, inundaron todo con ese asombroso e increíble olor. Marcel las olió y otra vez murieron. Me despedí de ellas y pensé en limpiar el árbol como lo hago cada año, borrando las huellas de su paso o más bien preparándolo para su próxima estación. Hoy abrí las cortinas de mi pieza a la hora del desayuno y, para mi sorpresa, el árbol estaba nuevamente repleto de flores. Vuelta a competir con las abejas por su olor.

Arbitrarias.

Maravillosas.

¿Será que este ir y venir de forma inesperada es su forma de hacerse querer?

11 de febrero, martes

Homero califica a los grandes héroes como discretos, varias veces aparece este adjetivo ante el nombre de un semidiós o un gran guerrero. Discreto.

Sorpresa.

Nadie paga hoy por ello.

No es una característica en boga, como si en verdad fuese anticuada, como si no valiese la pena el esfuerzo.

Muera la discreción formal, la de los salones, la decimonónica, la de los hipócritas. Quiero la discreción de Homero, la de siglos y siglos atrás, que apela al refinamiento, a la elegancia. Al espíritu que no es estridente.

Un camión estacionado en el camino vende frutas y verduras. Gustosa le compré. Había ya pagado cuando su dueño, un anciano de blancos y espesos bigotes, me llamó y me regaló un melón.

Lo discreto y lo gratuito.

12 de febrero, miércoles

La ropa ajustada me resulta equivalente a una camisa de fuerza. Imaginemos un traje de dos piezas entallado. O un corsé que llega hasta los muslos. Todo lo que toque el cuerpo más allá de rozarlo es insoportable, más aún si aprieta o aplasta. Las culturas primitivas nunca vestían así. Las túnicas griegas o romanas eran sueltas y caían como manantiales sobre los cuerpos. Mi recuerdo más nítido de Mozambique es la ropa de las mujeres: aparte de los colores espléndidos, la soltura con la que se forran en las telas les permite moverse a cualquier compás. Me pregunto en qué momento de la historia ciertos pueblos empezaron a ceñir las vestimentas. Sería, quizás, un momento de enorme represión. Cómo habrá reclamado el cuerpo en silencio por esta libertad que le quitaban.

Durante el verano yo solo me visto con túnicas. Tengo mexicanas, árabes, africanas, siempre 100% de algodón. Es un homenaje a la soltura, a la emancipación y al desahogo. Nunca es casual la ropa que usas, lanzas mensajes cada mañana al elegirla. Y entonces pienso en las mujeres con trajes de dos piezas con enorme compasión.

14 de febrero, viernes

«Acuérdate del *barbecue* con los vecinos a las seis de la tarde, no te atrases. Y mañana iremos por el auto nuevo, ¿verdad? Me lo prometiste».

Diálogo en la televisión: la joven esposa y su marido. Se trasluce en sus gestos, además de en sus palabras, el enorme esfuerzo para que le confirme. Él la mira sin entusiasmo, un poco agobiado. ¿Por qué tiene que asistir al *barbecue*? Es que son nuevos en el barrio y deben darse a conocer y cultivar la relación con los vecinos.

Es el suburbio de alguna ciudad de Estados Unidos, uno de los miles y miles.

Me dan náuseas.

Imagino las conversaciones en el encuentro vecinal, los chistes tontos, las risas forzadas, esas ganas de complacer tan norteamericanas, la ansiedad por pertenecer, ojalá todos lo más parecidos posibles entre sí.

Y el auto nuevo. El establishment. La estupidez.

16 de febrero, domingo

Hoy la Banana ladró por primera vez. Derecho a voto.

Es domingo. Me han traído dos kilos de erizos e invito a las casas vecinas a este banquete. Cada lengua es amarilla, es naranja, es color azafrán. Los acompañan la cebolla picada en pequeños cuadraditos y el perejil. Todo junto al vino blanco helado.

Una fiesta de erizos.

Y recuerdo a mis dioses. Yo quisiera haber vivido en el Olimpo, haber sido una deidad. Mi objetivo no habría sido la inmortalidad, no habría pretendido tanto, sino solo los festejos. Los dioses se la pasaban de banquete en banquete, tomaban vino como nosotros el agua y nunca se levantaban sin estar ahítos y saciados. Esa es una razón para ser diosa. No me habría perdido una sola celebración y sus manjares. Por eso me gustan estos dioses, *tan* terrenales.

17 de febrero, lunes

Leí esto: «Anda al patio a oír crecer los naranjos».

Salgo al patio y ahí están. Los naranjos y su largo huerto me rodean, tantos naranjos, camino por los camellones, ya se recolectaron los frutos maduros y en cada uno comienza su próxima fecundidad. Hoy los toco: pequeños aún, su color los confunde con sus hojas, apretados, duros como un niño robusto que sabe bien que crecerá. El pequeño Julián me dice con una naranja en su mano que esta llora.

Los naranjos lloran porque van a crecer y, cuando ya se confundan con esferas de oro, su vida acabará.

En este silencio atronador, por ahora crecen a mi lado y delicias caen de sus ramas.

18 de febrero, martes

Cuando me entregaron esta casa planté cuatro cipreses al borde del paño de pasto. Dos venían de la casa de mi madre, en este mismo campo, y los otros dos de mi casa en Santiago. Como los álamos de mi infancia, cuatro centinelas alineados, muy próximos uno al otro, comenzaron su nueva vida.

Hoy, los dos cipreses de mi madre casi tocan el cielo, crecen y crecen, se estrechan entre sí y se estiran, altos y potentes. A su lado, los otros dos, con humildad inusitada en un ciprés, siempre altanero y espléndido, se desarrollan lentos, con menos sustancia que la de sus compañeros, acomplejados, más bajos, con menos ramas y menos color, los hermanos menores con su inevitable timidez.

Qué duda cabe: la llamada de la tierra es de mi madre.

19 de febrero, miércoles

El barco de Ulises, de vuelta a Ítaca tras la guerra, atraca en una isla donde sus habitantes se alimentan solamente de la flor de loto. Esta elimina el recuerdo. Al comerla naces de nuevo y solo existirá lo que vivas a partir de ese momento.

Algunos desean comerla para olvidar el dolor.

Pienso en una vida sin memoria. Sin etapas de lo sucedido. El problema es que al borrar el sufrimiento lo pierdes todo. El olvido está dispuesto a pagar ese precio. Adiós, amores y afectos, paisajes, sabores, páginas leídas, nombres de las cosas. Tanto que hemos tardado para hacerlas nuestras. La gardenia de mi jardín no sería una gardenia sino una flor con un dulce olor. El pequeño cuerpo de Marcel sería solo el pequeño cuerpo de un niño.

No, hombres de Ulises, ¿no comprenden que el recuerdo es la gran victoria sobre el tiempo, aunque sea impreciso y fragmentado?

20 de febrero, jueves

Un cuento que se llamara «La Floja Rencorosa que además era Viciosa». En las primeras líneas se relatarían sus madrugadas, momento en que se permite a sí misma una franja —como las franjas televisivas— de autoflagelación envuelta en negras nubes en que el mundo adquiere una hostilidad directamente dirigida hacia ella y los suyos, donde la visitan todos los que le han infringido algún mal o alguna ofensa y donde concluye que su vida es horrible. Pasada ya la vigilia, vuelve a dormir con una complacencia ajena, opuesta a los oscuros designios de momentos anteriores. Cuando ya despierta, estando el sol muy alto —parte de sus vicios—, el mundo le sonríe y la existencia brilla mientras ella se felicita de lo bien que ha llevado adelante sus proyectos y su vida. Como el cerebro no le funciona sin cafeína, es después del café que logra enfrentar el día y para esto debe prender un cigarrillo. Introduciéndose la cafeína y la nicotina por las venas, qué contenta se ve dándole la cara al día. Los rencores de la vigilia totalmente olvidados, menos por voluntad que por temperamento, disfruta genuinamente de los privilegios que los dioses le han otorgado. Son muchos. Se desparrama por las horas de luz, se entretiene, se tiende un rato en su mullida cama después del almuerzo, se anima, juega con sus animales, sale a caminar y luego lee, lee como si la vida se le fuera en eso. A las siete de la tarde no puede faltarle un vodka tónica, acompañado de varios cigarrillos. ¿Seré un asco?, se pregunta, bajito, pero más bien con humor. Entonces, aspirando el humo, vuelve a felicitarse.

21 de febrero, viernes

Nuevas visitas directo del vivero: cientos de pequeños naranjos, recién nacidos, para poblar los dos potreros tomados por los queltehues que los aguardan desde hace ya un año. En vez de cunas, llegan envueltos en cartón blanco, que apisona y protege el ínfimo pedacito de tierra donde vienen insertos. No los plantan de inmediato. Pregunto por qué, si la tierra está lista para recibirlos. Me explican que los árboles deben permanecer unos días tanteando el ambiente, tratando de adaptarse y de conocer su nuevo domicilio.

Como la Banana, tan tímida y asustada cuando llegó a esta casa y hoy, a pesar de su accidente y su cojera, corre por el pasto y persigue a los perros grandes para jugar con ellos.

22 de febrero, sábado

El desasosiego.

El dolor de los otros.

También agobia, carcome, destruye.

Lo que prueba que no todo se trata de una misma.

Cuando ya había terminado de escribir *El manto*, al editarlo y volver sobre sus páginas, recorría —sin proponérmelo— los momentos exactos en que las había escrito y los revivía. Navegaba entre el dolor de los otros y el mío. El invierno de 2018, la calle Mosqueto, el frío, ese departamento que terminé amando, la mesa sobre la que trabajaba, mi osadía de haber partido dejando casa y marido para encerrarme sola a escribir y a cambiar mi vida.

Cada novela retiene sus propias imágenes, dónde y cómo fueron escritas, la profunda concentración en distintos países, climas y escenarios. No necesito diarios de vida, son ellas las que me llaman a recordar.

Narrar y narrar hasta que nadie muera, dijo Canetti.

Narrar y narrar para soportar la existencia y el dolor de los otros.

Narrar para existir, para calmar el desasosiego.

Ya, basta.

23 de febrero, domingo

Constatando la adaptación de la Banana a este campo, pienso en el exilio. Si las plantas y los animales buscan adaptarse, cómo no los humanos, aunque suela ser con resultados menos exitosos. Más vacilantes, o lentos, quizás más cohibidos. Más aún si cargas sobre los hombros el drama de la persecución, las partidas, las pérdidas, las incertidumbres.

Vivir en tierra ajena es una enorme carga. Si no manejas el idioma, la carga es doble. Pero aun si lo haces, ¿qué pasa con los códigos de cada lugar? Miro hacia atrás. He vivido en cuatro países que no eran el mío y la ajenidad estuvo siempre presente, incluso cuando fueron experiencias buenas, algunas buenísimas.

Recuerdo una fiesta de escritores en Ciudad de México, en la bonita Hacienda de los Morales, en que, mientras entregaba al mozo mi vaso de champagne vacío, sentí una punzada de soledad: yo no le importaba a nadie de los presentes, yo era la extranjera y tuve la certeza de que, aunque viviera allá cien años, seguiría siéndolo. Quise desesperadamente volver a casa.

Pobres naranjos, pobres perros, no tienen más alternativa que adaptarse. Yo hoy la tengo. La comarca propia.

24 de febrero, lunes

Leo el Evangelio todos los días. Me gusta su lenguaje. Pero la figura de Jesús a veces se me hace insoportable, es su faceta pedante la que me expulsa. Entiendo que todo profeta debe ser un fanático, de no serlo no convocaría a sus bases. Y no es poca cosa declararse hijo de Dios y convencer a los demás de aquello. Pero es la figura del Cristo humilde la que me gusta.

Leyendo a Harari me pregunté muchas veces cómo hay personas inteligentes y analíticas que creen que Dios hizo el mundo. Envidio a mis hijas, que han gozado de una educación laica. Cuán ancha se torna la libertad interna. En mi caso debí deconstruir una larga y penetrante formación católica, como si tuviese miles de pizarras frente a los ojos que ir borrando lentamente cada día.

Al catolicismo no le tengo afecto. Ninguno. Y me pregunto cómo fue que un grupo pequeño del Medio Oriente logró conquistar toda una civilización. Claro, ellos eran cristianos, no católicos, pero, de todos modos, qué tarea titánica y exitosa llevaron a cabo. Leyendo *El reino* de Carrère también me hice mil veces esa pregunta. Se la hago a la S y sus respuestas vienen más de la fe que de la objetividad.

Marcel tiene una enorme confusión entre el dictamen de sus padres (Dios no existe) y las películas bíblicas que ve conmigo. Su carita de concentración frente a la pantalla en nuestras sesiones cinematográficas es absoluta, qué educación más contradictoria.

25 de febrero, martes

Siempre les creí todo a los hombres. Me educaron en la confianza y desde ahí pisé fuerte, pero comprendiendo todo a medias. Probablemente viendo solo lo que deseaba ver. No importa. Una flor florece para su propia alegría, según Oscar Wilde.

26 de febrero, miércoles

La felicidad es una obligación moral.

«¿Cuán bajo puedes llegar?» es la pregunta de un hombre sin piernas que pide limosna. Sin embargo, nunca falta el que, sin hambre y con sus dos piernas bien sujetas al cuerpo, rebaja su capacidad de felicidad por la sola incapacidad de verla, siempre simple y humilde, nunca ostentosa ni cegadora.

Es una camisa de dormir recién lavada y planchada bajo la almohada.

27 de febrero, jueves

Leo una reflexión del gran Julio Ramón Ribeyro sobre por qué ser escritor: porque no sabría ser otra cosa.

Cuánto me acomoda ese título. Escritora. Licencia para hacer lo que me da la gana. Excéntrica. Fóbica. Encerrada. Floja. Para no trabajar en una oficina. Para no usar taco alto ni maquillarme. Para vestirme solo con túnicas. Hasta para casarme varias veces. Para nunca marcar una tarjeta. Para no sentir culpa alguna por no estar en otro oficio.

Tengo una veta perezosa, la llevo en la sangre. No es casual que mis tíos abuelos maternos se metieran todos a la cama a los cuarenta años. Pero llegado el momento de escribir me transformo en una calvinista y me comprometo y me disciplino. Hasta me levanto más temprano, lo que es mucho decir. Aun así, el título de escritora me cubre, me ampara y, a veces, me da la sensación de hacer algo significativo. Pero no me engaño, escribo porque toda otra actividad me horroriza. Prefiero morir de hambre que trabajar en algo corriente.

1 de marzo, domingo

Amanecí en Santiago.

Me pregunto por qué Homero se esmeró en que la vuelta a casa de Ulises fuera tan dramática y difícil. He pensado estos días en su significado. Recuperar el hogar a costa de tanto impedimento, con dioses que se oponen y otros que lo hechizan. ¿No debiera ser la cosa más natural del mundo?

Aprovecho para preguntarme si mi hogar es Santiago o Mallarauco, cuál es donde toco las superficies y mis dedos se acomodan, donde conozco el hilo de las sábanas y sé de inmediato su peso, donde abro un cajón de la cómoda y anticipo el momento en que se quedará atascado. No existe el amor abstracto por una ciudad, hay ciudades que una ama más que otras (Roma) pero al final hay solo dos razones para considerar un espacio determinado «la casa propia»: el amor o la tierra. Para Ulises ambas se fundían. Para mí, no. La tierra es Mallarauco, Santiago es el amor.

¿Cuál, entonces?

¿No es acaso una enorme delicia —expansiva, pletórica— el no saberlo?

2 de marzo, lunes

Varias veces me ha vuelto a la memoria el cuento del chanchito de mazapán. Era pequeño y rosado, pero su volumen lo tornaba una tentación. Sus ojos habrán sido almendras y los agujeros de su nariz algún caramelo. Llegó de regalo para nosotras en una encomienda al campo de mi infancia. Mi madre, cautelosa, nos entregó una parte del tesoro, guardando el resto. Entre esos restos, el chanchito rosado. Era todo mi deseo. De noche, en puntillas, sin que nadie me viera, fui a abrir la caja, tomé el chanchito y me lo llevé. Lo escondí tras las cortinas que jugaban a ser puertas de un estante que había en nuestra pieza, una tela amarilla con flores rojas y rosadas. Al día siguiente esperé una hora en que no hubiese nadie mirando y otra vez en puntillas fui a levantar las cortinas, preparada para comérmelo. Había desaparecido. Quedé estupefacta. Me aterré, pues significaba que me habían pillado. No podía abrir la boca, menos preguntar por él, no era mío, no tenía permiso para apropiármelo. Me di vueltas por la casa, en silencio y desesperada. Me robaron lo robado y no pude apelar.

3 de marzo, martes

Deja de llorar, Penélope, por favor, deja de llorar. Llevas veinte años llorando, ¿no te parece mucho? Ni siquiera un rey lo merece, menos uno que se da el lujo de tardar diez años en una guerra y luego otros diez en volver a casa.

En la privacidad de nuestras habitaciones, Penélope, bien sabes que ninguno es rey. Ni reyes ni héroes en la cama. Solo un hombre que te ame lo suficiente como para empequeñecer su narcisismo.

No importa por quién llorabas, importa el llanto en sí. Todos los días, a toda hora. Tejías un manto en el día suspirando y gimiendo con las lágrimas siempre a punto de desbordarse y durante la noche lo deshacías y las lágrimas se convertían en sollozo. Pasaban los años y con justa impotencia atestiguabas tu deterioro, el de tu cuerpo, tus lacrimales, tu juventud, todo perdido porque eras una esposa fiel.

¿Por qué esperaste tanto? ¿Qué pensamiento obsesivo te perseguía? Ya sé que hoy, en mi época, nada perdura, pero lo tuyo se extralimitó. Solo una loca o una neurótica se cuelga al cuello una cadena tal. Y llora.

Penélope, ¿vale la pena? ¿Nunca se te ocurrió sencillamente olvidarlo, después de tanto tiempo y sin noticias? (tu pobre hijo, de isla en isla tratando de averiguar). ¿Por qué no te fuiste con otro? ¿Quizás porque dejabas de ser reina? ¿Por qué creíste que era virtuoso o apropiado que un hombre se apoderara de cada uno de tus sentimientos, por qué lo permitiste?

Sospecho que en el camino tuviste dudas sobre el hecho de que un hombre te determinara así.

Prométeme que ya no lloras. Y así te puedo yo confesar que mi gran delicia es no esperar a nadie.

5 de marzo, jueves

La prensa escrita, el papel: todo ese placer pasado de moda. Me siento una ciudadana cada vez que me levanto y recojo la prensa que me han tirado temprano por debajo de la puerta de entrada. Me gusta inclinarme y recogerla del suelo. A pie pelado. Ya con ella en las manos voy a la cocina a preparar el café.

No me avengo mucho con la era digital. ¡Vamos! No soy una vieja de mierda que se opone a la tecnología, los beneficios que nos ha traído son invaluables. Pero para mi generación es un elemento que suele salirse un poco de control. Siempre al borde de un posible abismo —llamando a los yernos—.

Paso muchas horas frente a la pantalla, debo leer y absorber el mundo desde ese lugar. Desde allí escribo mis libros. Entonces, cuando llega la hora de la lectura, la hora del papel, del contacto físico con él, la delicia me invade, la siento, la palpo, la huelo.

Homero es para mí cien por ciento papel. También este cuaderno en el que escribo. Me gusta en todos sus estados: en blanco, impreso, rayado, dibujado, pintado, escrito.

6 de marzo, viernes

Pienso en la Aurora, la de dedos rosados, como la llama Homero, la divinidad que precede a su hermano Helios, el sol, para que comience el día, también hermana de Selene, la luna.

Aurora, que era suelta de cuerpo, tuvo la osadía de acostarse con el amante de Afrodita y esta, vengativa y vanidosa como era, le hizo la siguiente condena: vivir eternamente enamorada. La pobrecita perseguía hombres sin ton ni son —cómo no, si cargaba con esta maldición— y probablemente los hombres escaparan ante su ansiedad (destino conocido por muchas mujeres). Pienso que Afrodita fue inteligente al elegir esta condena: no imagino un peor castigo. Aurora (o Eos en otras versiones) pierde todo su pudor: acecha a los hombres, los hostiga, los secuestra. A veces no los consigue o le responden mal, por lo que se cree que el rocío son las lágrimas que vierte temprano en las mañanas, luego de haber cumplido con su única tarea, la de abrir el mundo para Helios. Por cierto, Afrodita no le explicó nunca las formas de seducción.

El «enamoramiento» —aparte de ser el estado de locura que Freud definió— es un llamado constante a la ansiedad. A la falta de paz interior. Así como saltárselo es un signo de muerte.

Empecé a enamorarme muy tempranamente y pasé casi cincuenta años dedicada a eso. Nada me ha traído tanta serenidad como bajar la cortina.

Pobre Aurora. La imagino deambulando en el éter mientras busca un nuevo amor. Qué condena.

8 de marzo, domingo

Ella se llama Nelly León, monja capellana de la cárcel de mujeres de Santiago. Es inteligente, articulada, sin estridencia, con un carisma que me recuerda a Gabriela Mistral. ¿Será esa ropa, ese peinado, esa entrega? Ella es católica y pide perdón por los horrores protagonizados por su Iglesia. Trabaja con mujeres privadas de libertad y ha creado una fundación para ayudar a estas mujeres una vez que parten al mundo, siempre indefensas y desposeídas. La escucho y miro en la pantalla de TV luego de haber disfrutado una mañana apoteósica de fiesta y celebración entre miles y miles de mujeres que nos tomamos la ciudad.

Por supuesto, cuestiono mi rol frente al suyo: el compromiso. Me dan ganas de partir a la cárcel y ofrecerle a la hermana Nelly mis servicios. Entregarme a las que sufren, insuflarles mis últimos alientos. Ya he vivido tanto, bien podría devolver algo de esa vida. Entre estos pensamientos culposos recuerdo que soy una escritora. Que mis lectoras han sido las mujeres, que desde ese lugar las he acompañado en tiempos en que la compañía era escuálida.

¿Bastará? ¿Tengo derecho a vivir tranquila en mi hermoso departamento leyendo a Homero?, ¿tengo ese derecho?

El mundo cuenta con personas como la hermana Nelly, demos gracias.

9 de marzo, lunes

Las araucarias que se ven por el ventanal de mi departamento son perfectas. Bien dijo Chagall que ninguna pintura compite con las obras de la naturaleza. Las miro con fijeza, incansablemente. Se suman a estas enormes pájaros —cuyo nombre ignoro— que allí tienen su nido. Uno de ellos entra y sale del ramaje como Pedro por su casa y vuela a pocos metros de mi terraza. Siempre quiero llamarlo. Pero él me ignora y elige pasar de una araucaria a la otra.

Me enorgullece que este, de todos los árboles, sea nuestro «emblema nacional», como el *maple* en Canadá o el cedro en el Líbano. Y yo me apropio de este privilegio —observarlos desde mi ventana— sin ningún peligro de que algo interfiera o me tape la vista. En el Parque Forestal, donde durante mucho tiempo quise vivir.

Estoy de aniversario en este nuevo departamento. Aunque no la haya habitado los doce meses (Roma, Mallarauco) es mi casa hace un año, cuando hice esa mudanza horrible, con más de setenta cajas de libros que arruinaron los ascensores y que yo no lograba mover y con trabajadores que se negaron a subir los ocho pisos por la escalera mientras los sillones y las camas esperaban abajo en la vereda. Recuerdo un momento en que me senté en la mitad del desorden a llorar, totalmente sobrepasada e impotente.

Y ahora nos convertimos en la «Zona Cero».

La gente arranca del barrio por las bombas lacrimógenas, el gas, las piedras y los gritos. Sin embargo, no lo cambiaría por nada. La delicia de haber encontrado un lugar.

10 de marzo, martes

Ulula la ambulancia y se abre camino con sus luces verdes. Grita musicalmente el camión de bomberos con las mangueras enredadas. El auto de policía hace funcionar la alarma, dándose una enorme importancia. Los tres sonidos compiten y combaten entre sí, todos aparentemente en la misma dirección. Alguno puede venir por mí. Me encontrarán y el ruido cesará.

Esta es la ciudad.

11 de marzo, miércoles

Hoy se ha declarado la epidemia mundial del coronavirus.

Cambió el aire.

Se puso serio.

Se puso alarmante.

Dramática y fascinante la transversalidad, desde un primer ministro hasta un vagabundo. Podemos palpar, tocar la globalización como nunca antes, se hace carne de maneras sorpresivas e inevitables: somos todos una misma tierra, este pequeño planeta, rozando frontera con frontera, contagiándonos, enfermando y muriendo todos juntos.

Las epidemias me evocan el Medioevo. En plena modernidad es difícil hacerse a la idea.

Soy de alto riesgo: fumadora de sesenta y ocho años.

Qué delicia haber alcanzado a vivir tanto y tan a fondo.

13 de marzo, viernes

A pesar del follaje, diviso desde mi ventanal un edificio.

Entre el edificio y yo no solo vive el Parque Forestal sino también el río Mapocho. Es una construcción de tres bloques y todos son feos. Altos, angostos, desangelados, se aprietan entre ellos y sus balcones son diminutos. Casi, casi un gueto vertical. A la misma altura, allá al frente, observo una ventana con la luz prendida. Si el ojo no me engaña, proviene de una habitación amplia y desnuda, sin cortinas ni visillos, y a contraluz, una figura en movimiento. No dudo de que es una mujer. Aunque no tengo cómo distinguirla a esta distancia, lo sé. Es probable que tenga más o menos mi edad. Vive sola, también. La diferencia probable es económica, vivir a la derecha o a la izquierda del río. Me pregunto si será una lectora o si tiene la TV siempre encendida. Si alguien la visitará. Tendrá un par de hijos independientes, sin demasiado encanto, vive en cierta melancolía. Debe cocinar, hacer mucho aseo y lavar platos diariamente.

Estoy a punto de ponerle un nombre.

16 de marzo, lunes

Lockdown.
Empezó la cuarentena.
Me trasladé hoy al valle con camas y petacas. (Ayer fuimos a un restaurante con la N y supimos que era la última vez que lo hacíamos en mucho tiempo). Calculo que durante quince días no me moveré de aquí. Qué delicia ser tan bienvenida por mis animales, ellos sí que me quieren. Y mientras desempacaba me inundó la fascinación de la soledad exigida, aquella por la cual nadie

puede culparte. La posibilidad de proyectar una quincena a tu propio aire solo sucede en situación de emergencia. Nada para el exterior, nada para mostrar, nada para hacer que no sea mi propio capricho. Esta sí es una situación extraordinaria. Única.

Mi equipaje fue liviano.

Homero.

Este cuaderno. Vino y vodka, pan y queso. Cigarrillos y poesía.

Y ningún deber, ni social ni laboral. Estoy en cuarentena. Esto es histórico. Llegó el futuro, con sus fauces abiertas.

Y a riesgo de sonar poco solidaria con la humanidad, esto es una delicia.

18 de marzo, miércoles

Son pocas las veces en la vida en que una sabe, con certeza, que está en el lugar adecuado en el momento adecuado. Hoy lo sé.

Es tremendamente difícil convencerse de que todo esto es real. Ha sido tan súbito y estruendoso como la caída de una guillotina.

Acaba de temblar. Me dio risa, ya es demasiado.

20 de marzo, viernes

Saciada ya, qué difícil es recordar el hambre. Me pregunto cuán capaces seremos de recordar a la vuelta de este camino.

Ni contagiada, ni derrumbada, ni hacinada, ni asustada. Se nos borrarán las huellas dactilares de tanto lavarnos las manos y podremos ser otros.

Aleluya.

Salí a caminar con mis perros y con Dvořák y su *Sinfonía del Nuevo Mundo*. Ninguna coincidencia.

21 de marzo, sábado

Llegó el otoño y la primera hora de la mañana se preocupó de anunciarlo con creces, todo nubladísimo, un abandono abrupto del sol.

La música (oh, Mishima). Nada ni nadie tiene su poder para disparar los recuerdos, muchas veces sin saber siquiera que los almacenábamos. Salgo a caminar con audífonos y aparecen momentos antiguos gozosos, encantadores. Rostros masculinos, algunos tan bellos. De hecho, muchos hombres pueblan esa red del cerebro que poco destapo y limpio.

Agradezco haber vivido una juventud tan generosa.

22 de marzo, domingo

Devoro las uvas de mi parrón. Saliendo del patio rojo de la cocina, estiro la mano y allí me espera el parrón con sus racimos suculentos, plenos, magnánimos. Corto uno y lo consumo de a poco, dulce y fresco. Morados mezclados con verde y un poco de azul. También como frambuesas de mi pequeño huerto —bastante mísero—, quedan pocas, ya pasó la temporada. Es la única fruta que tengo.

Quisiera compartirla con mis hijas. ¿Qué comerán ellas, encerradas como están en sus respectivos departamentos en Santiago? Quisiera extender las manos, tocarlas de pasada, levemente, al menos rozar sus caras y sus manos.

La diosa Atenea no tuvo una madre, nació de la cabeza misma de Zeus. ¿Será aquello una bendición? Fue tan guerrera y discutidora, jugaba a la permanente racionalidad. Quizás le hizo falta que alguien le hiciera cariño.

Dudo que exista un tema más discutido, analizado y observado que la maternidad. La mía es la primera generación de mujeres enamoradas de sus hijos/as. Antes escasamente nos veían. Ni hablar de las abuelas. La mía (conocí solo una) nunca me apretó ni me metió a su cama ni jugó conmigo. Me leía, eso sí.

Hemos parido tiranos/as.

Entre las uvas y mis hijas, las delicias sobran hoy. Aunque en el mundo la gente esté muriendo.

24 de marzo, martes

Camino por todos los que no pueden caminar.

Me impregno de verde por todos los que no pueden impregnarse.

Aspiro el aire puro por todos los que no pueden aspirarlo.

Y mientras cruzo los camellones, de una hilera de paltos a la otra hilera de paltos, hundiendo los zapatos en las hojas pardas que han caído al suelo cuando en el árbol no han podido ya sujetarse, las que crujen sin cesar como una bisagra no aceitada, pienso en los miles y miles que tienen miedo, que viven hoy encerrados en el cemento, que ni la calle pueden pisar. Algunos ni siquiera tienen un balcón para respirar más fuerte. Y se irán estos días de sol, ya el frescor de las tardes nos lo advierte, y llegará amenazante el frío. ¿Cuántos podrán hacerle frente?

La humanidad entera sufre. Algunos entran en pánico, otros están muy solos. Y esto ocurre mientras son las ocho de la tarde (o noche), cuando las bandadas de pájaros —mis bandadas propias— vuelan frente a la línea de mis ojos con puntualidad perfecta.

Casi no soporto mis privilegios.

Cuando los perros corren tras de mí —nunca me abandonan en un paseo—, pienso en la inquietud de los que viven en la ciudad con un perro encerrado.

25 de marzo, miércoles

Hoy es el cumpleaños de la Sol, mi vecina en Mallarauco. Entré a su casa en la mañana con una botella de Cointreau en la mano y sin tocar la puerta, desde el primer piso, le canté «Tanti auguri per te». Le hicimos una comida de celebración a las siete de la tarde en casa de la Nena. Las cuatro hermanas esforzándonos por no olvidar la distancia física, el famoso metro que debe separar a un humano de otro. Nos cuesta, acercarnos y tocar es endémico en nosotros, lo hemos hecho desde los nuestros orígenes. La Nena cocinó una receta del *New York Times* (salmón con miel y jalapeños) y yo pedí la torta aquí en el valle. Fue un festejo glorioso en términos de la cuarentena, salir de nuestras casas y festejar. El solo hecho de reunirnos las cuatro en el campo —porque la quinta no está— es un privilegio sin nombre. La primera «fiesta» a la que hemos asistido en mucho tiempo (¿es mucho?, no sé cuánto tiempo llevo aquí). Nos arreglamos, nos lavamos el pelo, nos cambiamos de ropa y al llegar de vuelta en la noche yo estaba agotada al haber perdido la costumbre de «salir a comer». Con qué inmediatez se pierde la normalidad.

Sin duda, la delicia de hoy es esta hermandad.

26 de marzo, jueves

Las pérdidas.

Llegan los fantasmas, se presentan a la hora de la música, cuando salgo a caminar. Les gusta a estos demonios torturarme. Y, por supuesto, lloro, yo que de lágrimas sé poco. Atravieso los camellones y las filas de árboles llorando las penas de este pobre cerebro.

Algunas pérdidas permanecen en la piel, no logro zafarme de ellas. Mis perros me lamen las manos, uno de ellos se prende a mis vestidos, como si no soportaran mi tristeza. Pero esta no dura. No la permito. Qué tanta invasión, ¡que se vayan a la mierda! Estoy sobreviviendo como toda la humanidad y ellas me sobran y cuento con muchos elementos para ahuyentarlas.

No me he perdido a mí misma, menos mal.

27 de marzo, viernes

El invierno nos manda señales. Nubes y nubes en la mañana, grises, amenazantes, de aquellas que te dictan no salir de la cama. Que las energías mermarán. Y luego vendrá el frío verdadero y no habrá calor que baste y las defensas caerán.

Y seremos todos más pobres.

El mundo.

El país.

Yo, tú, ella, él.

Hoy, específicamente hoy, pienso que la línea que lo separa todo es la vivienda. Amante fanática de los metros cuadrados, vislumbro el hacinamiento. Las casas pequeñas repletas de gente. Las piezas de los inmigrantes saturadas de respiraciones, olores, sonidos. Los pequeños departamentos, aquellos guetos verticales, donde una familia numerosa ensaya a convivir. Un baño para seis o más personas. Una mesa de comedor para todos los quehaceres.

29 de marzo, domingo

Se me atascó hoy la cafetera y pensé en tiempos largos sin mis Nespresso y me dio horror. Algo tan simple puede convertirse en el centro de las preocupaciones, ese es el grado de vulnerabilidad. Ya no existe lo relativo, todo pareciera ser de vida o muerte. Así tampoco existe el tiempo. La absoluta incertidumbre de la duración de esta plaga, su falta de límites, de líneas futuras, convierte al tiempo en un personaje extraño, un enemigo que no tiende la mano, que no sabe de piedad.

La gente comienza a desesperarse.

En el valle aún tenemos restricciones atenuadas.

Hoy perdí toda mi disciplina y no me duché, no me saqué el pijama y no caminé.

31 de marzo, martes

Marzo ha durado un siglo.

Mato una mosca.

Mato otra mosca.

Y otra más.

De noche me convierto en un matamoscas humano. Barro con ellas. Si una osa detenerse en mi cuerpo, mi reacción es desmedida, como si se tratara de una serpiente venenosa. Ágil como un ratón en peligro, las persigo y las asesino.

Al menos las arañas me han dado una tregua.

Sumergidos como estamos en este nuevo distanciamiento social, los animales toman nueva relevancia. Solo los toco a ellos. Les hago cariño, los abrazo, los beso. Cuando a veces despierto en medio de la noche y no encuentro a Pamuk sobre la cama —a él le encantan los paseos nocturnos— me siento abandonada. Es el peso de su cuerpo el que me tranquiliza.

Amar a los animales es como escribir.

1 de abril, miércoles

En estos días, los pensamientos son apocalípticos o domésticos.

A mis pies, un pequeño colibrí muerto, obsequio de mi gato Pamuk. Lo miro sin saber bien qué hacer, hermano de los que me embelesan cada mañana en la ventana de mi baño. Quizás revoloteaba allí hace un momento. ¿Cómo lo cazó Pamuk, cómo le ganó a su distintiva velocidad? Comprendo que es inútil enojarme o retarlo, la caza responde a la naturaleza misma del gato.

Todo detenido.

La llamada de un amigo me recuerda que por ahí me quieren. ¿Cuándo volveremos a vernos, todos con todos? Una especialista en quien confío cree que cierta normalidad volverá a principios de junio. Y recién hoy comenzamos abril. Alguien escribe desde un departamento que lo daría todo por gozar de un jardín. Y miro el mío.

Me odio severamente por acceder a tanto privilegio y a su vez los adoro, a ellos mismos, a los privilegios.

La salud privada decidió —en estos momentos— subir precios.

Uno de mis arrendatarios no puede pagarme el arriendo.

Ya ni sé para qué escribo. Puro lugar común.

Voy a la ventana de mi baño a mirar los colibrís, los que están vivos, los pequeños trompos. Deliciosos.

3 de abril, viernes

Esperando.

Esperando.

¿Esperando qué?

¿Que pase el virus?

¿Que se termine el mundo?

¿Salvarse?

¿Sobrevivir?

Que algo cambie. Esta monotonía del encierro, quizás.

Hago los mismos gestos cada día.

Cocino.

Alimento a mis perros.

Llevo la *Ilíada* a la terraza.

Llevo este cuaderno a la terraza.

A veces camino.

A las siete en punto suena el gong. El vodka, la Sol, el recreo.

Sagrada rutina, mi delicia.

4 de abril, sábado

Así como los gatos cazan colibrís desde tiempos inmemoriales, también lo hacen hoy día, esté el planeta en las condiciones en que esté. ¿Por qué entonces nos hacemos ilusiones de que esta crisis puede modificar la naturaleza humana? No debo tener esperanzas —tendencia intrínseca—, sino mantenerme rigurosamente escéptica.

Quizás se limen asperezas. No más que eso.

Anoche vi una película turca en que un presidiario apuñalaba a alguien del pueblo todos los otoños para poder pasar el invierno en la cárcel porque su aldea era *tan* fría.

Cada uno se las arregla como puede.

El cielo se ha convertido en un telar guatemalteco. Cómo desearían los pintores robarle esa gama inmensa de colores. Lo miro atónita. Todo se revuelve en el potrero. Mis perros corren y le ladran a un objetivo invisible. Aquí, el mundo está como debe ser.

Desperté en la madrugada con sobresalto: soñaba que la comida se había contaminado y que teníamos mucha hambre. Como respuesta, una delicia deliciosa: empanadas de queso de Pahuilmo, mi plato preferido.

6 de abril, lunes

La luna. Silene, hermana de Helios, el Sol, y de la Aurora, la de dedos rosados. Esta noche es un círculo goloso que se lo come todo, perfecto, redondo, lleno, lleno, y dorado a la hora de aparecer. Los pájaros volaron en ese mismo instante, como unos enamorados a su alrededor empeñándose en seducirla. Me da la impresión de que hay más lunas llenas que meses, la veo muy seguido.

En general estoy bien. Hasta que brotan momentos, secretos, invisibles, siempre con la música. No los comparto con nadie. Con qué objetivo, si todos están sufriendo.

Pienso en Elizabeth Bishop: somos lo que hemos perdido. Y lo soportamos todo, por supuesto, si a la larga lo perdemos todo también. Como si te rebanaran la médula hasta arrojarte donde están tus muertos. Una cosa me consuela y es ella mi delicia: se pierde lo que se ha amado. Los que nada pierden son ramas secas, sin savia, nunca presenciando la caída de la flor que dio su fruto. La cantidad de pérdidas van, poco a poco, llenando el canasto donde se acumularon y guardaron los amores. Pobres aquellos cuyo canasto siempre fue liviano.

El amor: eso es.

7 de abril, martes

Stillness.

Hay una quietud tal que fascina y aterroriza. Si no fuese por una brisa liviana, apenas brisa, que roza las plantas de la terraza, temería que el mundo murió.

Desperté de un sueño donde no había relojes. La humanidad se desesperaba en un caos total.

Salgo a caminar. Un buey enorme y café me mira con ojos fijos y grandes desde la reja del potrero vecino. A su lado pastan una cabra y un caballo. Luego, entre los naranjos, corre un conejo. Vuelvo feliz de mi paseo y encuentro a Pamuk otra vez cazando un colibrí y de nuevo la Banana se lo arranca y lo devora, con patas, pico y plumas, no dejó nada. Me pregunto por el equilibrio en el mundo animal.

Por nuestro reino, mejor no hacerse preguntas. Una cierta maldad aparece, los hay que no respetan ni cuidan al prójimo. ¿Qué parte de nosotros despierta en una crisis? Si no fuese por la civilización difícilmente inculcada, ¿nos comeríamos los unos a los otros? ¿Nos devoraríamos al más débil, como lo hacen mis perros y mis gatos? ¿Sería yo un colibrí?

El vodka a las siete de la tarde con mis hermanas me limpia el día. Siempre tenemos tanto que comentar, como si aquí pasara algo.

8 de abril, miércoles

¿Cuál olor es más acogedor, la albahaca o el pasto recién cortado? Estiro mi mano y la albahaca me responde, lista, ahí.

10 de abril, viernes

Si hablan alguna vez de mí, que hablen de mis perros.

Mi reclusión no tiene fronteras.

Racún es mi labrador, el único aristocrático de mis perros. Me acompaña desde hace mucho. Está viejo y cansado. Sin embargo, se levanta cuando lo llamo a caminar y con esfuerzo me sigue, tome yo el camino que tome. A veces solo tiendo la mano y él responde estirando el hocico y allí nos encontramos. Su amor no se cuestiona. Su madre murió en el parto y yo lo crie, le di mamadera, dormí con él, no se separó de mí en toda su primera infancia. Si el mundo se contagiara de su lealtad, sería un mundo otro.

11 de abril, sábado

Sábado Santo. Cristo está muerto. Y así lo refrenda este aire nublado y este silencio que no parece terrenal. Y los verdaderos muertos, los de la plaga, se entierran a través de todo el planeta. La nueva ley: entra en cualquier lugar, abre cualquier puerta.

¿Abrirá la mía?

Me pregunto si esta cuarentena no será una anticipación de mi futuro. Me sorprende usar esa palabra cuando todo en mí sabe que el futuro se cerró. Como una paloma herida en pleno vuelo me dirijo a los cerros que me contienen y que me dicen: *it's over*. Ya hiciste todo lo que deseabas hacer. No seas golosa, Marcela Serrano, no pidas más.

Mis audífonos me traen a Brahms, qué día tan triste.

Y a pesar de este día de muerte, la vida está llena de maravillas. Una mariposa blanca vuela frente a mí. Los campos están verdes y saludables. Mis tres perros reposan a mis pies. Las flores de mi terraza compiten entre el rojo y el fucsia.

13 de abril, lunes

Un día perfecto, como tantos en el valle. La exacta cantidad de calor y frescor. El sol sabe hacerse querer, desapareció un par de jornadas. Cuando vuelve, nadie es más bienvenido.

The accident of birth.

Allí radica todo.

El virus es democrático, pero la forma de cuidarse no lo es. En Nueva York la muerte está a la orden del día y golpea en su mayoría a los negros. ¿Es un tema de raza? No, de pobreza. Al final todo se remite al lugar donde naciste, en dónde se situaron las estrellas la noche de tu concepción. Si eres hija de un ingeniero del MIT, como sería mi caso, la definición está dada frente a la que es hija de un carabinero o hijo de un campesino. Un mero accidente, un *a priori*. Podría yo haber nacido de una lavandera del río Itata y todo, absolutamente todo, habría sido diferente. (Si los cristianos piensan que Dios inventó todo esto, ¿cómo no le declaran una huelga general?)

Aquellos negros de Nueva York solo remarcan que los privilegios, en un altísimo porcentaje, son heredados.

No llegan por el esfuerzo. Si con la educación que recibí, el colegio al que asistí, la universidad donde estudié, fuese una *homeless*, merecería un buen castigo.

14 de abril, martes

En la mitología griega, el Sueño y la Muerte son hermanos gemelos. Me desconcierta. El Sueño es fructífero, saludable, sin él nos arruinamos. Es el mágico ingrediente que nos permite vivir. En la *Ilíada*, cuando un héroe cae en la batalla, son el Sueño y la Muerte quienes lo recogen para llevarlo al Hades. Pero en nuestras vidas, seremos provechosos solo si nos recoge el sueño cada noche. Para eso existe: limpiarnos, purificarnos, regalar la energía necesaria para volver a empezar. Su hermana gemela nos detiene ese impulso y nos arranca de cuajo de la luz.

Estoy cansada.

El desgano y la disciplina compiten frente a frente.

Me han traído un cajón de papas. Temo que se pudran, le doy a la Sol la mitad. ¿Cuántas formas existen para comérselas? Puré, papas doradas, papas fritas, pastel de papas, papas al horno con cáscara. Hasta ahí llega mi imaginación. Ah, olvidaba las papas frías con mayonesa.

16 de abril, jueves

La ilusión del control. Eso es lo que hemos perdido. Nunca lo hemos poseído, la muerte nos lo recuerda. La diferencia entre antes de la pandemia y hoy es que ahora sabemos que no lo tenemos.

Avanza un caos bíblico.

Hoy murió el escritor Luis Sepúlveda de coronavirus. He pensado en él el día entero. Gijón, Guadalajara. No puedo recordar cómo y dónde nos hicimos amigos. Solo recuerdo nítidamente aquella escena en que me apretó las manos y exigió lealtad para siempre. Es la primera persona conocida muerta por esta peste. Hasta ahora, las cifras eran abstractas.

Se me ha terminado este cuaderno. Bravo por la disciplina. Esta comprueba que las delicias siempre están, es cosa de saber mirarlas. Brindo por eso.

17 de abril, viernes

En las noticias cuentan de un hombre del barrio alto que en plena cuarentena obligatoria tomó su avioneta particular y voló a Pichilemu a comprar jaibas porque quería *comer jaibas.*

Homero afirma: «Nada hay sin duda más mísero que el hombre de todo cuanto camina y respira sobre la tierra». Harari, al recorrer la historia del planeta, opina lo mismo. ¿De qué mierdas estamos hechos?

Hoy apareció el Gato Malo, un gato salvaje que se ha aquerenciado aquí porque sabe que siempre hay comida. Es grande y feo. Tenía el ojo derecho herido, con sangre y carne al descubierto. Me espanté, preguntándome quién pudo haberlo dañado así. Habrá peleado con otro animal, por supuesto, pero a mi mente acude el hombre. El que maltrata a todos los animales, incluso a los que no domina. El Gato Malo no sabe quejarse ni llorar.

Maltratar a un gato, comprar jaibas en cuarentena, contagiar a tu vecino. Es la misma cosa, el mismo impulso.

18 de abril, sábado

> *De las epidemias, de horribles*
> *blasfemias*
> *de las Academias*
> *¡líbranos, Señor!*

Rubén Darío. Me tocó leer estas líneas para un video de
América Central Cuenta. De las tres, la única inasible termina siendo la epidemia.

Viene el técnico de la calefacción. Lo recibo con
mascarilla. Por deferencia a usted, le digo. Yo también,
me responde, y baja un momento su mascarilla para sonreír. Ciencia ficción. Ensayo mirar de lejos la escena, aún
no me convenzo de que todo esto es cierto.

Leo y leo artículos sobre el virus. Definitivamente los
que sobramos somos nosotros, los que pasamos los sesenta y cinco años. (Yo, con sesenta y ocho, soy desechable).
Todo el peligro radica allí. Los que contagian, los que son
contagiados, los que mueren. Varias teorías circulan sobre
la idea de dejarnos morir para que no muera la economía y
nosotros, tristes nosotros, aspirando aún a ser útiles. Bonito
momento de la historia para ser viejos. Y como hoy la edad
es tan relativa, todo ha cambiado tanto en ese sentido, me
resulta difícil verme a mí misma como una sobra cuando
aún estoy en tanto movimiento. A todos debe pasarles lo
mismo. Uno de los pecados de la vejez es su externalidad.
Fealdad y decadencia, pero juventud interna en simultáneo.

Patético.

Yo sé que soy vieja por dos razones: porque no volveré a enamorarme y porque no leeré de corrido *Las Mil
y Una Noches*. ¿Y la delicia? Que ninguna de las dos cosas
me importa.

19 de abril, domingo

El problema de los cuadernos bonitos (como este, tapa dura, hojas lisas, gruesas, finas, comprado en Berlín hace mil años y que esperó paciente en el mueble hasta ser elegido) es que escribir en ellos es ensuciarlos. Como si la blancura de su hoja fuese más relevante que cualquier palabra mía. Estreno nuevo cuaderno. Como el primer día de clases en el colegio: la hoja blanca y el lápiz, nada más.

Hoy es el cumpleaños de la Nena, segundo cumpleaños de las hermanas en cuarentena. Decidimos afanarnos y hacer algo especial. Una *mousse* de salmón. Camarones en salsa golf. Empanadas de queso fritas. Torta. Yo era la anfitriona. Saqué a relucir los portaplatos de madera azul comprados en Pátzcuaro, las copas plateadas de Vancouver, la ensaladera alada de vidrio verde. Globos y velas. Un lujo en medio de la pandemia.

Hemos perdido por completo la capacidad de trasnochar. (Como ha ido quedando demostrado, todo es un tema de hábito). Me acosté agotada y el sueño, el hermano gemelo de la muerte, se hizo de rogar.

A propósito del sueño: si soy ahora una mujer libre y vivo sola, ¿por qué sigo pensando en la noche oscura como el único tiempo propio? Desde el principio de los tiempos las horas sin luz han sido las del reposo. Así ha vivido la humanidad por siglos y siglos. Entonces, ¿de dónde me viene la idea de que el sol me robará el tiempo? Porque es la única hora no interrumpida, tonta, ¿no te parece obvio?

20 de abril, lunes

Los coliguachos del sur. Coliguachines, les decíamos. Eran de un negro furioso con una pinta de naranjo-amarillo.

Revoloteaban incansables a nuestro alrededor, molestaban, ruidosos y pegajosos como el sol de la tarde.

Los abejorros del Valle Central me los recuerdan.

Qué frágiles creaturas somos a su lado.

¿Qué pensarán de la tierra, de esta manada de humanos aterrados, encerrados, que muy pronto serán pobres y hambrientos? ¿Qué pensarán de aquellos vecinos que linchan al infectado que vive en la casa de la esquina, que discriminan a los haitianos, que odian a los combativos empleados de la salud porque pueden estar contagiados?

Los pájaros son mis hermanos, no ellos. Pienso en Francisco de Asís.

21 de abril, martes

Necesito un calendario de papel, como aquellos de los almacenes antiguos, como los que me consigue la Nina en la feria, que me diga qué sucede con el tiempo. La cuarentena, la larga cuarentena, confunde un lunes con un jueves y no importa nada. Pero a veces quiero contar los días, aspiro a que la gráfica me haga un cierto relato.

Somos transeúntes del *no-tiempo*.

Encargué *Las metamorfosis* de Ovidio. Es extraordinario que el libro llegue a la puerta de tu casa (en Santiago, por cierto, no aquí) en medio de esta comunidad deshecha.

Un libro aumenta el corazón, según Ortega y Gasset. Y se cree que las cuarentenas son el momento ideal para ello. Pero he detectado que no es así. En el encierro, el exceso de trabajo doméstico y la incertidumbre cósmica de la pandemia atentan contra la lectura, como si no hubiese concentración posible. Lo mismo sucedía durante el estallido social. Creo que todos están leyendo menos de lo que quisieran y de lo que dicen. El *tiempo aprovechable* no existe. Mis propias lecturas son desordenadas, inorgánicas. Un ensayo aquí, un poema allá, Homero, prensa, tuits.

24 de abril, viernes

Era la ciudad el laberinto y no me di cuenta.

Estoy en Santiago, por primera vez desde que empezó la pandemia. Todo me parece extraño. Gente en las calles, micros, La Vega repleta, perros paseando en el parque con sus dueños, sin el vacío que he visto en las fotografías de España, Italia o Nueva York. Letreros luminosos piden a los ciudadanos que se laven las manos y usen mascarillas. Carabineros detienen autos con termómetros en vez de armas. Y nosotras, las lindas, sin salvoconducto.

Entro a mi departamento y desde la puerta lo miro con cierta timidez. Como si me fuese ajeno. Tardé en recorrerlo. Salgo a la terraza y fumo un cigarrillo, saludo a las araucarias. El cielo luce neutro, sin sol ni sombras, con un cierto aire de solemnidad. Estoy en Santiago y es este el lugar en que vivo. ¿O en que vivía?

Soñé con laberintos. Infinitos y complicados, con Minotauro pero sin Ariadna ni su hilo. Estaba perdida.

La famosa distancia social, ¿cómo opera entre una hija y una madre? Al abrirle la puerta a la E noté su cara despejada, sin mascarilla. Estamos al otro lado, pensé, y efectivamente nos dimos un enorme abrazo. Entonces apareció Marcel, qué virus ni que nada. Esos abrazos, preciosos como la más de todas las piedras.

26 de abril, domingo

De no ser por la pandemia, hoy estaríamos votando en el plebiscito para cambiar la Constitución. Ha sido un día simbólico, toda persona con conciencia está votando en su corazón, preparándose para la próxima fecha, octubre de 2020. La derecha ha comenzado ya a sembrar dudas, ¿estarán las condiciones sanitarias para entonces? Sí lo están para pedirle a la gente que vuelva a trabajar, para abrir los malls, para mandar niños al colegio, pero no para votar en unos meses más.

Perfecto retrato de sí mismos.

Hijos de puta de principio a fin.

27 de abril, lunes

Amaneció el valle a un día precioso, un sol resplandeciente, aire crujiente y limpio, como recién tostado. Respiro profundo. Claudio me trae unas berenjenas robadas del huerto de mis hermanas. Las toco y no puedo dejar de hacerlo, son perfectas, relucientes, tersas, con ese púrpura denso, casi negro. Oh, delicia.

Pero aparecen las sombras.

Ofuscación es la hija mayor de Zeus. No camina sobre el suelo sino sobre las cabezas de los humanos dañándolos, cegándolos, enojándolos. A raíz de una fuerte disputa conyugal entre Hera y Zeus, donde el gran dios fue víctima, él tomó a su hija conflictiva por la cabeza y la arrojó fuera del Olimpo, jurando que nunca volvería. Tuvo que irse la Ofuscación a la tierra y molestar allí a sus hombres y mujeres.

Hoy posó sus pies ligeros sobre alguien que quiero. La maldije, por cierto. Cómo cuidar el contento de otros cuando no se tiene ningún control. Eso se llama impotencia.

28 de abril, martes

Hace un año estaba en Italia. Tres días atrás conmemoraron la liberación del fascismo, día nacional. Circulan tantos videos con imágenes de sus ciudades emblemáticas y sus canciones. El *Bella Ciao* —otra vez— como símbolo de la victoria que llegará.

Y veo a mi Roma tan herida.

Imagino al Palazzo Velli, mi reducto romano, solo y abandonado, con sus muros rojos y su hiedra que cuelga, sin un invitado que suba y baje sus enormes escaleras de piedra y con un inaudito silencio envolviendo los cafés y bares de la Piazza San Egidio. El Trastevere sin ruido será otro. ¿Volveré? A veces pienso que los viajes permanecerán en el pasado. No tengo derecho a quejarme, ya me he movido tanto, tanto, por el mundo. Imagino un avión y se me aprieta el diafragma, hoy no lo resistiría. ¿Nunca más volar? Sin embargo, no deseo estar en Roma en este momento. Solo el hogar refugia de la tormenta y mi hogar es delicioso. Brindo por ello.

Hoy me enteré de que he perdido un tercio de mis ahorros.

29 de abril, miércoles

Las Moiras de la mitología griega no eran diosas, sin embargo ostentaban gran poder: tejían el tapiz del relato de la vida de cada mortal. En el momento señalado, cortaban su hilo, convirtiéndose así en las representantes del destino. Homero afirma que ellas dotaron al hombre del ánimo para soportar (o resistir). Los humanos enfrentamos infinitas pruebas y nuestras mentes, como nuestros cuerpos, fueron construidos para manejarlas. Las cicatrices lo confirman.

Entonces: menos quejas, menos llantos, menos miedo.

Las Moiras fueron generosas al tejer mi tapiz.

30 de abril, jueves

Hoy terminó mi primera etapa de cuarentena, un mes y medio en que he estado sola en esta enorme casa, viviendo con cierto rigor, cierta disciplina.

Ya no estoy sola.

Hija y nieto. No sé por cuánto tiempo ni me importa: están aquí. Y puedo tocarlos y abrazarlos y gozarlos. La casa se revoluciona, los perros no cesan de mover la cola y los gatos piden más comida que nunca. Marcel se sienta a comer en la cocina en su piso de mimbre y le preparo su plato. De súbito, mi vida vuelve a ser la de antes. Somos la familia de siempre, nos disfrutamos unos a otros y nos queremos y nos puteamos. Se meten los dos a mi cama y vemos una película.

1 de mayo, viernes

Día de los trabajadores.

Todos descansan.

Pareciera que hay una enorme paz sobre la tierra. Paz sobre este campo. Paz en el país.

Sin embargo, amanecimos todos combativos, como los militantes que siempre hemos sido. Y llegan los mensajes por las pantallas, reviven nuestras canciones de entonces y, junto a ellas, miles de imágenes.

Cada 1 de mayo en dictadura, muertas de miedo salíamos a la calle la Lotty Rosenfeld y yo y nos sacaban la mierda. Íbamos igual. En una oportunidad nos tomaron los pacos. Uno me pescó el brazo izquierdo para llevarme presa, forcejeé, sujetándome con el brazo derecho y la mitad del cuerpo a salvo dentro de una tienda y la otra mitad en manos del policía. Perdió él. Había demasiado ruido, gente, todo tan alterado, el humo, el polvo, debió pensar que no valía la pena insistir. Pero el que tomó a la Lotty no pensó lo mismo y se la llevó. Y yo, escondida en la tienda que me salvó, mirando cómo caminaba la Lotty al carro de policía, con su caminar muy recto y la cabeza erguida, su opresor sujetándola, vi cómo la subían a la micro y se la llevaban detenida. No descansé hasta que la liberaran (fue un arduo trabajo).

Hoy la Lotty recordaba que la primera vez que escuchó *Bella Ciao* fue cantado por mí, recién llegada yo de Italia.

Y aunque ahora nos encarcele el virus y el estallido social quede pendiente, mi enorme y permanente delicia es la libertad.

2 de mayo, sábado

Dice una campesina de estos lados que el virus fue inventado en un laboratorio, porque nunca la naturaleza habría producido un horror como este. Solo los hombres pudieron hacerlo.

En la cultura mapuche se cree que el florecimiento del colihue —que sucede raras veces— es signo de malos augurios. La última vez que sucedió fue en 1960, cuando un feroz terremoto azotó el sur del país y un maremoto casi hundió la ciudad de Valdivia. (Entonces no se usaba la palabra tsunami). Este año el colihue ha vuelto a florecer, poco antes de que llegara el virus.

La cultura campesina se relaciona enteramente con la tierra. Nosotros no.

A veces pienso que este proyecto mío, el de este cuaderno, no tiene ningún sentido. Será estúpido, me pregunto. Pero miro a la Elisa tirada en el sillón leyendo y a Marcel jugando afuera con los perros y pienso: siempre habrá una delicia. Siempre.

3 de mayo, domingo

Hoy a las tres de la tarde —como Jesús— murió Carlos Catalán Bertoni. Mi amigo queridísimo partió. El Cata.

Un día duro, mirado desde las tinieblas. Así vamos, inundada de recuerdos, tirada en la cama, inerte. Tuve la energía para llevar a Marcel a ver los arbolitos nuevos y a jugar a que vivíamos en una isla donde, por supuesto, la reina era yo.

No han enterrado al Cata, lo harán mañana. Un alma vagabunda, errante, hasta que arriben los representantes de la casa de Hades y lo transporten hasta allá. Lágrimas para el Cata. Y la única delicia que encuentro a la mano —y me surge de inmediato— es haber sido su amiga.

4 de mayo, lunes

Partimos temprano con mis hermanas desde Mallarauco directo al cementerio Parque del Recuerdo. A despedirnos del Cata. Una debe ver siempre a sus muertos, verlos decididamente muertos. Solo cinco minutos en una pequeña salita, un espacio pensado para un ataúd y solo un deudo, impersonal y ajeno. El ataúd cerrado, no pude tocarlo. Todos nosotros con máscaras, sin un mínimo acercamiento físico, en un momento en que deberíamos habernos abrazado muy fuerte. No poder estrechar a su viuda. Cómo se comparte el dolor si no es con el cuerpo. Cómo no tocar a uno que se duele como tú. Esto es monstruoso. El Cata fue un ser muy amado, todos habríamos deseado manifestarnos de la forma más majestuosa, ojalá con la Sinfónica tras nosotros, con los inciensos y las oraciones que a él le importaban. Era un católico de tomo y lomo. En cambio, parados en aquella circunferencia frente a los velatorios, ni nos reconocíamos con nuestros disfraces de ciudadanos que se cuidan del virus, todos tan solos, como en un film, flotando en el espacio.

Todo lo que hemos conseguido es mirar su ataúd cerrado (le pasé la mano a la madera), apurados, con un guardia que nos inscribió para dejarnos pasar y que luego nos echó.

Esa ha sido la despedida.

La Elisa me esperaba con una marraqueta caliente.

5 de mayo, martes

El niño respira entre las plantas.

El niño corre por el pasto.

El niño persigue a los perros.

Y de repente, a plena luz, el niño se encuentra con la luna. Enorme y blanca, blanca como la leche, blanca como la sal, asomando su cara tras los cerros. Una luna llena impaciente que no espera a la noche.

Dice el niño que no ha visto nunca una luna igual.

Casi ayer era una uña.

Y mientras el niño juega a manejar tractores en la bodega del campo, la abuela se sienta en una pequeña banca y mira la luna blanca.

7 de mayo, jueves

Me pregunto si la Prisa sería una de las hijas odiosas de Zeus que, cansado de ella, la arrojó a los hombres y les hizo la vida imposible.

Porque imposible era.

Prepandemia: todos apurados a toda hora. Todos en la velocidad. Todos exhaustos. La prisa se opone a la templanza, la templanza es transparente como una acuarela, la prisa es turbia como un óleo graso y borroneado.

74

En estas fechas, hace un año, dos también, en Roma, el tiempo me era dado por la iglesia de la esquina. A cada hora sonaban las campanas de Santa Maria en Trastevere, también cada media hora y cada cuarto. No había cómo defenderse del tiempo siendo su vecina. Mi calma —ansiedad en otros— iba a la par con los melodiosos sonidos antiguos. Me recordaba que las horas se escurren como la inevitable sangre roja de una herida abierta. Me recordaba también que la vida no alcanza: era un llamado de paz.

He inventado para mí misma, hace ya unos años, una forma de vivir donde el apuro no existe. Ha sido mi máxima creación.

8 de mayo, viernes

Un caballo mañoso. No quiere que lo monten, nadie pide su opinión, lo montan igual. Se tranca, no desea partir. Muerde la rienda, alaraquea con su lengua entre los metales y el cuero. Le pegan despacio en el anca y parte a trompicones. Se detiene cada un metro y busca pasto para sus enormes dientes, lo encuentra y come con displicencia. No hay caso con este caballo, difícil resulta montarlo, lentos y atrincherados cada uno de sus pasos. Y de repente algo pasa, se relaja, su cuerpo se alarga y suaviza. Entonces parte. Y decide galopar. Galopa y galopa. Adquiere a cada instante más velocidad. La maña se soltó, como una atadura al fin posible de desanudar. Ahora corre sin freno, no hay cómo detenerlo, no hace caso a nadie: está en su naturaleza correr para siempre. La velocidad adquiere tal extremo que ya es imposible cualquier intento, rápido, dramático, imparable. Se detiene cuando cae.

9 de mayo, sábado

¿Dónde yace lo significativo?

Baricco opone la épica a «las anémicas emociones de la vida y a la mediocre estatura moral de la cotidianidad».

¡Cómo sobrevivir a aquellas palabras!

Imposible sustraerse de la épica de una batalla. Ni aún una feminista pacifista permanece indiferente ante la gloria de un gran guerrero. Imagino a Aquiles el día en que partió decidido a vengar la muerte de Patroclo, con sus armas de oro y plata, estaño y bronce —confeccionadas por las manos únicas de Hefesto—, sus alados e inmortales caballos, su yelmo y armadura refulgentes, en sus ojos la llama y la ira, convirtiéndolo en un dios de fuego. No, no puedo sino estremecerme.

Pobres nosotros pretendiendo hacer de la suma de nuestros días algo que signifique.

Mi delicia hoy ha sido Baricco con su *Homero, Ilíada*. Cerré sus tapas amarillas con profundo agradecimiento a ese autor que tomó el gran poema, lo condensó, lo modernizó (eliminó a los dioses), sin sustraer una gota de emoción del original y nos entregó esta joya hija de la otra joya y nos hizo felices.

12 de mayo, martes

Un día difícil. Tenía color de domingo, pero es martes. Cada mañana me confundo al abrir los ojos, no sé qué día es. De que la pandemia se ha llevado la memoria, no cabe duda. Pero esto no es olvido, es confusión.

Me he repetido varias veces en el día cuán estúpida me siento, cuán estúpida soy.

Un accidente anoche me llena de angustia (L volvió a luxarse la cadera). Enorme indefensión. No había una sola ambulancia disponible ni una camilla de urgencias. Toque de queda y un sistema de salud colapsado (hablo de la Clínica Alemana, no de un hospital público). Mientras esto sucedía en Santiago, yo, sin poder hacer nada, pensaba en el dolor. Nada de abstracciones, pensaba en el dolor del cuerpo. Preferiría que L se muriera de una vez antes de que sufriese. Terrible el miedo y profunda la compasión.

Si he de infectarme, por favor, por favor, no me lleven al hospital. Esos ventiladores mecánicos me horrorizan.

Siento el porvenir clausurado.

Leo a Camus y reconozco cada palabra cuando describe la peste. Aquí no hemos llegado al punto muerto de la monotonía, por lo tanto, de la indiferencia. A eso le temería.

Sin embargo, las alegrías se cuelan. Incluso la risa, sin la cual no vale la pena vivir. Unos cinco colibrís juegan a mi lado en las flores rojas de la buganvilia. El otoño está flojo y aún el sol las conserva. Observo a estos pájaros deliciosos en sus bailes frenéticos y olvido todo lo demás.

14 de mayo, jueves

La muerte no es democrática.

Así lo afirma Byung-Chul Han —el coreano— y concuerdo con él.

La muerte no es democrática porque las armas para enfrentarla no lo son. Hay que estar siempre del lado de las víctimas. Siempre.

Me voy con mi vaso de vodka a la casa vecina. Allí me sumerjo en los curas capuchinos bávaros que vinieron a Chile para hacer misiones en la Araucanía. Eso investiga la Sol. Lejos de la plaga.

15 de mayo, viernes

Debo hablar del sol.

Este otoño ha sido, hasta ahora, compasivo. Como si supiera que el virus florece mejor en el frío. Y nos halaga con un sol reluciente, suntuoso para esta fecha. Instalada en la hamaca cierro los ojos y un gran telón rojo aparece en mis retinas, un rojo espeso, sin estridencias. Hoy persigo al sol tanto como lo esquivaba en el verano. Son momentos que adoro. Esta temperatura exacta. El aire también exacto. Un gallo canta a lo lejos, probablemente dándome la razón.

Me he convertido en una de esas viejas inglesas total y absolutamente determinadas por el clima.

Hoy se cierra el Gran Santiago. Por pocos metros Mallarauco no entra, la frontera llegó a Padre Hurtado.

18 de mayo, lunes

Cuenta una leyenda que hace muchos, muchos años, la peste se guardaba en un ánfora de oro en un templo de Babilonia. Selladísima, nadie tenía acceso a ella. Un día llegó un saqueador romano y sin saber lo que hacía, la abrió. Se diseminó la peste y voló hasta el Mediterráneo.

Aquel anónimo saqueador, con la codicia de los de su clase, ¿creería que allí se fondeaba la riqueza?

¿Y si en medio de la Plaza de Armas de Santiago se escondía un ánfora? ¿Y si alguien la pasó a llevar sin darse cuenta?

Una mujer relata su cuarentena en un piso de treinta y cuatro metros cuadrados con seis habitantes. Quizás mi puro dormitorio tiene esas medidas. Las ollas comunes funcionan como en tiempos de dictadura. A los pobres los dejan diez horas dentro de las ambulancias. Hoy en la comuna de El Bosque hubo protestas porque la gente tenía hambre. Frente a tal realidad, la lista de mis delicias es tan larga que el pudor me impide nombrarlas.

Me da vergüenza estar viva.

19 de mayo, martes

Mi vodka de la tarde resulta una delicia. Se bebe más en la peste, asegura Camus. Terminaremos todos alcohólicos, si es que ya no estamos. Bravo.

20 de mayo, miércoles

¡Llueve!

El sonido de la lluvia es un regalo de los dioses. Hasta los huesos nos recuerdan cuanta falta nos ha hecho. Ya se encendieron las chimeneas. Empezó el temido invierno, la estación favorita del virus.

La Banana tiene miedo. La hago entrar a la casa. Pobrecita, no conoce la lluvia. No comprende que algo caiga desde arriba.

Cuando escampa, la tierra se muestra satisfecha, como después de un gran banquete. La han regado con esmero y sin avaricia. Y el olor que desprende se instala en el campo como el más preciado de los perfumes.

Cada una de la infinita cantidad de gotas de agua que hoy cayeron fueron mi delicia.

Cada una de ellas.

22 de mayo, viernes

Anoche hubo un raro temblor. Mucho ruido, un golpe seco y nada más. Desprendió un vidrio de la puerta que da a un balcón del segundo piso. Hoy temprano llegó un viento fuerte, corto y enojado como el temblor, y se llevó el vidrio desprendido. Este voló y cayó sobre el parrón. Intacto. No se quebró ni siquiera en una punta. Me lo imaginé metafórico. Y mágico.

Como el sol apareció resplandeciente, volvieron las moscas, mis asesinadas preferidas. Pero al menos las arañas no. Las busco en las noches y no, no están.

Vuelve a temblar hoy. Todos pensamos en la posibilidad de un terremoto (somos chilenos, después de todo). Pero luego una habla consigo misma y se dice: no, no puede ser. No se nos puede castigar así. No pueden los dioses odiarnos tanto, no lo merecemos. Pienso en un terremoto en medio de esta epidemia devastadora y la idea me produce escalofríos. Por supuesto, la primera palabra que aparece, sin que yo la llame, es hambre.

Estamos conteniendo un grito feroz. Tenemos miedo. Me sujeto a la misericordia de este campo, tan ajeno a las aglomeraciones y la infección. Pero sujetarse es siempre frágil, ¿y si un eslabón se rompe, como el vidrio de la puerta del balcón?

23 de mayo, sábado

Gran reunión anual —por Zoom— de directorio de Mallarauco. Nadie se atreve a planificar, aunque esa sea la tarea de una empresa. La incertidumbre sanitaria, política y económica es absoluta, arrasa con el día de mañana y de pasado mañana y con el próximo año.

En la tarde las hermanas decidimos que nuestros aspectos eran tan desastrados que llamamos al Lalo, el peluquero del valle, y arreglamos nuestras cabezas (lo esperamos con las mascarillas puestas). Fue cómico cómo de un momento a otro nos transformamos. Ya listas parecíamos un grupo de señoras decentes y empingorotadas, listas para asistir a un evento inexistente. Me dio con recordar la infancia, cuando nos juntaban a todas y nos lavaban el pelo con quillay en la artesa de la señora Virginia.

24 de mayo, domingo

Domingo con olor y colorido de domingo.
Pienso en la ficción.
He sido una novelista con vidas imaginarias siempre habitándome, casi de forma literal. Y de súbito muere una hermana y la ficción se me aparece laxa, como si no pudiese responder a un golpe duro. Entonces conté en primera persona algo real: el duelo. Cambiaron mis lecturas, incluí la poesía, los ensayos, cambié de editor. Pensé que sería temporal.
Pero los golpes han continuado. Duelo. Estallido social. Pandemia. Uno tras otro, sin treguas. Como si la normalidad se hubiese extinguido y la ficción se me alejara.
Imagino a miles de novelistas diseminados por el mundo escribiendo cada uno su novela sobre la pandemia. Menos yo.

27 de mayo, miércoles

Se reemplaza el sol por el fuego. La casa está tibia, se me quitó el miedo al invierno.
Le leo a Marcel un cuento de los hermanos Grimm que comienza así: «En aquellos tiempos pasados, en los que desear todavía servía para algo, vivía un rey...». Detengo la lectura, sorprendida. ¿Es que ya no sirve desear? Y si ya no sirviera, ¿qué destino nos aguarda? Debo hacer

el ejercicio de no mirar para adelante, recordar a toda hora que el futuro está cancelado. A veces lo logro. El problema es que, al revés de los budistas, fuimos criados para siempre ilusionarnos con el porvenir.

Me debato entre abandonar mi vida y partir a Kinshasa a trabajar en un hospital o entregarme a plantar lechugas como una buena campesina.

28 de mayo, jueves

Por fin Ovidio en mis manos. Pequeño inconveniente: los dioses han cambiado de nombre del griego al latín. Mis amigos son los griegos y debo acudir a mi «diccionario mitológico» para entender que ahora Atenas se llama Minerva.

29 de mayo, viernes

La pandemia nos otorga vivir en una línea indeterminada. Es extraño y difícil vivir en una línea indeterminada.

Tomamos mucho vino tinto.

Me escribe Gianluca de la Feltrinelli con bellísimas palabras sobre *El manto*. Me escribe Vicente y lo echo de menos. Hablo largamente con Pato Fernández por teléfono. Me hace bien, me sitúa. Escribo un texto para un proyecto de la Elisa en el Día del Patrimonio.

Juego en los tractores con Marcel.

Converso de política con Raimundo.

Duermo bien.

Como bien.

Me tomo el vodka de la tarde con la Sol.

Qué gran normalidad. Nada estridente, nada melancólico, un día cualquiera.

30 de mayo, sábado

La atmósfera está cargada de tristeza. Hasta mis perros me dejaban sola por el camino y los pájaros parecían pelear entre ellos. Al menos hubo un rato de sol, pero ennegrecieron las nubes como brochazos en una pintura al óleo mal ejecutada.

Nos sentamos a la mesa y cada uno cuenta las noticias que ha leído. Ninguna es buena.

«*I can't breathe*», decía el negro en Minnesota. Lo mataron igual. La policía. Ahogándolo. Y comienza una revuelta en ese país de mierda, de una ciudad a otra. Veo las imágenes: las mismas que en Chile para el estallido social. La rabia es siempre la misma frente a la discriminación. Y su expresión también: la violencia. Los mismos incendios, los mismos piedrazos, los mismos apaleos.

31 de mayo, domingo

Decidimos marcar el domingo como domingo, dejar que se manifestara. Compramos empanadas (gracias a que el valle no está en cuarentena) y Raimundo cocinó berenjenas y calabazas al horno con tahine. Delicia. Llevamos la comida a la terraza de la Sol. Brindamos por tener estos espacios de contento. Y por estar juntos (hace un domingo mi soledad era inmensa). A pesar de comentar las horribles noticias, no nos centramos en ellas. Mejor es comerse una cucharada de manjar y reírnos de algún comentario de la Sol.

Marcel me pregunta qué hago con este cuaderno. Le cuento que busco las delicias del día. ¿Como cuál?, me pregunta. Como tú, le respondo.

1 de junio, lunes

Empezó junio, sinónimo de trabajo, de frío, de año que va consumiéndose. Ahora nada se consume. ¿Junio? Sí, junio.

Las noticias cada día peores.

Punzadas de espanto.

«... y la mole del mundo sufrirá penas angustiosas» (Ovidio).

Leyéndole a Marcel el cuento de la Bella Durmiente pensé en dormir yo cien años y me pregunté por primera vez cómo sería el mundo al cabo de ese tiempo. (No me inclino hacia a la ciencia ficción ni el futurismo.) ¿En que estarán los de entonces? ¿Cómo contarán esta historia de la pandemia planetaria? ¿Qué marca imprimirá? Pensé también hacia atrás, hace cien años. Lo primero que me viene a la mente es la famosa gripe española. En junio de 1920 no pensaba aún en terminar, lo hizo a fines de ese año. La contabilidad es arbitraria, se habla de cincuenta millones de víctimas y de cien millones. No cruzó el Atlántico, no fue mundial. También pienso en la Gran Guerra, en lo carente y exhausta que estaría la gente, en las mujeres cortándose el pelo y los vestidos, en la nueva Rusia con Lenin a la cabeza.

Claro que es mejor vivir en este presente que en el de entonces, por muy dudoso que este sea. No nos espera la Segunda Guerra Mundial como a ellos. Esto es lo que tenemos: hoy. Solo hoy. Y mis calas florecieron, las miro en el jarrón de la mesa del comedor. La delicia es ahora, no mañana ni ayer.

3 de junio, miércoles

Hoy, la mejor de las delicias: llegó mi Margarita. Cuando nos sentamos todos a la mesa a almorzar, los miré: estaban todos.

Los conservadores han manoseado la palabra «familia» según sus intereses, la han convertido en una prolongación de su ideología. Sin embargo, no debemos regalarles el concepto. Esto es lo que somos: una familia. Y nada, nada, me importa más que ello.

Leo a Ovidio frente al fuego.

Tomo el vodka con la Sol.

4 de junio, jueves

Sucedió en Estonia, cuando aún era parte de la URSS. Asistí representando al MAPU a un encuentro internacional de juventudes de noventa y tres países. Yo era muy joven. Debí compartir pieza con una canadiense. Habíamos cruzado miles de kilómetros en tren desde Moscú, por lo que me fui a dormir exhausta. Desperté inquieta a medianoche por unos movimientos extraños en torno a mí. Al abrir los ojos vi la cara de un enorme negro, enormes ojos, enorme boca, entera sobre mí, también su cuerpo. Grité. Empecé a patalear, me lo saqué de encima aterrada y busqué de inmediato la complicidad de mi compañera de pieza. Pero ella estaba ocupadísima con otro negro en su propia cama y reían. El que estaba sobre mí me habló, palabras en quizás qué idioma, y logré que se retirara.

Eso fue todo.

Esta imagen, totalmente olvidada pero a la vez inolvidable, ha vuelto a mí por pensar en el encierro pandémico de tantas mujeres cuyas parejas las maltratan. Una reclusión con el enemigo, ¿habrá algo más violento y que genere más impotencia? La fuerza bruta dirigida a ella por el solo hecho de ser una mujer. Imagino las noches, el odio hacia sí misma, la autoestima en los más bajos niveles, el miedo, la indefensión. Toque de queda, ni siquiera puede escapar. Y el peor de los horrores es que no puede escapar de sí misma.

5 de junio, viernes

Es para no creerlo: ya se llenó la luna. Me hace trampas. Luce espectacular en este cielo del valle sin luces artificiales que le compitan. Lo es todo. Pero anda apurada, saltándose ciclos, no vayamos a pensar por un momento que le gusta alegrarnos.

Un cierto adormecimiento frente al espanto. No se puede estar siempre alerta ni vivir en el asombro.

Una pintora francesa, que vive en algún pueblito del Loire, pinta solo su casa, su gato, sus hijas y sus plantas. Lo cercano, lo doméstico, lo propio. Creo que no pretende la fama ni el dinero, vive y retrata sus delicias. ¡Salud!

Concluyo que los intelectuales se han transformado en pesimistas y cínicos porque eso los prestigia. ¿En qué momento se desprestigió así la esperanza o el optimismo? Admitamos: la mirada es profunda a medida que es torva.

Vuelvo a mi pintora de la región del Loira. Se llama Dominique Fournier y a ella los intelectuales no le van ni le vienen, sospecho que el prestigio no es su objetivo. Tampoco la gloria. Quizás los que viven la gloria interior no se interesan por la otra.

Me voy ahora a gozar de mis hijas, mis gatos, los colores y las plantas.

6 de junio, sábado

Cada quince minutos muere un habitante de este país, aquí mismo, en Chile.

Mi antiguo amigo Rodrigo de Arteagabeitía está al borde de la muerte en el Hospital Salvador por coronavirus. Hace unos días, cuando empezaron los síntomas, llamaron desde la residencia donde vivía a una ambulancia de Help que tardó diez horas en llegar. Ya en el hospital lo depositaron en un pasillo de Urgencias porque no había otro lugar. En el mismo pasillo muchos infectados intentaban hacerse un espacio, el más afortunado lograba una silla de ruedas. Cinco horas más tarde lo atendieron y lo instalaron en un box. Esto se supo por un contacto, ya que no daban información a la familia. De inmediato decidieron no darle respiración mecánica por su edad —setenta y cinco años— y por su situación mental —Alzheimer—. En una esquina fue dejado a esperar su muerte. Avisaron que si a una hora de su deceso no llegaba a buscarlo un familiar, lo meterían en una bolsa y adiós.

Así está la cosa.

7 de junio, domingo

Ya no quedan uvas en el parrón. Fui comiéndolas lentamente, un racimo tras otro, y se terminaron. Recuerdo el parrón en marzo, cuando llegué a pasar la pandemia, y parecía inagotable.

Byung-Chul Han habla de los rituales. Cree que son al tiempo lo que una casa es al espacio. Es cierto. Contienen. Dictan horas y dictan días y dictan hechos. Él apuesta por conservarlos, por no perderlos dado el individualismo feroz que engendra la sobrevivencia.

Quisiera volver atrás, cuando vivir comunitariamente era un valor y los rituales se observaban. ¿Puede un duelo, por ejemplo, vivirse sin ellos? Son como un aceite protector para un cuerpo que se está quemando de dolor, dice Han. Y hoy se entierra a los muertos sin ritual alguno.

Suelo agradecer las pertenencias: mis hijas, mis hermanas, mis amigos. Allí está mi comunidad y si me imagino sin ella quedo de inmediato a la intemperie. Menos mal somos latinos. Pegados unos a otros. En estos tiempos oscuros, esa es una gran delicia. Ser parte de. Al fin volvemos a lo de siempre, el afecto.

8 de junio, lunes

Hoy murió mi amigo Rodrigo.

La prensa anuncia que los fallecidos hoy son setenta y cuatro y Rodrigo es uno de ellos (al menos le administraron morfina, ya al final). La prensa lo ha cubierto, lindos recuerdos emergen de otros periodistas que fueron sus compañeros. Imborrables las imágenes del día del golpe de Estado, el 73, que pasamos juntos, nítidas como un espejo recién limpiado. Haber pasado esos días de septiembre uno con el otro es un nexo eterno.

10 de junio, miércoles

Cuenta Freud que en su dormitorio había un armario y en una de sus puertas, un enorme espejo. Una mañana despertó y sintió una presencia que lo alteró: al frente lo miraba un viejo muy feo, enjuto, cansado, con el pelo ralo y el cuerpo trajinado. Lo miró asustado y perplejo, ¿qué hace este hombre tan desagradable en mi habitación? Entonces comprendió que la puerta del armario donde estaba el espejo había quedado abierta y enfocaba directo hacia su cama.

Todos los días soy Freud en aquella escena.

12 de junio, viernes

El almuerzo, a pesar de que comíamos un salmón exquisito, fue fúnebre. Nos mirábamos unos a otros en silencio. Este es el peor de los momentos. Por lo menos puedo compartirlo con Raimundo y Elisa. Vamos al total despeñadero. Precipicio. Acantilado.

Fui a recoger pomelos y granadas. El día resplandeciente, brillante, mojado. Anoche llovió y a las dos de la madrugada interrumpí mi sesión de cine (*Casino*, de Scorsese) y salí al corredor de mi pieza a fumar para sentir la lluvia. Esplendorosa ella, sin restricciones ni timideces.

13 de junio, sábado

Bailan y ondulan las llamas del fuego y concluyo que ni el mar con su poder logra esta delicia.

Se fueron todos.

El frío en Mallarauco no tiene piedad. Al esconderse el sol bendito, arrecia. Salgo al patio a alimentar a los gatos y me congelo.

La gente joven sufre mucho. Pobrecitos, se pasean de drama en drama. No quisiera por nada volver ahí. Ya despojada del romanticismo, de los altos y bajos del ánimo, de la ansiedad y sus disturbios, de las decisiones esenciales, miro a los jóvenes con compasión. Bien que sufrí yo en su momento y qué maravilloso es verse libre de ello. Los años me han venido bien, me han otorgado un regalo magnífico: la paz.

Tan sobrevalorada la juventud.

14 de junio, domingo

La Envidia en Ovidio.

(Cómo disfruto su capacidad para personificar abstracciones).

La Envidia es, por supuesto, una mujer. Vive en un sombrío palacio al fondo de un valle donde no llega la brisa ni el sol. Por tanto, su casa es húmeda y fría. «El palacio sucio de la negra sangre.» La bruma por doquier.

Se alimenta de víboras, de su carne y su veneno. Come en el suelo, deja la comida sin recoger y si se levanta, lo hace desmadejadamente.

Es pálida.

Es esquelética.

Su mirada nunca es recta.

Sus dientes lucen solo moho.

Sus pechos son pequeños, verdes de hiel.

Su lengua empapada de veneno.

Ríe solo si contempla el dolor ajeno.

Se enfurece con el éxito de los otros.

No disfruta el sueño.

Devora y se devora: aquel es su suplicio.

De todas las pócimas que me habrán inyectado los dioses al nacer, de esta me libraron.

De aquella bruja mala me salvé.

15 de junio, lunes

Hoy la Margarita, mi hermana, habría cumplido setenta años. El solo escribir la fecha me entristece. Me pregunto cómo la habríamos celebrado.

Ayer leí que el Che Guevara habría cumplido noventa y dos. ¿El Che, viejo? Pierde todo el sentido. Es la personificación de la eterna juventud, cincuenta y tres años congelado en su imagen de héroe buenmozo y valiente. El héroe no envejece (pienso en Aquiles). Si estuviese vivo no habría leyenda. Qué privilegiados los que mueren antes de tiempo, los que no alcanzaron el deterioro. Fidel, por ejemplo, con su horrible buzo, su voz ajada, él, que encendió a tantas generaciones.

La Margarita murió a los sesenta y siete. Sin embargo, no había aún envejecido. Algo en ella se mantuvo joven. O será que a estas alturas sesenta y siete no es tanto. Varios son los dolores que se saltó.

Mi delicia es una empanada frita de queso hecha por la Mercedes.

16 de junio, martes

Amanecí afónica como esas pacientes de Freud: de la nada, porque sí. En la noche traté de hablarle a mi gato y no tuve voz, no me salía. Por supuesto pensé en el virus.

Revisé los síntomas por internet, aparece el dolor de garganta, no la afonía.

Quizás la Ofuscación es la culpable, aquella amarga hija de Zeus que fue arrojada a la tierra por las manos de su propio padre para molestar a los humanos. Ella ha estado rondando. Y me robó la voz.

19 de junio, viernes

En el cielo color malva y morado se acumuló el vapor y se instaló en las cimas de los cerros. No doy crédito a tanta belleza. Entre los cerros y yo, árboles y pasto mojado.

Me hace falta Roma.

En nuestros encuentros al atardecer con la Sol —ella con su vino, yo con mi vodka— planificamos viajes. Desde Itaca, que nos espera, hasta el Congo Belga. Todo depende del tema que ella esté investigando, no de mí. Yo me sumo contenta, preguntándome si nos darán los huesos. Me imagino durmiendo en un colchón en el suelo de algún hospedaje de Kinshasa y recuerdo que ya no tengo la edad. Igual, seguimos delirando, única forma de vencer al confinamiento, y estamos seguras de que llegaremos a África y a Portugal y volveremos a nuestro Palazzo Velli en Roma.

Atrincherada en mi sillón frente al fuego, me magnifican la vida dos poetas. Salud por la chilota Rosabetty Muñoz y por la cubana ya muerta Dulce María Loynaz.

20 de junio, sábado

Esta será la noche más larga del año y Chile está de duelo.

7.364 muertos.

La cifra verdadera que nos habían escondido. ¡Somos la cuarta ciudad más contagiada del mundo!

Hace pocos días pensaba en Acteón, el que murió triturado por sus propios perros. Y pienso en mi Rakún. Él es el mayor de mis perros. Llevamos muchos años juntos, desde Quillota, desde que murió su madre al nacer y yo lo crie. Está envejeciendo, como los labradores lo hacen, prematuramente. Cuando llegué a Mallarauco a pasar el verano, antes de la pandemia, llevaba varios días echado en el canil y había dejado de comer. Me negué a la idea de que su hora hubiese llegado y me dediqué a revivirlo. Pasábamos horas abrazados, le traía su plato a la terraza y me quedaba a su lado hasta que comiera. Y revivió. Durante todo el verano convivimos cerquísima y caminaba conmigo a pesar del esfuerzo que significaba para él. Sin embargo, desaparecí tres días por estar en cama y él se echó a morir. Se encerró en el canil, inmovilizado. Claudio, quien me informa, trató de remecerlo y ni siquiera logró que se pusiera de pie. Fui en su busca, le hice cariño, le di la comida y le pedí que caminara conmigo. Lo hizo.

Es el único que moriría si muero. Aquí está a mi lado, precioso en su blancura.

21 de junio, domingo

Bienvenido el solsticio de invierno. Es la nueva salida del sol (o su retorno) e inicia un nuevo ciclo. En mapudungún, *wiñol tripantu.* Y para confirmarlo, el día se vistió de luces y brillos.

Me enteré de que en algunos lugares «productivos» les ponen lentes de realidad virtual a las vacas y así les hacen creer que pacen en asoleadas praderas, que son libres. Y producen más leche.

¿Serán más felices así las vacas?

22 de junio, lunes

Amanecí con un mail de G: en una entrevista respondía sobre novelas que le hubiesen impactado y una de ellas era mía (*Para que no me olvides*). Me sentí honrada.

Me llegó la portada de *El manto* en italiano. Se publicará en septiembre.

Llueve con fuerza y decisión. No ha sido esquiva la lluvia en esta pasada y la agradezco como un mendigo la moneda que pusieron en su mano. Imagino los nudos secos bajo la tierra desamarrándose, desenvolviéndose los trozos constreñidos, dejándose por fin infiltrar. Qué enorme alivio para estos escombros luego de tanta sequedad.

Esta tarde parece de fantasía por lo hogareña y bucólica. El sonido de la lluvia, el fuego y el olor a sopaipillas recién hechas en la cocina. La infancia.

En Arica cierran los cementerios.

La ley de los hados decide que yo sea chilena y viva en este país: una bofetada en plena cara.

Pero están las sopaipillas.

23 de junio, martes

Pienso en Cormac McCarthy. El aire que se respira en *The Road* es uno de pandemia. El hombre y el niño encuentran una manzana, solo una, símbolo de la vida que ha quedado atrás. El tema es obvio para el día de hoy, pero no así su escritura, es ella la que se aviene con estos tiempos. Es desoladora, a la vez densa y feroz. Casi enmarañada.

Llené el canasto de huevos de campo, no son blancos ni parejos como los de criadero y la yema es azafranada. No me puedo imaginar una vuelta a la ciudad.

Tarde en la noche, la lluvia golpeaba de tal manera que cortó la electricidad (¿un poste en el suelo?). Decidí dormirme. El negro que rodeaba mi cama es el más total de los que recuerdo, un negro espeso, sin una sola filtración ni rendija, un tipo de oscuridad rara vez vista, siempre se cuela alguna luz, aunque sea desde lejos. Esta vez no había ninguna. No deseaba cerrar los ojos porque ese negro era magnético, me aturdía y me fascinaba, también me atemorizaba. Imposible que ese color, visto así, no te lleve a la idea de la muerte.

25 de junio, jueves

Y a las pobres Miniedes las castigaron por no seguir a Baco y las transformaron en murciélagos. Así pagaron por sentirse tan únicas y virtuosas (tejían y tejían contando preciosas historias). Imagino el horror de tal metamorfosis. Y de verse arrojadas a la oscuridad para siempre, colgando de ellas esas membranas pegajosas.

Por favor, el día en que me castiguen no me conviertan en murciélago. ¿Por qué no en flor, como Narciso? (Homero, Ovidio y sus compinches, todos hombres).

Florecieron las primeras calas y las miro en el florero del comedor. Cuento también cuántos pájaros de fuego han brotado y me enorgullezco por cada uno, potentes, radiantes. Matisse decía que hay flores en todas partes para los que se molesten en mirar. Yo miro, huelo y toco. Un jardín es un pedazo de vida. Hoy, un laurel es más cercano a mí que un humano.

26 de junio, viernes

La mayor delicia del mundo es mi cama, lugar desde donde escribo. Es ancha, cálida, algodonada, con muchas plumas de ganso —sobre el colchón y bajo el colchón—.

La que entibia y no sofoca, la que cubre y no ahoga, allí me tiendo, allí duermo, allí sueño. Pienso con horror en las frazadas del pasado, pesadas, feas, ásperas. Ningún lugar me acoge como este.

> *... Ser una flor*
> *Es profunda*
> *Responsabilidad.*

EMILY DICKINSON

27 de junio, sábado

Mi Elisa —en Santiago— se ha contagiado. Empezó a consumirla una fiebre hasta subir a 40 grados. Ya no es solo la Ofuscación la que posa sus leves pies sobre nuestras cabezas, aparecieron los súbditos de Ares, el Luto, el Pavor, el Terror y la Locura. Tan peleador él, tan asesino, tanto que ama la muerte.

Mi niña enferma y no puedo cuidarla.

28 de junio, domingo

Siempre me ha seducido el concepto de «arresto domiciliario». He llegado a considerarlo el estado ideal: todo paralizado por razones externas, cualquier salida prohibida, imposibilidad de disponer de las personas. Cuando constataba los cerros de libros que deseaba leer, pensaba en este arresto. Como eso no llegó a suceder, me sometí a mí misma a algo parecido: todo en función del anhelo de no ser alcanzada. Jamás sospeché que una epidemia me haría tal regalo. Tampoco lo quise así, con todo este dolor y miedo rodeándolo. Pero, en la práctica, hace mucho tiempo que yo vivo en una especie de cuarentena y por eso me ha sido fácil el día a día de esta historia. No sé cuál sería mi opinión si viviera esto en Santiago y no contara con esta cantidad de espacio para moverme y para respirar. Pero algún día esto terminará y veré desaparecer el aire, el silencio y la soledad.

1 de julio, miércoles

Todos nosotros, entre las ruinas, preparamos un renacer, dice Camus, pero pocos lo saben.

¿Lo sé?

Como parte de mi ritual nocturno prendo las velas de mi dormitorio. Claudio me arregló dos candelabros antiguos, muy decaídos ya, que quedaron en casa de mi madre sin que nadie los reclamara. Ya un poco enmohecido el fierro, me dan la ilusión de ser una dama victoriana con mucho pasado. Observo una de las velas, derrama interminables lágrimas blancas que se endurecen. Yo no lloro.

La Elisa respira bien.

2 de julio, jueves

El cuerpo.

El responsable de tanto descalabro.

El que envejece.

Por supuesto, he subido de peso durante la pandemia. Se tiende a compensar, yo lo hago con carbohidratos. Suelo decirme: no importa, luego me haré cargo.

Y de repente me detengo: ¿y si no me hago cargo? Debiera asumir los factores de la naturaleza. El maldito cuerpo cambia, se transforma, los años lo hacen más ancho y pesado. A estas alturas, ¿no son las dietas un atentado contra la naturaleza?

3 de julio, viernes

Recordando a Pessoa y su desasosiego. (Tengo el libro en Santiago, quisiera repasar algunas páginas).

Leo dos artículos sobre la pandemia escritos por dos mujeres que, en rigor, saben escribir. Y me parecen llenos de palabrerías, de dolor instalado sin frescura, dos viejas plañideras. Debiera cerrar este cuaderno, quizás ya soy una de ellas. Cómo son perversas las palabras. Y tantos que creen que escribir es tomar un lápiz con una intención.

Mi vodka hoy donde la Sol confirma que atravesamos el desasosiego. Ambas. ¿Entrar en acción? ¿Volver a la ciudad? Sin el fuego, sin mis animales, sin el silencio del valle.

4 de julio, sábado

No puedo imaginar un mundo donde la Lotty no esté.

Mientras los gringos celebran su independencia, la Lotty se extingue. Cuarenta y tres años de fortuna, la mía, de haberla tenido al lado. De haber disfrutado de su genio. En este momento, sentada frente al fuego, cansada hasta la médula, cuento mis pérdidas.

Una vez más.

Pienso en las mil cosas que la Lotty y yo hicimos juntas y cómo éramos de irreverentes y fuertes y valientes. A esta edad ya no me gusta el peligro. Lo denomino *un apetito juvenil.* Quizás es solo una inconsciencia que amaina con los años. O el cuerpo, atento a otros estímulos, rechaza los peligros, las fuerzas comienzan a medirse.

Me trajeron dos preciosas camelias del jardín de al lado, una es rosada y la otra de un rosa oscuro. Aparecieron rápido este año y me pregunto una vez más por qué las camelias de mi jardín no llegan a puerto. Las he trasplantado buscando el justo equilibrio entre la sombra y el sol. Nada. Se me niegan. Una murió y de la otra —planté dos de ellas al llegar— nacen unos apretados brotes que apenas se abrirán. Dicen que siempre es más hermoso el jardín del lado.

Mi delicia es haber tenido a la Lotty. Una delicia creadora y decisiva. Mi vida habría sido diferente sin ella.

5 de julio, domingo

Esta es la escena: un pájaro pequeño revolotea a través de mi ventana y con su pico golpea el vidrio, concentrado y entretenido. Mi gato lo mira, se levanta y ataca la ventana para empezar su cacería. Se topa con el vidrio pero, como no lo ve, no comprende qué lo separa de su presa y da manotazos, enojado. A cinco metros de distancia el perro observa, no parece interesarse ni en el gato ni en el pájaro, pero en sus ojos se observa una cierta ironía. Miro a los tres animales en fila.

Lentamente comienza a delinearse una idea de ficción. Un personaje toma forma: una vieja. Subo a mi escritorio, elijo un cuaderno y tomo notas. Muchas notas. Todas me parecerán estúpidas mañana. Lo bueno de la escritura es su posibilidad de borrarse, cancelarse, eliminarse, además de adaptarse y corregirse. Su única guillotina es la imprenta.

6 de julio, lunes

Me entero con interés de una flor —parecida al cactus— llamada la flor de la paciencia. Se abre cada siete años y dura abierta solo siete días.

Claudio me trae de la ciudad un cartón de Marlboro. Bailo abrazada a él en la cocina (al cartón, no a Claudio). Por fin dejo de fumar las porquerías a las que me somete el valle. Recuerdo que durante la UP, cuando no había nada de nada, un amigo que tenía trabajo en el gobierno me llevó un cartón de cigarrillos. Es la misma delicia. La recuerdo bien, tantos años después.

7 de julio, martes

Todo comenzó en primera preparatoria cuando la Miss Carmen Pacheco —pequeñita, muy arreglada, de tacos altos y pelo escarmenado— nos puso frente a una hoja en blanco y nos ordenó llenarla con la letra «o». Hice la tarea, la terminé rápido y miré a mi alrededor un tanto aburrida. Mi página también se veía aburrida cruzada por esa gran cantidad de «oes». Entonces tomé un lápiz de color amarillo y pinté el interior de una de las letras, al centro mismo de la hoja.

No fue más que eso.

Miss Carmen, preocupadísima, habló con mis padres para acusarme por el acto de desobediencia en el que había incurrido.

9 de julio, jueves

Llegó otro gato. Como si fuéramos pocos. Fue toda una operación ir en su rescate a Santiago. Los salvoconductos, las horas de viaje. Se llama Messi y es muy bonito, todavía una guagua (era de Luis Maira, por supuesto me lo pasó a mí en cuanto se vio incapaz de cuidarlo, historia conocida). Le armé su infraestructura, toda pensando en no herir a mi Pamuk. Lo encierro en la salita para que no se amedrente en esta casa enorme. Está escondido detrás del sillón.

La Cámara de Diputados logró que se aprobara el retiro de fondos de la AFP. En plena pandemia el gobierno no ha dado un solo peso a la gente. Accederán al dinero de sus ahorros, no al del Estado, lo cual es una pésima idea.

10 de julio, viernes

Me enteré por un programa de radio que Juan Emar —tan ensalzado en las letras chilenas— escribió un año, día a día, notas sobre una estadía en París. Deseaba confirmar cuán pocas cosas suceden en general, una al mes, decía, no más. Se las daba de *enfant terrible* y le encantaba hablar páginas y páginas sobre la caoba del mueble o la pluma que ocupaba.

Lo importante es que cumplió con escribir un año entero, cada día.

Y, en efecto, no pasa nada. Menos aún en pandemia. La vida no es más que una línea continua que duda sobre su propia continuidad. ¿Eventos? Por supuesto que no. Solo se puede divagar si se escribe todos los días. Buscar las delicias es fácil desde mi punto de vista. Bastan los ojos. Y un poco de risa y de afecto. Y de comida en el refrigerador. Comprendo que muchos no puedan ver esas delicias porque el sufrimiento es muy grande. El mío es vicario.

Y me siento culposa por ello.

Siempre está la culpa.

Esta tarde es perfecta. No tengo el mueble de caoba de Juan Emar pero cuento con una temperatura envidiable en pleno invierno y me mira de vuelta el fuego. Y observo el óleo de Nemesio, las flores de José Pedro Godoy, *La última cena* que heredé de mi padre, la acuarela gigante del Samy, los negros trazos de Siqueiros.

La vida es bella, ya verás, dice Goytisolo.

12 de julio, domingo

Vivo en una sinfonía, cada gato es un instrumento. Qué raza extraña, tan agresiva y plácida a la vez.

Ovidio me tiene exhausta. Leo un capítulo y me detengo: no me cabe en la cabeza tanta maldad. Los castigos que imponen los dioses al mortal orgulloso o estridente no guardan proporción con el delito. Pero si la mitología fue, a fin de cuentas, un invento de los hombres, esos hombres inventaban tales atrocidades.

13 de julio, lunes

Llegó la TV nueva.

Puedo mirar una película entera sin que se corte. Mi felicidad no tiene límites. ¿Cómo no lo hice antes? A propósito de delicias, si mi objetivo es buscarlas cada día, ¿cómo me avengo a convivir con una desgracia tan doméstica como esta (la TV mala) por tan largo tiempo? ¿Por qué una no toma el toro por las astas —en lo grande y en lo pequeño— para que la vida sea menos hostil? Andamos en piloto automático y ese es un pecado grande, una forma de que la vida se nos vaya de las manos, descolorida.

Los gatos me muerden y los perros me rasguñan: el mundo al revés.

Paso el día respondiendo una entrevista para *El Mostrador*. Me pregunto por qué alguien habría de interesarse por mis opiniones.

15 *de julio, miércoles*

Hoy murió Max Perea. Mi terapeuta durante muchos años, un hombre alado, empático, inteligente y compasivo. Una gran persona. La más seria y consistente enderezada de mi columna/vida la hice con él.

No entiendo la muerte.

Es rara la muerte.

Cuatro. Ya van cuatro amigos desde que empezó la pandemia.

Recién cortaron el pasto y aunque hace frío me tomo el café en el jardín. Para oler. Y me pregunto cuánto podemos incidir en las condiciones de nuestra existencia. ¡Qué pregunta! A veces pareciera que nada y nuestra vida entonces sería un espantapájaros, con los brazos abiertos al acontecer, inmóvil en una pradera. ¿Estará la incidencia ligada al poder?

Me quedo con el olor del pasto recién cortado, uno de los mejores olores de la tierra.

17 *de julio, viernes*

Vi anoche una película sobre el Holocausto centrada en la figura de Ana Frank. Desde hace mucho me declaré una especie de experta en el tema, he visto y leído tanto al respecto. Sin embargo, anoche me quebró. El dolor me recorría como una herida recién hecha. Y concluí que la pandemia nos ha fragilizado.

Lo que antes resistíamos estoicamente hoy nos tumba.

Ana Frank escribía un diario. En él iba reportando sobre la guerra y su vida doméstica. Hablaba del horror y del miedo, sin embargo nunca ignoró los disfrutes de la vida. En medio de ese sofocante encierro destacaba el pedazo de cielo azul que veía por la ventana. O el coqueteo de su amigo Peter, que se escondía también en el ático. Tenía solo quince años y buscaba la belleza que, por cierto, encontraba. Recordé mi cuaderno de las delicias. Imaginé a los nazis como unos coronavirus y al ático como esos departamentos pequeños en que está encerrada más de media humanidad.

No debo quejarme. Aunque no tenga salvoconducto para ir a Santiago, no soy una judía escondida en algún lugar de Europa ocupado por los alemanes. No estoy en un ático. Al contrario, tengo aire y espacio y delicias diarias como esos cipreses que veo por mi ventana.

19 de julio, domingo

«Me iba a acostar solo para soñar que comía», declara una pobladora en Santiago.

20 de julio, lunes

Soy el juguete de mis animales, ¿no debiera ser al revés? Constato en mis brazos una gran cantidad de marcas, uñas y dientes.

Los conejos están comiéndose los arbolitos nuevos que plantamos a fines del verano, los que algún día serán orgullosos naranjos. Claro, los conejos están en su derecho, creen que es hierba. Supieran todo el trabajo que hay tras cada uno. El nochero quiere dispararles, me avisa para que yo no me asuste con el sonido. No puedo decirlo, pero me horroriza que los maten.

No me gustan los animalistas fanáticos, pero reconozco que mi corazón está cada día más cerca de los animales. La delicia de esta cuarentena es que ha estado llena de su presencia.

21 de julio, martes

Vuelve a llover. Como diamantes cada lluvia que se derrama.

Vicente, a raíz de la entrevista en *El Mostrador*, me envía un pequeño poema de Elvira Hernández:

> *No todo lo que vuela es pájaro*
> *a veces lo que piensas alcanza*
> *una pequeña altura.*

Deduzco por las informaciones de A (hija de la Lotty) que hemos llegado al final. Debo absolutamente despedirme de ella. Cerrar. Cruzo a la casa de la Sol en pijama y con botas de agua y le pido ayuda. Revisamos en el sitio web de Carabineros la posibilidad de un salvoconducto. Debemos arriesgarnos y pedir uno que dure tres horas.

La solidaridad de una hermana.

22 de julio, miércoles

Es miércoles y fui a Santiago. Directo de Mallarauco a casa de la Lotty y de vuelta. Me senté al lado de su cama, le tomé la mano y le hablé. Hubo un momento en que asomó la lucidez, verificó que era yo y me dijo unas palabras. Pocas y en un tono muy bajo. Bastaron.

Me encomendó a su hija.

La vida como tal ya partió. El barquero espera la orden para cruzarla al Hades.

23 de julio, jueves

Abatida y desganada.

Miro a través de ventanas negras. Me escondo en el calor del fuego, pero igual tengo frío. No sé bien lo que la vida propone.

Encontré en el valle una podóloga que me quitó los dolores. Compré un kilo de champiñones criados aquí en el valle, enormes, preciosos, me recordaron los mercados romanos.

Se acaba este cuaderno, debo buscar otro. Brindo mil veces por la disciplina, he escrito cada día, a pesar de todo. Pero hoy no hay delicia, la Lotty se está muriendo.

24 de julio, viernes

Hoy murió la Lotty, artista visual chilena valiente e incomparable.

A las 6:45 de la mañana. Sus dos hijos estaban con ella.

Llegó la Sol a mi dormitorio a despertarme. Por lo inusual del hecho intuí la noticia. Partí a Santiago.

Estaba preciosa en el ataúd, el pelo tomado por un pañuelo color bronce que yo le traje de Roma y una sábana blanca le cubría el cuerpo. Las facciones, ya descansando, se habían agudizado: la imagen de la mujer fascinante que fue.

(Pandemia de mierda, por quedarme hasta tarde en su casa tuvimos que venirnos casi escondidas, sin permiso para andar en la calle a esa hora, tampoco podré ir mañana al cementerio, no tengo pase.)

Vacío, vacío todo. Incapacidad de sentimiento alguno, como si no tuviese corazón. Solo cuando las luces del edificio de la Telefónica —visto desde mi ventana— la homenajearon, llegó el dolor. Luego se fue y en su reemplazo, un cansancio enorme.

La vida, a partir de este momento, ya no la contempla. El mundo, a partir de hoy, será sin ella.

Compañera del alma. Compañera.

25 de julio, sábado

Según el calendario maya, este es un día que no es. Quedó fuera de los números, por lo cual lo nombraron «el día fuera del tiempo». Te invita a vivir —aunque sea por veinticuatro horas— en un tiempo sin tiempo. (Los mayas dividieron el año en trece lunas que completan el año en trece meses, de veintiocho días cada uno, dando como resultado trescientos sesenta y cuatro días, más un día adicional que corresponde al 365. Ese es hoy).

Y así lo siento.

Los mayas sugerían guardar este día para la inactividad pues la esencia de habitar el tiempo fuera del tiempo es precisamente soltar el hacer y vivir el ser.

Marcel vino a dormir conmigo (para consolarme).

Vago por el departamento de Santiago tratando de reconocerlo. No sé bien dónde se guardan los cuchillos o cómo funciona el televisor. Estoy de paso, como si ya no fuera mi casa.

La delicia es abrazar un pequeño cuerpo en mi cama que, a pesar de cualquier dolor, saca lo mejor de mí.

26 de julio, domingo

Antes, cuando creíamos en la Revolución cubana, celebrábamos este día.

Mis hijas y sus novios vinieron a almorzar. No lo hacíamos desde abril. Comimos erizos y me subieron el ánimo.

Ahora que comencé un nuevo cuaderno —el tercero ya— me pregunto si mi intención no fue una soberana estupidez. Aquí estoy, de lleno en la muerte, buscando delicias. Las encuentro de inmediato, no es ese el problema, es que el espíritu no está enfocado ahí. Tendré que aprender a vivir sin la Lotty y las delicias me parecen banales. (Las pérdidas no van a parar, me dice Gabriel desde Magallanes, solo hay que abrazar a los que quedan.)

Me impresiona cómo han cubierto los medios a la Lotty. Mirando desde afuera pienso en lo gigantesca que fue su obra.

Muchos me escriben. Como si se hubiera muerto una hermana.

28 de julio, martes

Los cumpleaños son días raros. Hoy cumplo sesenta y nueve años.

A las siete de la tarde nos fuimos con la Marga a casa de la Elisa, una comida para mí. Volvimos pasado el toque de queda y las calles estaban vacías. Algo de guerra, de futuro desolador, de terror de caer en manos de la policía.

La comida celebratoria fue peruana, con guirnaldas colgando del techo, con regalos, dibujos de Marcel, abrazos.

Es importante que otro te cuente que tú existes.

30 de julio, jueves

Pasó Santiago, pasó mi cumpleaños, volvió la normalidad con la Lotty instalada en el centro.

Todo plano, vacío, falta absoluta de sentimientos. Solo un decaimiento profundo. Todo sobra. Comienza el duelo.

Me hace falta Canetti y su libro sobre la muerte (se lo regalé a la Lotty pero lo encontró tenebroso). Me traje alguna poesía desde Santiago y a Pessoa con su desasosiego. Compañía me sobra. También Ovidio me ha regalado hoy un par de capítulos sorprendentes. Quisiera solo leer y no moverme.

31 de julio, viernes

Quisiera ser liviana como los pájaros.

Y también su opuesto: ser tan pesada que ya no pudiera levantarme más. Cubrirme con sábanas suaves y no hacer un solo movimiento.

Todo sufrimiento tiene un límite, según Hermann Hesse. A partir del límite, o desaparece o se transforma, asume el color de la vida; acaso aún duela, pero ya el dolor es esperanza y vida.

¿Cuál será ese límite?

¿Cuánto se tarda en llegar a él?

En estos días tan extraños he constatado que una delicia real es la poesía.

1 de agosto, sábado

Volvió la luna llena.

Empieza nuevo mes.

Cito a Jung: «La soledad es peligrosa. Es adictiva. Una vez que te das cuenta de cuánta paz hay en ella, no quieres lidiar con la gente».

Cada vez que el círculo de la luna se cierra, hago el rito de cortarme las uñas de las manos. Con meticulosidad. Me demoro en ese deber. Me aburre.

Hoy todo me da aburrimiento. No quisiera entrar ni mínimamente en acción. Me declaro deprimida. Siento la voz infantil de Marcel a través de la puerta de mi dormitorio y me da alegría oírla. Luego se meterá a mi cama y le contaré un cuento. Y entonces —oh, delicia— sabré que a pesar de cualquier duelo, la vida tiene sentido.

3 de agosto, lunes

> *Cuando pronuncio la palabra Futuro*
> *la primera sílaba pertenece ya al pasado*
> *Cuando pronuncio la palabra Silencio*
> *lo destruyo.*
>
> Wisława Szymborska

5 de agosto, miércoles

Hoy me entero de que los pájaros cucú hembras no solo se saltan la crianza de sus hijos sino también el empollamiento. Depositan sus huevos en nidos ajenos y se van. ¿Qué tal? ¡Se van! Nada en ellos nace del dolor.

También me entero de que la palabra «alfabetizar» se traduce en chino como «borrar la ceguera».

Respetando mi pobre duelo, no me levanté hoy. Reduje el esfuerzo a cero. Pasé el día entre libros con el fuego encendido y una lluvia leve vista por la ventana. Les dije a Claudio y a la Mercedes que no me levantaría más. Ellos son mi gran equipo, si así lo hiciera me protegerían del mundo y no harían una sola pregunta.

El refrigerador está vacío. No importa.

7 de agosto, viernes

Soñé con funerales y rituales de muerte. No puedo resignarme a no haber hecho una gran manifestación frente al cuerpo de la Lotty que hoy es ceniza. Tantos la habrían homenajeado. Llorar con otro se convierte en un privilegio. Pandemia culiada, qué cantidad de obstáculos nos pone. El no poder enterrar a nuestros muertos es una maldad.

No debo extender el dolor a los demás paisajes de mi vida. Observo cómo contamino espacios que hasta ayer veía amables y benignos. (El gato me agarra el lápiz y entorpece la caligrafía). Pongo música y me siento frente al fuego a llorar. Largamente. Mejor derramarme que soportar el dolor sordo y estoico.

No hay delicia hoy y punto.

8 de agosto, sábado

Si Mallarauco suele ser silencioso, en los fines de semana eso se intensifica. Los trabajadores descansan, el motor de los tractores se apaga, nadie entra ni sale de la casa, y así se filtra el «segundo silencio». John Cage hacía experimentos al respecto. En esta etapa —la segunda del silencio— aparecen sonidos insospechados. El tenue choque de las hojas de un árbol con las hojas del árbol vecino. El canto humilde y casi imperceptible de un pájaro. Mi respiración. Algunos crujidos de las maderas. La música sería criminal en este contexto, aunque fuese delicada, aunque fuese Erik Satie.

Algún día no muy lejano los mortales pagarán oro por esta falta de ruido.

Pienso tan fuerte que la casa me oye.

¿En qué estará la Lotty?

A costa de repetirme, lo diré hoy y volveré a decirlo mañana: una de las delicias más grandes de mi vida fue ser su amiga.

9 de agosto, domingo

Mis hermanas encontraron unas cartas de la abuela Margarita a mi padre. Nos juntamos a leerlas en voz alta. Escribía bien, como toda la familia. Son voces que ya cumplen un siglo. Siempre me ha gustado esa abuela, nacida en Lima, buenamoza y con un bonito nombre. No alcancé a conocerla. Me impresionaron sus palabras y su amor indiscutido por mi padre. Pero algo me inquietó y produjo tristeza: daba la impresión de que su único haber eran sus hijos y por esa misma razón no los alcanzaba.

Atesoro ser madre hoy y no entonces. Valoro el trabajo, la vida propia, la pasión por elementos ajenos al afecto. También el ganar mi propio pan y no depender de nadie. Si el amor fuese la única moneda, la perderíamos.

14 de agosto, viernes

Hay algo extraordinario en vivir en medio de un huerto. Rodean soplos de fertilidad, aspiras de otro modo porque el fruto está ahí, vivo, reproduciéndose (qué ganas de escuchar, con el oído, el crecimiento de una naranja). Los círculos dorados que brotan del naranjo, los óvalos de los paltos que cuelgan con su cubierta de aspereza, tan cercanos como las calas o las achiras. Luego salgo del jardín y las filas de árboles frutales son mis fronteras.

16 de agosto, domingo

La superficie de la habitación no era mayor a la de mi mesa de comedor. En ella había un baño, una cocina, un colgador de ropa y una despensa —grande, en proporción, pues la comida se veía por todos los ángulos. Postales de casas chinas durante la pandemia, eso era. Ninguna distancia entre la camisa sostenida para secar y la bandeja con algas y algún pescado sospechoso. Sobre la tapa del excusado, la sopa. Entre toda la acumulación, una niña hace las tareas. No hay ventanas. Junto a los ganchos de ropa se tienden las verduras. Esto no es mal de Diógenes, es pobreza.

Allí deben encerrarse a vivir la cuarentena. Todo está mal repartido en este mundo, desde la felicidad hasta los metros cuadrados.

Miro mi casa y me pregunto —inevitable— cuántas familias chinas cabrían aquí.

Viene mi peluquero y me pregunta cómo estoy. Le respondo que sin energías. «Hay que inventárselas», me responde. Lógico. Si todo el planeta se diera el lujo de languidecer, ¿en qué terminaríamos?

17 de agosto, lunes

En Estados Unidos, la convención del Partido Demócrata abrió la ceremonia con un coro de niños cantando el himno patrio. Y sin siquiera percatarme, empezaron a caerme las lágrimas. ¡Dios mío, la infancia! Cómo marca.

La infancia es un tatuaje.

Desde los cuatro a los dieciséis años canté yo esa canción. Por supuesto, conozco cada una de las palabras. Me resultó del todo inesperado emocionarme así. ¿Será la pandemia que nos tiene debilitados? Soy de las tontas que se emocionan con el «Puro Chile», pero esa es otra historia.

Ovidio ha situado a una mujer en la punta de una montaña, en un palacio sin puertas, entre el cielo y la tierra. La llama La Fama. Siempre está escuchando voces y murmullos y sabe todo lo que ocurre en cada mundo. Lo más sorprendente es la personificación de su cortejo: allí está la Credibilidad, el Error, una liviana Alegría, los Temores, la Sedición, los Susurros.

Con razón tanto famoso se suicida.

Qué delicia no visitar ese palacio.

19 de agosto, miércoles

Clint Eastwood (o su personaje) escapa de la prisión de Alcatraz (California). Con dos compañeros de celda y un remedo de bote plástico se dirigen de noche por el mar a alguna isla innombrada y acaba la película. La policía nunca los encontró, el único caso en la historia de esa cárcel.

¿Qué pasó con él? ¿Qué hizo? El film no dice una palabra al respecto. No pudo haber vuelto a la normalidad porque era altamente buscado. ¿Cómo se las arregló, siempre escondiéndose? Tenía una inteligencia superior, según su informe. Habrá logrado atracar en alguna playa de la costa mexicana del Pacífico. Imposible el Caribe porque tendría que haber navegado hasta Panamá o haber cruzado Estados Unidos por tierra. Impensable. Quizás tendría algún dinero guardado y pudo negociar alguna embarcación decente.

Si su destino fue México habrá conservado un perfil bajísimo, por la cantidad de americanos que pasan por ahí y porque existe la extradición; incluso cambiando el aspecto lo podrían identificar. Para cruzar el Atlántico necesitaría plata. Quizás en México trabajó un tiempo o robó. Y habrá continuado a Australia con papeles falsos. Entonces podría empezar desde cero, con su misma lengua. Un país sin injerencia yanqui pero tan desarrollado como para compartir sus códigos. Vivir una buena vida en Adelaide, no en Sídney o Melbourne, nunca una ciudad principal. Casarse, tener hijos, borrar su pasado criminal y no contárselo nunca a nadie, ni a su mujer.

23 de agosto, domingo

Si nos tomamos en serio la definición de Tolstói sobre el aburrimiento —un deseo de deseos— entraríamos en directa contradicción con el budismo, cuya aspiración final y sagrada es la falta de deseo.

Recuerdo esa obra de Baricco tan querida, *Novecento*, en que el protagonista nace en un barco y nunca se baja —de hecho se inmola en él— por la falta de deseo.

Nunca me aburro, los dioses me regalaron esa fortuna. Al contrario, pelean dentro de mí las ganas (el deseo) de tantas cosas. Cosas modestas y pandémicas, como salir a caminar con mis perros, escribir mi delicia del día, sentarme con Ovidio frente al fuego, cocinar unos chilaquiles, leer Twitter para informarme, tomar un vodka tónica. No importa cuál. Quiero hacerlo todo y ese todo es humilde pero nunca, nunca aburrido.

24 de agosto, lunes

Hoy, hace un mes, murió la Lotty.

Su hija llora y yo soy incapaz de llorar.

El llanto.

¿Tendrá relación con mi tema de ayer, el deseo? ¿Estarán conectados? Cuando las lágrimas no afloran, ¿será que una se está secando, toda humedad inútil? Cuando luchas por tener menos deseos en la vida, ¿será que una se está muriendo?

Secarse y morirse, ¿serán muy distintos?

Volviendo a Tolstói, creo que el aburrimiento tiene dos facetas: la simple (me aburre lavar los platos) y la existencial (¿tiene algún sentido mi vida?). La primera, por supuesto, no importa nada, la segunda sí. Pobre humanidad, buscando ser significativa. Quizás este capitalismo salvaje que odio ha convencido a los mortales de que sus vidas carecen de sentido si no están en acción. «Estar ocupado» es prestigioso: mientras más, mejor. El tiempo libre confunde. El solo hecho de hablarlo o nombrarlo *tiempo libre* es un signo de falta de libertad.

25 de agosto, martes

Llevo dos noches soportando sueños tenebrosos. Nítidos sus detalles. Muertes. Crímenes. Terror. Frivolidad. Todo entremezclado. Luego, en la duermevela ordeno los factores, como si fuesen una narración. He estado a punto de morir en ellos y solo sentí un escalofrío en el cuerpo.

He bajado los cigarrillos hasta la mitad, con la esperanza de cansarme menos. La disciplina importa, importa muchísimo y para todo orden de cosas, especialmente para el gobierno propio (ya que el ajeno no es alcanzable).

Ovidio personifica los ríos. No solo tienen vida propia, nombre y movimiento, también tienen voluntad. Y son capaces de concebir. Sus hijas suelen ser ninfas preciosas que se bañan y toman sol en las riberas de su padre.

El mandarino que planté hace unos años detrás de los cerezos rebosa de frutas. Estiro la mano y están ahí, cómo el parrón y sus uvas en el verano. Comer de tu propio jardín: una delicia.

27 de agosto, jueves

Lo opuesto a la depresión no es, como algunos creen, la felicidad, es la vitalidad. Es por ello que debemos atacar este «cansancio pandémico». Somos todos víctimas de él y podemos confundirnos. Me cuenta la N que se están consumiendo antidepresivos como nunca en la historia.

¿Estará aburrida o deprimida la humanidad? Tomo en cuenta el factor miedo: todos temen, ya sea enfermarse, perder empleos, empobrecer, morir. Pero distingo este miedo específico, el que navega por todas las sangres, hasta las más atrevidas, como harina de otro costal. O quizás todo se mezcla y digo leseras.

Mi delicia hoy, y la subrayo, es no temer mucho, solo la cantidad necesaria para pulir las antenas frente al peligro.

29 de agosto, sábado

Hace ya semanas me despierta cada mañana un ruido sobre el vidrio de la ventana. Es un pájaro que picotea, que no entiende esta superficie transparente frente a él. Serán varios, por supuesto, no creo que venga siempre el mismo. Son muy bulliciosos. Lo estoy mirando, al visitante de hoy: es pequeño, un poco insignificante, color café confundido con gris y su pico es largo pero no excesivo. Los gatos se vuelven locos pero el vidrio les impide atraparlo.

Me piden un video corto para felicitar a mi amiga R que cumple setenta años. Lo hago rápido y lo envío. Ni siquiera me peino antes. Me pregunto si es la pandemia o permaneceré para siempre tan indiferente a cómo el mundo me ve.

Una novedad de este invierno es que los perros comenzaron a comer mandarinas. Yo me siento en algún lugar donde llegue el sol y se las pelo —tarea que me encanta— y voy dividiendo los gajos, uno para el perro, otro para mí. Una delicia. Casi no mascan, se los tragan.

30 de agosto, domingo

Aun la ausencia de los que más amas te produce un reposo. Toda ausencia implica —por un período determinado— descansar. Pobres parásitos, que nunca se las arreglan solos. Ahora la Banana, mi compañera permanente, pasa sus días de celo en casa de la veterinaria para que nadie aquí se la monte. La echo de menos, pero la tranquilidad sin ella es enorme. Me pasa lo mismo con todos. Alguien inventó que el amor era pegajoso en su manifestación.

He debido hoy hacer la aburrida tarea de mi manicure sin la luna. Siempre coincidimos, luna llena/corte de uñas. Esta vez no, a la luna o a mí se nos está desordenando el ciclo.

Creo que Ray Bradbury también buscaba delicias. «Repleta tus ojos con maravillas... vive como si fueras a caerte muerto en diez segundos». Si yo muriera en ese plazo, mi última mirada sería a Peter Pan, que duerme a mis pies, convertido en una genuina delicia.

Anoche vi un documental sobre Lemebel. No soporto no comentarlo con la Lotty.

1 de septiembre, martes

Hoy debiera estar recibiendo las llaves de la casa que arrendamos en Ítaca frente al mar. Hoy empezaba nuestra propia epopeya. Qué enorme frustración. Cómo sospechar cuando hacía el pago de la casa que nunca llegaría a ella. (Oh, Ulises).

Comienza la primavera o, más bien, el mes de la primavera, con un frío intenso y mucho movimiento telúrico. Si atacara un terremoto significaría que los dioses, en vez de olvidar nuestra tierra, la odian. Y sus habitantes caminan por ella con el miedo colgando de los brazos y los pies. Anoche se mecía la cama estando yo acostada, despacito se mecía y con lentitud. Miré dónde estaba la linterna, nada más. No me moví. Pero lo esperé. Al terremoto. Así comienza, de a poco.

Al menos no tenemos huracanes.

2 de septiembre, miércoles

Simone Weil apuesta a la atención. Ya sea hacia el otro, el paisaje o la nada. Cree que aquella atención —un acto de amor— genera un vacío donde pueden entrar las maravillas del mundo. (¿Allí entrará Dios?).

121

He apostado durante este tiempo en Mallarauco por ese vacío. No alcanzo a meditar, no lo logro. Pero a veces salgo a tomar el sol, ese regalo enorme durante el invierno, y pongo atención a los pájaros. Y me sumerjo en el campo mismo.

Hablo con mis amigas y algunas enfrentan momentos muy difíciles. Pienso en ellas y en la hostilidad que les rodea y luego pienso en el amor: tantas cosas deliciosas que nos depara esta vida de mierda. Desde las mandarinas de mi árbol hasta las observaciones inteligentes de Marcel. Desde la textura del terciopelo hasta las palabras de Ovidio. Desde el vodka que comparto con la Sol hasta mi película turca. Puro amor. A la vida.

Hay que poner atención.

3 de septiembre, jueves

Una mujer de Gana, África, sufre de esquizofrenia. Se va a vivir a Estados Unidos. Su par, la gringa que también es esquizofrénica, escucha voces, como ella. La diferencia es que las voces que le llegan a la cabeza a la mujer africana son amables, son benevolentes, a veces vienen de gente amiga o de familiares muertos. La gringa solo escucha ruidos, apelaciones violentas, duras, llenas de odio e intrusión, un bombardeo. La mujer de Gana no cree que la enfermedad sea una invención occidental, pero se sorprende de la diferente forma en que la viven.

Todo es cultural.

Cómo se enfrenta la muerte, por ejemplo.

Si yo fuese una de esas mujeres de Gaza, las que gritan y ululan, no me habría mantenido tan estoica frente al ataúd de la Lotty.

Opto por el estoicismo. No es ninguna delicia recibir voces oscuras que llegan desde lejos pero sí la hay en guardar el dolor en un compartimento privado.

4 de septiembre, viernes

Hoy hace cincuenta años fue elegido presidente Salvador Allende. Recuerdo esa noche en la Alameda, yo era tan joven, ni derecho a voto tenía (entonces exigían veintiún años, fue Lucho quien cambió esa ley). Pura esperanza en las calles repletas de abrazos. Cincuenta años es mucho tiempo y Allende podría haber pasado al olvido. Sin embargo, vive, más vigente que nunca.

Cada día hay una nueva razón para indignarse en Chile. Ahora reprimen a los manifestantes del Apruebo mientras escoltan y protegen a los del Rechazo. Y no exagero: es literalmente así. A los camioneros en paro no se les toca, en *paro,* obstruyendo las carreteras en plena pandemia.

Prefiero imaginar esa alegría antigua.

6 de septiembre, domingo

¡Nos quitaron una hora! Odio estos cambios de horario.

Trabajo y trabajo para el lanzamiento de *El manto* en Italia. Tantas entrevistas. Como no acepto nada en vivo —ni Zoom ni teléfono— debo hacerlas por escrito. Es el único control posible. (Luego de la experiencia hace poco con aquel periodista mexicano que me tuvo largo, largo por la línea hablando intensamente para luego publicar una versión propia, lo que a él se le ocurrió, con sus palabras, sin un eco mío). La gente seria controla lo que la prensa hace con ellos (¿quién dijo que yo era seria?).

El trabajo de una escritora es lo que dice su propio nombre: escribir. Pero además se debe hacer la propaganda de lo escrito. Lo más insólito es que hay personas que lo disfrutan.

7 de septiembre, lunes

A Marcel le gusta jugar en la bodega donde están los tractores y yo lo acompaño. Nos gusta ver cómo cargan los *bins* con las naranjas que han recolectado hoy. Cientos de kilos repletan cada *bin*. Miramos esas naranjas de color precioso, las luces del huerto. Me pregunto dónde irán a parar. ¿Quiénes las comerán? ¿En qué lugar y de qué modo?

Plantar naranjas posee cierta dignidad.

9 de septiembre, miércoles

A Françoise Sagan le preguntaron por la felicidad. Ella respondió con tres puntos:

- tener buena salud
- dormir bien
- despertar sin angustia

Nada más.

Dos texturas quisiera tocar: la del coral y la de la madreperla.

Los cerezos dieron sus primeros brotes, signo ineludible de la cercanía de la primavera. Sus flores blancas son preciosas, pero a ellos no los quiero mucho, no me han dado nunca una puta cereza. Como el aromo, obsesionado con su negativa de florecer. No entiendo, han sido plantados en una buena tierra, no pasan sed, ¿por qué no responden?

El mandarino en cambio no me desilusiona.

11 de septiembre, viernes

El solo hecho de escribir esta fecha me violenta.

Pienso en la figura del traidor.

Creo que la traición y la soledad interior son primas hermanas. Una se ejecuta en la otra, la segunda cubre a la primera envolviéndola y caen juntas a un pozo profundo.

Optar por la traición es tachar el alma. Y el que vive con esa alma tachada se sumerge en infiernos donde ningún otro cabe.

Me senté en la terraza esperando a los pájaros que no llegaron, como si su búsqueda de refugio hoy no fuera posible. Se habrán quedado en el puerto a la intemperie, como hace casi medio siglo se quedó cada chileno comprometido.

Son cuarenta y siete años y la nitidez de cada hora de ese día, aún intacta.

12 de septiembre, sábado

A propósito de ayer, del aniversario del golpe de Estado: a veces perdonar es un insulto a la piedad.

Volvieron las arañas, el sol las ha hecho regresar y esta estación las ha vuelto más grandes y más negras. Azabaches, gruesas, lentas, aparecen bajo las cortinas. La gran novedad es que Messi, el gato de L que ahora vive aquí, las caza y luego se las come. Yo observo totalmente paralizada, me producen espanto. Messi se ha convertido en mi ídolo.

La Banana volvió de su celo pero algún olor ha debido conservar porque los perros machos no castrados enloquecieron y tuve que esconderla en mi pieza. Se me arrancaba.

Estoy cansada de mis animales. Son muchos y cada uno requiere algo especial. Ha sido excesiva la convivencia. ¿No será ya el momento de volver a Santiago?

13 de septiembre, domingo

Le escribo anoche un whatsapp a la Paula a las 2:56 de la madrugada y me lo responde. Qué familia poco rigurosa frente a las convenciones de la noche.

Y qué familia con tanto léxico familiar, como diría Ginzburg. Un concepto propio y clave es el de la «tasca» (¿vendrá de los españoles?). La tasca, entre nosotros, es la conversación, aquella larga, distendida, sin prisas. Se convierte en verbo —yo tasco—, en sustantivo —la tasca—, en adjetivo —una noche tascada— y es el centro de nuestra actividad. Entre nosotros tenemos la capacidad de tascar hasta el infinito, entreteniéndonos siempre, y nunca nos faltará un tema. Es lo que mejor sabemos hacer.

Y pienso que existen familias entre las que apenas hablan o solo conversan en torno a la anécdota.

Hoy nos juntamos a despedir a la Sol.

14 de septiembre, lunes

Partió la Sol y con ella se cierra la parte más álgida de la pandemia. Quizás estoy siendo optimista y aún nos quedan tiempos peores. Pero esto, esto que hicimos las cuatro hermanas durante seis meses, terminó.

Ya no temo un invierno en el campo.

Pienso en la vida nómade. En cómo será vivir sin raíces. Entierras a tus muertos donde les tocó morir y los abandonas. Sigues migrando. Lo bueno es que no acumulas, viajas siempre liviano. Pero cómo vivir sin señalar un lugar en el mapa al que puedas llamar hogar. Luego de pensar por años en aquella palabra concluyo que el hogar es donde están tus muertos.

Mis hermanas y yo tenemos raíces de roble. Vigorosas y difíciles de extraer. O excavar. Esa es mi delicia.

16 de septiembre, miércoles

¡Odio el 18!

No soporto ni las Fiestas Patrias ni sus símbolos. La cueca, el rodeo, la Parada Militar, el vino arreglado, las fondas. Me sorprende que para el pueblo chileno sea *tan* importante. Durante mi infancia, en el sur, en estas fechas no nos dejaban salir a caballo ni acercarnos al pueblo por la cantidad de borrachos que nos rodeaban. (En la fonda del pueblo, General Cruz, encontraron y apresaron al Chacal de Nahueltoro, el bandido y asesino más emblemático de aquellos tiempos).

18 de septiembre, viernes

Chile: qué pueblo joven somos. No sé si eso es una maldición o una delicia.

19 de septiembre, sábado

Día de las Glorias Militares. Sin comentarios. La gloria es la primavera en su momento estelar.

Caminaba detrás de la biblioteca y me topé a boca de jarro con una explosión rosada. El ciruelo. Lo planté al construir la casa porque al hombre le gustaba su fruto. Me bañó su exuberancia y la determinación del color. Los botones de cada flor como una betarraga y los pétalos, en degradé, recorren todos los rosados, desde el más intenso al más pálido. Como este árbol no alcanza a verse desde la terraza —que es mi faro y mis ojos—, olvidé que existía. Quisiera traer el ciruelo entero y plantarlo en mi cama.

20 de septiembre, domingo

Pelar una mandarina es un acto litúrgico. Tirar de cada hilo blanco para que aparezca el color naranja, dócil; se deja preparar como un niño bien criado, cada gajo se diferencia orgulloso de su compañero mientras las cáscaras mantienen en el plato su curvatura tan suave y porosa. Nunca reclama la mandarina, no se hace la interesante como su prima naranja. Se deja comer con la lentitud de una nube que avanza sin mucho convencimiento.

Ya entré en el último cantar de Ovidio. Es el xv. Qué lectura difícil, con tanta nota a pie de página y tantos supuestos del autor. Muchas acciones y personajes desconocidos para nosotros, lectores del siglo xxi, él los da por descontados y se salta toda explicación (y yo, obsesiva o fanática, o ambas, voy a mis fuentes e investigo). Me pasa como con Homero, no quiero abandonarlo ni que él me abandone a mí.

Las mandarinas y los cantares. Puras bendiciones.

21 de septiembre, lunes

Cómo, ¿no decía Homero que la Aurora era la de los dedos rosados? Oscurece y detrás de los cerros se instala ese color, líneas convergentes que ondulan ya partido el sol, rosa pálido adondequiera y no es la aurora.

La NASA muestra un mapa del mundo con las zonas incendiadas de color naranja (en ambos hemisferios). Fuego y más fuego, *everywhere*. Así se imagina una el fin del mundo.

Cogí unos ramos de jazmín y los instalé en mi pieza dentro de un vaso. No son suficientes para empapar el espacio con su aroma, pero sí para que algunas ráfagas me atraviesen. Y cuando lo hacen, me digo a mí misma que la vida es genial, que el jazmín ha estado ocupado todo el invierno en forjar su crecimiento y no ha tenido tiempo para las quejas y penurias de los mortales.

23 de septiembre, miércoles

La cólera de Aquiles. Con ella comienza la *Ilíada*. Y desde allí en adelante siguió, siguió y siguió. El lujo que se daba Aquiles no provenía solo de ser un gran guerrero, no, se relacionaba con su sexo, el masculino.

¿Qué se creen los hombres?

¿Con qué derecho permiten dar rienda suelta a sus iras? Más bien debiera preguntar: en la historia, en la literatura y en la vida, ¿cuántas mujeres lo hacen? No conforma nuestro ADN. Alguna quebró un par de platos o tiró un objeto a la cabeza de un hombre infiel. Incluso alguna ha asesinado. Pero la ira, ese ataque compulsivo, descontrolado, loco, se da solo en los hombres. Como si en ellos no fuese pecado. Como si tuvieran derecho.

Las cárceles están repletas de estos especímenes, también los hospitales siquiátricos. Pero no necesitamos ir allí. Están en cada hogar. Nos rodean. Los conocemos.

Se dan el lujo. Hijos de puta.

Y nosotras, aterradas.

Llegará el día en que la palabra mujer no sea sinónimo de suplicante.

24 de septiembre, jueves

Hoy la Lotty cumple dos meses muerta. Mi alma llora por no haberla enterrado. Qué majestuoso funeral le habríamos dado. Y podríamos haber compartido el dolor entre todos. Éramos muchos los que la queríamos. En cambio, partió sola, quieta y austera. Al menos hoy escuché a Brahms y le puse atención al dolor.

Pienso en la figura del delator. El que simula, el que miente, el que adula. El que debe vivir un personaje sin anclas, sin colectivo, sin comunidad ni principios. Pero no pienso en ello sino en su soledad. No es de allí ni de acá. No puede compartir ya que es en la mentira donde se desenvuelve y los mentirosos deben callar para ser creíbles. Ni siquiera pueden vanagloriarse de sus triunfos.

La lealtad, en cambio, es tibia como la leche que se da a un niño. Es sincera. Es deliciosa.

28 de septiembre, lunes

Hoy hice algo nuevo: vida social.

Fue un almuerzo, nueve mujeres al aire libre, sin mascarilla. Cada una se beneficia de alguna gracia y es probable que en un *tête-à-tête* todas podrían entretenerme. Sin embargo, fue una banalidad. Conversaciones cero significativas. Una habla fuerte y se toma la palabra, nadie se escucha. ¿Me interesan sus temas? No, por cierto que no. Otras hablan al mismo tiempo. De 1:30 a 6:00 pm. Volví a mi casa cansada y vacía. Y recordé por qué yo había decidido —hace ya mucho tiempo— abandonar los circuitos.

No deseo volver a la normalidad.

Hablan del «síndrome de la cabaña» nacido en la pandemia. Consiste en el anhelo de encerrarse para siempre. Lo padezco desde antes de la pandemia.

29 de septiembre, martes

El verde del pasto es excesivo. Debiera levantarme de la mesa donde escribo y arrojarme sobre él. Que me trague, me cubra o me entierre.

El mezquino es aquel cuyo sí nunca alcanza. El rojo es todavía algo rosado, al blanco le falta luminosidad, el azul es aún muy pálido. No agradecen nunca a la vida.

30 de septiembre, miércoles

Mañana abandono el valle. Muy convencional, elegí el primer día del próximo mes. Exactamente seis meses y medio duró mi pandemia del valle. Y justo cuando la primavera hace la mejor de sus piruetas. De repente me di cuenta de por qué estaba tan exuberante: las lluvias. Tuvimos tantos inviernos secos que olvidamos cuánto agradece la naturaleza tal humedad. Todo florece. Con todos los posibles colores. Y hoy, justo hoy, el jazmín brotó enteramente. Su olor debe conmover hasta a las piedras. Además, Claudio cortó el pasto. La suma es irresistible. Pasé aquí el otoño y el invierno y he elegido para partir el mejor momento del campo.

Salí a caminar con mis perros y a la Banana se le enredó la pata en un alambre. Mientras más trataba ella de zafarse, más tiraba el alambre hiriéndola. Aullaba, mi pobre. Con mucho esfuerzo logré liberarla y temblé mientras lo hacía, temerosa de ser incapaz de tal tarea. ¿Y si yo no hubiese estado ahí?

Mis tres perros. Mis tres amores.

1 de octubre, jueves

Y crucé los cerros y... *voilà*, la ciudad. La misma de siempre, fea, ruidosa, repleta, pobre.

Es muy fácil vivir en un departamento. No hay trabajo esencial aparte de cerrar la puerta. Ni gatos que deben separarse de piezas al dormir, ni perros a retirar de las alfombras y sofás, ni arañas que te obliguen a tener siempre los zapatos puestos, ni veinte puertas que revisar de noche, ni luces exteriores que prender. Etcétera, etcétera.

Los ruidos nocturnos en el campo predicen el peligro, en Santiago solo te recuerdan las miserias que ya fueron. La ambulancia, la bomba de incendios, la policía.

Desconozco mi cocina, mi dormitorio, mis cajones, como si nunca hubiese vivido aquí. El hábito lo hace todo.

Qué gran delicia tener dos casas, poder cambiar de aire sin dejar de estar *chez toi*.

¿Cómo dormirá Pamuk esta noche con la gran cama desocupada?

5 de octubre, lunes

Al final de mi departamento hay una pieza desocupada y la he ignorado. Es muy loco haber comprado un departamento tan caro y haberlo habitado solo diez meses desde que me mudé, hace ya más de un año y medio. Entonces aquella pieza me resulta un espejo: mi absoluta falta de energía. La abandoné el primer día porque la fuerza no me alcanzó. Me queda muy poca. Cada día lo compruebo. Muy poca.

Trabajé en una entrevista larga y difícil para el *Corriere della Sera* y a las ocho de la noche caí dormida, exhausta. ¿Fuerzas? ¿Energías?

7 de octubre, miércoles

En el recorte del presupuesto nacional, los lúcidos del poder eliminaron las becas Chile, instrumento de especialización para ciencias y humanidades. No más posgrados en el extranjero. Justo hoy, cuando la realidad nos deletrea con desesperación: necesitamos más ciencia.

Recortaron también el financiamiento de la Orquesta Sinfónica de Chile. ¡La Sinfónica!

Este país está yéndose a la mierda en todo sentido. Una se siente abusada de mil maneras. Y aquí vamos, aún con ilusión de cambio, a sabiendas de que no emigraremos.

9 de octubre, viernes

... porque el cuerpo de una mujer / es una tumba;
Aceptará cualquier cosa.

Louise Glück, premio Nobel de Literatura de este año, una poeta norteamericana de la que nunca oí hablar. Me meto en sus poemas y veo esplendidez. Bajos decibeles, silenciosa, profunda.

Lo que de verdad importa a la gente es mantener sensaciones convenientes en medio de la pandemia y así vivir como si no existiera. El consumo, el confort, el equilibrio doméstico. Listo. Sigamos, no más.

Un pájaro grande, con alas abarcadoras, va desde la punta de una araucaria a la punta de la otra. Se esconde en el ramaje. Y yo sé que está ahí.

10 de octubre, sábado

Nuestro país es el reino de los depredadores.

Anoche se juntaron más de mil personas aquí en la plaza. A dos cuadras de mi departamento. (¿Cómo puedes vivir en la zona cero?, me preguntaba la Lotty escandalizada, ¡cámbiate!). Escuché gritos y sirenas, pero cerré ventanas y persianas para entrar en mi burbuja tibia, donde nunca pasa nada. A medida que se acerca el plebiscito constitucional la violencia crece. Ojalá fuese al revés.

Gracias a un precioso libro de Nona Fernández recupero el cierre del discurso que dio Allende el 4 de septiembre de 1970, el día que ganó la elección, en el balcón de la casa de la FECH. Yo estaba ahí, fui una de aquella multitud. «Esta noche, cuando acaricien a sus hijos, cuando busquen el descanso, piensen en el mañana duro que tendremos por delante, cuando tengamos que poner más pasión y más cariño, para hacer cada vez más justa la vida de nuestra patria».

12 de octubre, lunes

528 años desde:

- La conquista (según los españoles)
- El descubrimiento (según los neutros)
- La invasión (según los originarios)

Ertogrul, mi turco amado de la serie que veo, nunca supo que existía América.

Mi primer antepasado en estas tierras, ¿sería un ladrón, un expresidiario, un fanático católico? Quizás solo un aventurero.

El padre del carabinero criminal del niño del puente Pío Nono escribe una carta al diario. Para defender a su hijo —«una persona excelente»— dice que era un joven lleno de amigos. Una vez más la sobrevaloración de la vida social. ¿De qué te redime tener «muchos amigos»? ¿Es una pista que como flecha de un arquero llega al corazón mismo del mortal? Cuando son muchos, ¿son amigos? Si hubiese sido solitario y retraído, ¿sería aún más asesino?

Demasiados lugares comunes.

La amistad es selectiva. La razón de su delicia es aquella. Por esa razón puede hermanarse tranquilamente con la soledad.

13 de octubre, martes

Cuenta la prensa sobre una anciana que a los ciento catorce años consiguió su casa propia. Ella declara nunca haber renunciado a tener su propio techo. Acudo a la RAE para ver las definiciones de la palabra «casa». Ninguna me gusta. A esta mujer le entregaron cuarenta metros cuadrados con título definitivo. La de Sean Connery en Niza tiene cuatro mil. Y ambas reciben el mismo nombre.

Qué profundamente arraigado está en el alma de los humanos que el techo que los cubra les pertenezca. La propiedad. La cama en tu suelo tuyo.

14 de octubre, miércoles

Toque de queda en la ciudad.

Me encanta. Soy asquerosa por sentirlo así, pero me resulta una bendición. Entiendo lo represivo e innecesario que es a estas alturas de la pandemia, pero reconozco en mí la delicia. El parque se apaga a las once de la noche. Abro todas las ventanas y entra solo la brisa, no el ruido. Hay sonidos que construyen una permanencia, como si fuesen sólidos: los autos de la policía, las ambulancias, los bomberos. Pero es el toque de queda el que ha permitido la transición del campo a la ciudad con menos trauma.

Como dice Pasternak: «Silencio, eres lo mejor de cuanto he oído».

16 de octubre, viernes

Las pequeñas notas —en boletas, servilletas o papeles impresos a medias— revolotean por toda la casa. No hago nada con ellas. Cuando las busco, no las encuentro, nunca sé dónde las dejo. A veces me topo con algunas que señalan palabras que quiero revisar. Romanticismo. Mapa del mar Caspio. Amén. Aún no tengo un canasto para reunirlas, como quisiera. Escribo todo el día en mi mente. Luego olvido.

Gran fiesta hoy porque he vuelto a un restaurante tras tanto tiempo. Gin tonic en la terraza, un mozo que servía, me sentí en Sunset Boulevard. No lavé platos. ¡A la mierda la austeridad!

17 de octubre, sábado

Trabajo más de lo que quisiera. El ocio es un sendero largo en una pradera amarilla inalcanzable.

Un perro chico ladra en el parque con ladrido de perro chico. Agudo. Insistente. Molestoso. Qué sinsentido ser chico si eres perro.

Escribo un texto sobre Violeta Parra para un libro mexicano. Nos juntamos con la Sol a hablar de ella. Nos concentramos en su relación con el poder, su nulo reconocimiento a este, «tú no te compras ni te vendes», como dijo Nicanor, adoro su obstinada distancia del poder, su genuino desprecio a todos sus mecanismos.

18 de octubre, domingo

La palabra «violencia» es una de las más usadas en Chile. Manoseada hasta tal punto, tan repetida, pierde su sentido. No quiero volver a oírla.

Hoy es el aniversario del estallido social. Hace un año que este país se revolucionó. El gobierno y la derecha, aterrados esperando esta fecha. Nosotros, con ganas grandes de celebrarla, pero temiendo que las manifestaciones pasen a mayores. Desde mediodía hasta las doce de la noche se concentraron más de cien mil personas aquí en la plaza. Yo bajé un rato y bailé una comparsa. Todo pacífico, una fiesta. Cuando más tarde unos desquiciados quemaron una iglesia le regalaron a la prensa y a la opinión pública los titulares para mañana: «violencia».

19 de octubre, lunes

Maté una mosca pequeña que deambulaba por el blanco de mi lavatorio. La inundé y esperé a que resbalara por el grifo y desde allí a su tumba. Mirando cómo desaparecía me pregunté por qué la mataba. Por la costumbre de matar a las moscas. La imaginé tratando de respirar entre el agua y el metal, su propio Titanic. Y yo, el mar furioso. El de Oaxaca que se tragó a mi amiga Verónica sin ton ni son. Al final, odio el mar. Me apena que la mosca me vea así. No quisiera nunca rugir con tal enojo y desapego.

Los pájaros que viven en mis araucarias son cernícalos, por fin conozco su nombre. Pequeñas águilas pardas.

20 de octubre, martes

Quisiera acercarme a un potrillo y acariciarle el hocico. Dice Mahoma que la única felicidad real está en el lomo de un caballo.

21 de octubre, miércoles

Pienso siempre en la relación víctima y victimario. Hay un patrón: el segundo viste los ropajes del primero y le asigna a él sus maldades. Si necesitas analizar a un victimario, busca qué dice de su víctima y ese será él. Averigua de qué lo culpa y verás que es su culpa. Se repite a través de la historia y de la vida.

Leí el manuscrito de una novela de Carla Guelfenbein. Ella sí sabe hurgar en el alma humana. Delicia es su confianza en mí. Y su honestidad al escribir, mayor que la mía.

23 de octubre, viernes

Soy un ladrillo, un rectángulo sólido al que no le entran balas. La gente, mucha, tiene vidas de mierda. Esa misma gente parece espléndida cuando camina por la calle disimulando. Me cuenta ME lo mal que lo pasa viviendo en casa de sus suegros, comiendo cada día en la mesa con ellos, haciendo la cotidianidad que ellos dictan, desde la hora de levantarse hasta el *small talk,* sin plata para independizarse, encerrada durante la pandemia con ellos. Llega a ahogarme la perspectiva, yo no habría compartido la pandemia con nadie.

Una misántropa.

Delicia se llama la independencia.

24 de octubre, sábado

Tres meses sin la Lotty.

Vi hace poco el debate presidencial entre Trump y Biden. Qué país desilusionante. Qué decadencia. Hubo solo acusaciones, ninguna idea de país. Ya no puede ser la primera potencia mundial, la declinación se palpa, la podredumbre se huele aunque sea desde lejos, como la huella de las antiguas locomotoras contaminando América entera.

Chile ha olvidado un rato la pandemia por el plebiscito. Yo también la olvido aquí en la ciudad. Doy besos como si nada pasara aunque me lave las manos y use la mascarilla. Marcel se deja besar.

25 de octubre, domingo

Día de elecciones: Plebiscito
¡Ganamos!

A ver, ¿cómo lo digo? ¡Arrasamos!

Casi el ochenta por ciento de la población aprobó cambiar la Constitución. Solo un veinte por ciento rechazó.

Bendita elección.

Bendito Acuerdo por la Paz que lo hizo posible. (Gracias, Gabriel Boric).

Benditos votos.

La delicia de tomar el lápiz azul (no este negro con el que escribo) y hacer la cruz.

+Apruebo +Convención Constituyente.

Qué enorme poder el que se siente al ejercer la ciudadanía. Incidir. Formar parte.

Bendito plebiscito.

27 de octubre, martes

El Museo de Bellas Artes —aquí en la esquina— ha colgado en su fachada un pendón en homenaje a la Lotty. Son dos enormes fotografías de ella haciendo sus cruces. Desde mi terraza lo diviso aunque las araucarias me ocultan a la Lotty misma. Los pendones me cuidan el sueño.

A las mujeres ricas les gusta dormir con pijamas viejos y con hoyos.

29 de octubre, jueves

Si Viktor Frankl dijo «sí a la vida, a pesar de todo», y su «todo» era enorme e insufrible, nosotros debemos y podemos decirlo. Como tantas veces he repetido, nunca falta un motivo de delicia o alegría, aunque sea humilde y pequeño. Solo buscarlo asegura encontrarlo. En estos tiempos en que las persianas parecieran estar siempre cerradas, todo depende de la perspectiva. Depende del camino que deseemos darle al pequeño *yo*, un milígramo de sustancia en el ancho espectro.

En la ciudad no se sabe cuándo hay luna llena.

Los libros no son fetiches para mí. Quiero a algunos más que a otros, pero me es indiferente una primera edición o un ejemplar de valor. Ningún anhelo de posesión. Me cuesta entender a los coleccionistas. Si tuviera un ejemplar valioso es probable que se lo regalara a alguien que quiero o lo vendería para usar esa plata en comer cosas ricas. (Mentira, Marcela, no te veo vendiendo un libro).

30 de octubre, viernes

Los cernícalos, los que habitan mis araucarias y van y vienen ante mi ventana, son pequeños halcones. Los investigué: sus ojos son negros y muy grandes. Están en su tiempo de reproducción, de septiembre a diciembre. Miden entre veintiocho y treinta centímetros, aunque yo los veo enormes. Los machos son más pequeños que las hembras. ¿Cómo llegaron a vivir aquí si su hábitat natural es el campo y las montañas? Les gusta pararse en lo alto y deleitarse con grandes panorámicas, por eso son mis invitados en el piso 8. Es un ave solitaria.

Una fiesta el día miércoles y dos citas ayer me han drenado la energía. Será que he perdido el hábito. Me sorprende cuánto me canso. Debiera vivir en cuarentena eterna, la perspectiva de la nada es deliciosa y mi cama, doblemente.

31 de octubre, sábado

Debo acordarme de leer alguna vez a Tucídides. Aún tengo a Virgilio en espera. Los griegos fueron mi casa pandémica. En la ciudad los he abandonado, prueba de que aquí no se vive en pandemia.

La lata.

Pocas cosas han determinado tanto mi vida como el pavor a la lata. Ha empujado muchas de mis acciones. Insisto en esa palabra, sin sinónimos. Al aburrimiento a veces se le asigna cierta melancolía. La lata, en cambio, es plana, es tosca.

La lata me fue apartando de los otros.

La lata me endureció el corazón.

Pero eso no es negativo: ¡no! Gracias a ella habito un lugar escogido, no el que se me impuso. La lata carcome y quita el poco tiempo que se posee.

Qué delicia ha sido pelearla.

Qué liberación.

1 de noviembre, domingo

En la prensa de hoy, una deliciosa declaración del filósofo Roberto Torretti (a quien Carlos Fuentes quería mucho): «He tratado de estar encerrado toda mi vida. Habría preferido vivir entre libros y no con gente viva».

Día de los muertos. Cerraron los cementerios. No me importa, nunca los visito. En ese sentido trato mal a mis muertos propios. El poeta Armando Uribe, un día que visitábamos el cementerio de la Recoleta en Buenos Aires, me contó que en cada ciudad a la que iba, visitaba sus cementerios porque le daban una luz inmediata sobre sus habitantes.

2 de noviembre, lunes

Tres delicias:

- entré a la cocina y había olor a pan
- salí a la terraza y me envolvió el olor a árbol
- me instalé al computador y de una sentada escribí el cuento infantil que me encomendaron.

El tiempo deformado: ese es mi título para la pandemia. ¿Qué pasaría si una se saliera del tiempo, aquel de la construcción humana? Tendrías que ser un ermitaño o una mujer perdida en la selva, algo así de extremo para quitarle al reloj su autoridad. El concepto de tiempo nos pone ansiosos, siempre peleando con él, compitiendo para que no nos atropelle. Las horas avanzan cuando no debieran avanzar y se ponen lentas sin que las elijamos. Que los filósofos se ocupen del tema, no nos corresponde a nosotros.

Mañana son las elecciones en Estados Unidos. El mundo expectante.

3 de noviembre, martes

«*We humanize what is going on in the world and in ourselves only by speaking of it, and in the course of speaking of it we learn to be human*», Hannah Arendt. («Humanizamos lo que ocurre en el mundo y en nosotros mismos solo al hablar de ello, y en el transcurso de hablarlo aprendemos a ser humanos.»)

Y de Arendt paso directamente a la frivolidad: veo en la prensa fotografías de hombres que fueron guapos y hoy son unas ruinas. Es muy difícil aceptarlo. Recuerdo la última película de Peter O'Toole, el más guapo de todos los guapos del mundo: no pude resistirlo. Su vejez se había llevado todo, incluso el brillo de esos ojos alucinantes. Era patético. No después de Lawrence de Arabia, no. Por supuesto sucede igual con las mujeres, pero al no existir desde mi perspectiva el erotismo, lo resisto mejor.

¿Delicias del envejecimiento? Ninguna. Para frenar el horror, entregarse, no existe otra posibilidad.

5 de noviembre, jueves

Menos mal soy una simple novelista y no una intelectual. ¡De cuánto me he librado! Atestiguo las exigencias que le hacen a la Sol por serlo y me espanto. Mis lecturas son inorgánicas, no deben seguir rutas (solo se relacionan con lo que escribo en ese momento dado).

Es una enorme libertad pasar de Joyce Carol Oats a Carrère sin agenda que me guíe. Ni hablar de las series en la tele. Ningún intelectual que se precie puede haber visto más de doscientos capítulos de una serie turca y deleitarse con ella, con la aspiración de ser engañado, sin ningún espíritu crítico, como yo.

8 de noviembre, domingo

De vuelta al campo.

Estallido primaveral. Se quisiera un pintor estos colores, el lila, el mostaza, el fucsia, el verde, el rosado. Revisé una por una cada planta, como cada vez que llego. Cómo han crecido. Hasta el gato Messi está más grande y más peludo. Mis perros son una gran lengua, mi cara, mis brazos, todo mojado.

El Alzheimer es una enfermedad del espanto. Despiadada. Con sus garras nefastas, todo en su camino tiende a desaparecer. No solo la memoria, también el comportamiento y la discreción. En sus primeras etapas se mira al enfermo/a con la conciencia de tener al frente algo temporal, que se irá lentamente, que se extinguirá hasta que su humanidad se consuma.

Por supuesto, ya maté mi primera araña.

9 de noviembre, lunes

Había olvidado el silencio, este silencio específico del valle. Leyendo en la terraza, dejo el libro y escucho. Y como tantas veces antes, digo: esto es perfecto. La temperatura, el aire, la luz, los árboles, los perros a mi alrededor, el filtro de la piscina con su sonido particular encendiéndose y apagándose, el maullido de algún gato. Recuerdo a Il Bosco con su *Jardín de las Delicias*.

Hoy maté la segunda araña.

Ajena me veo a los movimientos mundanos. ¿Será de este modo como los ermitaños comienzan a serlo? ¿De a poco, separándose lentamente? Por el chat la S cuenta de panoramas de fin de semana en la playa con mucha gente. La escucho como en sordina, un poco espantada.

La Lotty ya se fue. Le pido a la Nina que no se muera.

PD: Escribí «hermitaño», con *h*. Al corregirlo, caigo en la cuenta de que todos mis problemas de ortografía se relacionan con haber escrito en inglés antes que en castellano.

10 de noviembre, martes

Me llega invitación para asistir por Zoom a una lectura shakespeariana. Extractos de *Rey Lear* y de *Romeo y Julieta*. Jamás participaría. Me aburre profundamente la cultura envasada, tan de moda hoy con la pandemia. Los participantes quedarán felices consigo mismos por haber consumido su cuota de cultura. Shakespeare les solventará el alma un rato.

Me hace falta un poco de piedad hacia mis congéneres. Esa tropa ávida de que les llenen el día. Participativos todos, con buena voluntad. ¡Qué lata!

Me importa el vodka de la tarde, mis turcos en Netflix (sigo enamorada de Ertogrul) y mi cama tan rica. Soy un poco monstruosa, lo demás me es indiferente.

11 de noviembre, miércoles

Miro un tapiz medieval color oro y color turquesa. Uno es brillante, el otro opaco y entre ellos forman una espléndida amistad. Uno engrandece al otro y mutuamente se potencian, como debiera ser cada unión.

Trabajo en arrancarle a Peter Pan dos grandes garrapatas de su cuello. He pensado por un momento: nunca he tenido un hombre que haga esto por mí.

Leo la siguiente noticia: el treinta y ocho por ciento de los hombres no han aumentado tareas como cuidadores en la pandemia. Como bien dice Pato Fernández en su libro *Sobre la marcha*, las mujeres desprecian cada día más a los hombres. Cada día. Doy fe de ello.

Por ahora, celebro la delicia de no depender de ninguno.

12 de noviembre, jueves

La curiosidad debe ser la antesala de la imaginación. Y como todo lo demás, puede ir perdiéndose. Observo cómo la curiosidad de un niño puede ser infinita, Marcel me hace mil preguntas cuando conversamos, mira cosas que yo paso por alto, se detiene ante detalles mínimos que yo no veo. Debiéramos cuidar nuestra propia curiosidad, que no se extinga. Para mí, el *New Yorker* es un índice. Si dejo de leerlo, la imaginación pierde algo de su potencia.

Leo con humildad. Absorbo y admiro las palabras ajenas.

13 de noviembre, viernes

Leo online la última novela de Antonio Gil, *Wakero*. Explosión de lenguaje, lenguaje puro, crea atmósfera. Me deja atónita. ¿De dónde sacó ese talento? ¿Quién se lo regaló?

14 de noviembre, sábado

Hoy Marcel y yo inauguramos temporada de piscina. Me puse traje de baño, prefiero no mirarme.

Un gallinero es como un poema de Teillier, siempre un poco triste, siempre un poco nostálgico.

15 de noviembre, domingo

Me acordé de lo que era la vida en los tiempos del teléfono fijo. Para mi generación fue un tiempo larguísimo.

En la casa de mi niñez teníamos un «dos por línea», es decir, compartíamos con otros la misma línea —no tengo idea con quiénes— porque había muy pocas. Una levantaba muchas veces el aparato, que era negro con círculos huecos donde poner el dedo para marcar, y escuchabas las voces de los otros que lo estaban ocupando. Cero privacidad. Cuando me fui a vivir sola, a la vuelta del exilio, tener un teléfono era aún un lujo y luego de pedirlo se demoró meses y meses en llegar al Arrayán, donde se vivía en la absoluta desconexión. Fue mucho más tarde cuando empecé a odiarlo.

Sentía su ruido estridente, que interrumpía todo sin clemencia e inundaba cualquier espacio, y me enrabiaba. Pagué tarifa especial para no aparecer en la guía de teléfonos, aquel mastodonte con páginas blancas y amarillas.

Empecé a tener números secretos. Sonaba a cualquier hora y crecía mi indignación. Si mis dos hijas estaban sanas y salvas frente a mí, sencillamente lo desconectaba. En mi época de «vida pública», los periodistas me asediaban. Mi madre odiaba que lo descolgara, me decía que ojalá el día en que me avisaran de su muerte yo no llegara a saberlo para que Dios me castigara por no haber tenido la línea telefónica despejada.

Qué enorme delicia, enorme, resultó ser el teléfono celular y la posibilidad de manejarlo a tu antojo. Por cierto, hoy lo mantengo en silencio.

17 de noviembre, martes

El día que estalló la Segunda Guerra, Auden escribió un largo y comprometido poema que he leído muchas veces. Termina así:

> *Todo lo que tenemos es una voz*
> *Para deshacer la mentira plegada*
> *... debemos amarnos*
> *O morir.*

¿Para qué escribir luego de leer a Auden? ¿Para qué escribir, en general? ¿Para que no se nos envenenen los días? Una pulsión inútil. O solo útil para el que la emprende. Escribir secretamente. No publicar. No pretender nada. Divagar en la soledad. La delicia es tomar el lápiz. Escribir a mano. Es la diferencia entre que el día signifique o no signifique. Aunque sea una sola frase.

18 de noviembre, miércoles

Los tambores en vez del Whatsapp.

Así se anunciaban los acontecimientos en el Medioevo. Al escuchar el llamado, salías a la puerta de tu casa y te enterabas de las novedades.

Llevo tanto tiempo compartiendo mis noches con mis turcos que me viene el anhelo de ser nómade —no acumular nada—, vivir en una carpa y ser parte de una tribu. En ella no te separabas nunca de los amados, vivían a metros tuyo o en tu propia carpa —que en el caso de las elites eran espaciosas y bellísimas—. Las mujeres trabajaban mucho, esa parte no me gusta, y el único libro disponible era el Corán. Pero aparte de eso, la tribu se hacía cargo de ti y te cuidaban para siempre. Dudo que alguien allí sufriera de auténtica soledad.

Trato de hacer de Mallarauco mi propia tribu, pero a veces todos se van.

19 de noviembre, jueves

Erizos y Baricco.

¿Qué más puedo pedirle a la vida?

Decido no ser estúpida y asisto a dos clases magistrales de Baricco por Zoom (que odio, por supuesto) sobre la revolución digital. Él es en sí mismo una delicia. Original y creativo, guapo además, sin pedanterías. Lo ha pensado todo, no se limita a la ficción. Los fenómenos políticos y tecnológicos le producen curiosidad y se adentra en ellos. Luego los comparte. Y lo hace en ese idioma precioso que es el suyo.

Por la cantidad de sufrimiento que se acumuló en el siglo pasado, el hombre —nosotros— opta voluntariamente por otra vía: la digital. Baricco cree que dos fenómenos nos empujaron a ello: 1) el inmovilismo (muros por todos lados, guerra fría, cada uno en su aldea); 2) los intermediarios, los que trataban de contarnos «la verdad» (el sacerdote, la elite, la prensa) y nosotros les creíamos.

Me llegan del norte los erizos. Los aliño bien y me como un plato grande. Repleta de estímulos mentales, la delicia del erizo me trae a la tierra y continúa estimulándome.

Estoy de duelo: hoy he terminado mi serie turca, cientos de capítulos, cada noche un encuentro. *Goodbye*, Ertogrul.

20 de noviembre, viernes

Hoy Marcel cumple seis años.

Quisiera tener el futuro a la vista. Leo una proyección: el sesenta por ciento de los niños actualmente preescolares trabajarán cuando sean grandes en ámbitos laborales que hoy no existen.

¡Tiembla!

Sigue temblando.

No me muevo.

Ya. Paró.

Como buena chilena, espero el consiguiente terremoto. No me iría bien en un octavo piso. Le tengo miedo a tantas cosas —el agua, la altura, el encierro—, pero a esto, no.

Vuelvo al tema del futuro.

Enorme la curiosidad de cómo vivirá mi nieto. Cuando yo tenía su edad no existía la televisión. Cuando me dijeron que algún día podría ver, desde mi propia cama, una película, creí que me mentían. ¿Y que más tarde podría ser a colores? Era inconcebible. ¿Qué comerán en sesenta años más? En los tiempos de mi abuela se comían tres platos. ¡Tres! ¿Cómo se vestirán? La moda es pendular, es posible que cualquier *look* lo hayamos visto ya, sea en entreguerras o en el Renacimiento. ¿Cómo serán sus casas? ¿Se achicará el espacio? ¿Será impensable que una persona viva sola en un departamento de doscientos metros como lo hago yo hoy? (Las casas de mis padres en su infancia, en los barrios del centro, enormes, son inimaginables para mí en la actualidad). ¿Con qué calefaccionarán? Supongo que los livings desaparecerán por inútiles. ¿Qué tecnología les cambiará radicalmente la vida? Me pregunto cuántas cosas más podrá hacer un Smartphone. Temo que no se usará la caligrafía. Y que todavía habrá hambre en el mundo. También me pregunto por la desigualdad y el capitalismo.

La delicia es el avance profundo de estas seis décadas, las mías. El feminismo. Delicia de haber resuelto muchas cosas. Pena por lo que aún no logramos.

22 de noviembre, domingo

Los hombres son aburridos. Hablan mucho y siempre de sí mismos. Dudo de verdad que alguno se interese por su interlocutor. Tengo cada día una peor opinión de ellos.

Escribo un texto para una revista italiana sobre algún objeto que me haya marcado. Elijo el enorme óleo que cuelga del comedor de Mallarauco: *La última cena*. Caí en la cuenta de que será el único objeto que me acompañará desde la cuna hasta el ataúd. Nací mirándolo en mi casa paterna, lo he acarreado por todas las casas mías (hasta la Embajada de México llegó) y hoy ha encontrado su lugar definitivo en el campo. Me enterrará. No lo había pensado hasta que lo escribí.

153

23 de noviembre, lunes

La madrugada está tan silenciosa como lo estará el mundo el día del Juicio Final. La única interrupción es el cantar de los pájaros: muchos suenan al unísono como una orquesta que ha ensayado bien. No había reparado en que esta es su hora, no suelo estar despierta a las cinco de la mañana. Al desvelarme hoy los he pillado, como si fueran pequeños ladrones a punto de meterse a mi casa. Cada árbol del Parque Forestal tiene su propia caja de música y no es necesario darle cuerda. Benditos ellos, ser dueños de estas horas, cantar con brío sin un solo humano que interfiera. Cómo nos odiarán. Me gustaría trasmitirles la delicia que me regalan con sus cantos. Benditos ellos.

25 de noviembre, miércoles

Enojada, cierro el libro y voy a la cocina a prepararme un vodka. Leo el *De profundis* de Oscar Wilde y el repaso que hace desde la cárcel de Reading —que originó la maravillosa balada con ese nombre—sobre la relación con su amante, un aristocrático londinense por cuya culpa cae preso Wilde. La historia de este amor es tan, tan degradante que empezó a influir en mi ánimo, ya un poco alicaído. El deseo en Wilde hubo de ser tan grande, inmenso, para dejarse gustoso arrastrar de ese modo. Lo perdió todo, talento, fortuna, libertad, por su enferma afición a un ser descontrolado, arribista, hedonista y malcriado, un perfecto cafiche explotador. Me duele por Wilde un siglo más tarde como si fuera mi amigo aquí sentado en el sillón. Concluye que la única tiranía efectiva es la de los débiles sobre los fuertes.

Miro las araucarias, que son en sí una gran delicia, para congratularme por la otra delicia —más importante— que significa no haberme sometido nunca a una relación como esa.

26 de noviembre, jueves

Ayer murió Maradona. Solo sesenta años. Argentina llora y llora (son fantásticamente exagerados). Tres días de duelo nacional. No hay derecho a que los muertos se pierdan su propia muerte. Cómo habría disfrutado él atestiguar la locura colectiva que ha desatado su partida en el mundo entero.

Por primera vez desde el comienzo de la pandemia salgo de noche a comer a un restaurante. Fue una invitación de mis editores, a quienes de verdad gocé de ver. Una delicia el pato que comimos, el vino que tomamos y cuánto nos reímos. Trabajar con ellos es mi delicia de hoy. S me vino a dejar antes del toque de queda y las calles estaban desiertas como un camino donde solo se ve el casco de un soldado muerto en medio de él.

33 grados en Santiago.

27 de noviembre, viernes

Cuando pienso en viajar en avión me acomete una instintiva repulsión. ¿Será el comienzo de una nueva fobia? He atravesado demasiados mares y océanos, he estado en demasiadas ciudades, he pisado demasiados países: esto no debiera pasarme.

¿Volverá la vida a ser la misma?

28 de noviembre, sábado

Qué fecha ardua.

Tres años desde la muerte de la Margarita, mi hermana, cuyo nombre se confunde con la otra Margarita, mi hija, habiendo ambas heredado el nombre de mi abuela. Primer aniversario con las hermanas dispersas, cada una sometida a inventar su propia ceremonia.

Fue simple. Apagué el celular, cerré todas las puertas y me tendí con mis audífonos: *Réquiem Alemán*, Brahms. (En mi casa, aquella noche que la velamos, lo repetí mil veces, sus coros, sus barítonos y sopranos, su melancolía). «Os consolaré, como una madre consuela a su hijo», citado en él Isaías.

La Margarita me evoca todas las pérdidas, como si ella llevara las riendas de un caballo poderoso que decide cuándo galopar, cuándo encabritarse. Ella es el resumen, la síntesis misma.

A fin de cuentas, resulta mi delicia extraña: liberar lágrimas siempre contenidas, obligarlas, con Brahms, a salir y tomar su cauce.

29 de noviembre, domingo

Son ocho los habitantes del departamento de cuarenta y dos metros cuadrados en uno de los bloques de Bajos de Mena en la comuna de Puente Alto. El espacio se divide en la sala/cocina, un baño y tres dormitorios cuyas puertas son unas cortinas de color burdeos. No hay balcón. La jefa de hogar es una mujer —¿dónde están los hombres en este país?— con sus hijos y nietos. Cuando permitieron el primer retiro de las AFP usaron ese diez por ciento para arreglar las ventanas porque no abrían, pensando en el calor del verano. El principal problema de esta convivencia es el baño, la única pieza con una puerta de verdad. Pienso en los ruidos. Pienso en los olores. Si decretan cuarentena, esa familia deberá vivir acalorada en esos metros mínimos.

La vida puede ser un infierno en la tierra.

Yo podría haber nacido en Bajos de Mena.

1 de diciembre, martes

Pobre Juan el Bautista, pienso en su personaje. Como dice el Evangelio, él no era la luz. Solo tenía que dar testimonio de la luz. ¿Qué pasaría con el ego de Juan? Todo su rol era preparar el camino de otro.

Los egos aparecen sin cesar. En la mitología griega fue un pecado tanto de los dioses como de los hombres. Y muchas veces era solo aquella la razón de la destrucción. ¿No es Aquiles, por ejemplo, un gran egocéntrico? Llegó al punto de inducir derrotas a su propia gente por haber osado dejarlo fuera de la batalla (o pelear sin él).

Odio las mascarillas de esta pandemia, las que te impiden la respiración y te empañan los anteojos y te molestan con sus elásticos en las orejas. Mi delicia hoy es modesta: entrar a la casa y liberarme de usarla.

2 de diciembre, miércoles

Así lo llaman: FGM.
Female Genital Mutilation.
En 2020.

Y nosotras, aquí en Occidente, furiosas porque un hombre no lava los platos.

4 de diciembre, viernes

De repente, muy de vez en cuando, me arremeten ataques de amor por la humanidad. Y una ama a hombres y mujeres determinados por contribuir a la felicidad colectiva.

Hoy me sucedió.

Veo un reportaje sobre los huertos comunales en la población Marta Brunet —vaya bonito nombre— en la comuna de Puente Alto. Miro en la pantalla el perejil, la albahaca, los tomates y las acelgas, los vecinos aprendiendo a plantar, a podar, incluso a incluir flores que atraigan a los bichos que se comen las verduras. Han aprovechado de conocerse entre ellos, han hecho comunidad. Han comido ensaladas durante la pandemia sin gastar el peso que no tienen. La tierra responde: con un mínimo de cuidado, responde.

No sé bien si la delicia es mirar los tomates verdes que se volverán rojos o simplemente amar a esas personas por plantarlos.

5 de diciembre, sábado

No sabía que estaba hervida: había una vez una rana a la que metieron en agua hirviendo. Frente al impacto, saltó y con ese salto se salvó. Más tarde —pobre rana— la sumergen en una olla con agua a temperatura normal, prenden el fuego y el agua, con ella dentro, va calentándose lentamente. La rana, sin darse cuenta, se adapta. Cuando llega al punto de ebullición no reacciona, su cuerpo se ha entregado y muere.

Esta es la historia de la frialdad.

Ranas por doquier. Yo las presido.

Mi delicia se aleja de ellas y se instala en la larga mesa de la cocina, donde comemos mozzarella con albahaca y tomates y brindamos con alegría y paz con un buen vino tinto.

6 de diciembre, domingo

«A thing of beauty is a joy forever». Así tradujo Keats el canto de las musas que participaron en la boda de Cadmo y Harmonía, primera celebración de humanos a la que asistieron los dioses, todo el Olimpo trasladado a la tierra.

Una cosa bella es una alegría eterna.

Ese momento eterno en que miré el Partenón. Aquellas visitas exultantes al *David* en la Galleria dell'Accademia en Florencia. El cielo de la Capilla Sixtina y la *Sinfonía n.° 7* de Beethoven. La lectura de Homero. Nombro bellezas grandes, lo sé. Pero también están todas las pequeñas, que quizás no sean una alegría eterna pero que van constituyendo, una a una, la suma de la alegría. Un collar formado por cada perla que voy encontrando dentro de sus conchas. Ni siquiera hay que buscarlas: llegan, se abren solas. Hoy fue Keats el que elegí, mañana será una pintura de Rothko. *A thing of beauty is a joy, Sometimes forever.*

7 de diciembre, lunes

Noticia del día: la Región Metropolitana retrocede a fase dos. Esto significa varias restricciones, como la cuarentena para los fines de semana o el no poder cruzar de una región a otra. Los planes veraniegos de la población se anulan. Cuántos se sofocarán encerrados, de forma literal, no metafórica.

Miro mi pasto verde, mis plantas, nado en la piscina, leo en la terraza, converso con mis hermanas, juego con mis perros y duermo con mi gato. Una vez más, agradeciendo este valle. Me dirijo al estante blanco de mi dormitorio, donde están las fotos familiares (lo más cercano que tengo a un altar, como pedía Lola Hoffmann) y hago una venia frente a la bisabuela Elisa y a la abuela Blanca, que me legaron este pedazo de tierra bendita. Y a mi madre, por supuesto.

8 de diciembre, martes

Feriado, día de alguna virgen.

Sémele, la madre de Dioniso, se funde en el resplandor de la imagen verdadera de Zeus —luego de haberlo amado con otra apariencia— y cae fulminada, incapaz de resistir su brillo. La creatura en su vientre llevaba solo seis meses allí, ante lo cual Zeus la arranca y la cose a su propia pierna. La deja fija en ese lugar hasta que se cumplen los nueve meses. Entonces nace, por segunda vez, el divino Dioniso.

Completarse en las piernas de Zeus.

Abandono los naranjos y vuelvo a mis araucarias. La carretera estaba casi vacía, tardamos menos de una hora por caminos de un país desierto.

9 de diciembre, miércoles

Compleja ha sido siempre la relación de las mujeres con el dinero. Fue cosa de hombres por mucho tiempo. Y luego, tenerlo o no tenerlo les ha presentado dificultades, más encima siendo —como es— un tema tabú (no se habla de dinero en esta casa: lugar común). También cuando se lo ganan ellas mismas.

El agua tónica.

Hago la lista para pedir el supermercado online. Hay unas botellitas muy monas de agua tónica extranjeras que me constan deliciosas pero no las miro, dirigiéndome hacia la clásica Canada Dry, la que compra todo chileno medio. Y de repente me viene la rebeldía: no soy una chilena media, ni por origen ni por patrimonio. ¿Es que pretendo jugar a la mujer virtuosa? Entonces pido el agua tónica más cara y hago lo mismo con el aceite de oliva.

Ganar plata es una delicia, digámoslo con todas sus letras. ¿Por qué no lo reconocemos como tal? ¿Por qué privarse del agua tónica italiana?

11 de diciembre, viernes

Ya. Basta.

Apaguemos las luces.

Dejemos la galería a oscuras.

Ese pasillo repleto de cristales y espejos que nos reflejan, no ante nosotros mismos sino ante los otros, los que miran desde afuera. Que tire la primera piedra el que carezca de galería. El que la ignora. El que vive solo al interior de aquellos reflejos. El que no se preocupa de cómo lo ven.

Nosotros mismos elegimos nuestras galerías. Las mías son exiguas, pero están. Solo un monje de clausura o un vagabundo no las necesita. También está el opuesto, el dandy y el narciso, que solo viven de ellas.

La imagen.

La puta imagen.

Qué delicia es ir apagando luces, aunque deje un par prendidas.

12 de diciembre, sábado

Abrir las ventanas y encontrarme con el parque vacío y silencioso no es común. Hoy, la cuarentena. Una desolación magnífica.

> *... en la vida terrenal*
> *era un melómano del silencio.*
> ZBIGNIEW HERBERT

Confundo la palabra cuarentena con cuaresma. Profunda educación católica. Concluyo que, bien mirado, tienen algo en común. Jesús se fue al desierto por cuarenta días, solo. Buscaba purificación e iluminación interna. ¿No es ese el significado de una cuarentena bien vivida? Me salto los actos de penitencia, pero no los de reflexión. El tiempo para meditar es colateral a ambas.

La ciudad en cuarentena es una delicia.

El parque vacío es una delicia.

El silencio comunitario es una delicia.

14 de diciembre, lunes

No volverá a ocurrir hasta dentro de cincuenta años. El eclipse. Miro el sol, parece un gajo de naranja. Faltan unos veinte minutos para que la tierra oscurezca por culpa de la luna, que se fue de paseo. Los benditos cielos de Chile.

Primero era un plátano, después un gajo de naranja, luego uno de mandarina hasta convertirse en una uña. Y vino el negro.

Los pueblos originarios temen los eclipses, traen malos presagios, dicen. Los esotéricos declaran que el cuerpo se cansa el día que esto sucede. Como si el lento movimiento hacia las tinieblas se colara en nuestros cuerpos —¿una violación?— y los fuesen llenando de laxitud, los envolvieran en aquel misterio. Debe ser cierto: fue delicioso dormirme muy temprano, forrada por una dulce fatiga, como si hubiese cargado yo misma a la luna.

15 de diciembre, martes

Con esta frase termina *La amortajada* de María Luisa Bombal: «Lo juro. No tentó a la amortajada el menor deseo de incorporarse. Sola, podría al fin, descansar, morir.

»Había sufrido la muerte de los vivos. Ahora anhelaba la inmersión total, la segunda muerte: la muerte de los muertos».

16 de diciembre, miércoles

La disciplina a veces se vuelve esquiva. Y si alguien pretende escribir cada día, aunque sea una mísera página, no puede desprenderse de ella. Si hasta para respirar hay que ser disciplinada.

Voy a mi librería preferida. Cualquier lector que se respete debería tener su propio librero. El mío se llama Diego y me consigue lo imposible. Compro libros para mi próximo escenario, el encierro que viene. Los miro, los toco y juro que esta vez no perderé el tiempo (lo perderé igual, qué duda cabe). Si yo contara con una buena memoria y con disciplina, sería un genio.

La delicia inconfundible de oler las páginas de un libro recién comprado.

17 de diciembre, jueves

Mi papel es escuchar.

La escuchadora, me dicen, sentada al frente del otro/a que habla, habla y habla. Quizás por eso me cansa tanto la gente. Y es cómica esta certeza de no tener nada que contar pues, si lo tuviera, ¿no me preguntarían algo?

Esto de hablar, ¿es compulsión o soledad? Quizás solo egocentrismo. Banalidad de banalidades.

Voy a la peluquería y me corto el pelo. Voy al spa y me hago masajes. Pequeños gestos que me digan al oído: no, no te estás dejando estar. Tomo esos frutos de Goji jurando que me harán bajar de peso. Le hago empeño, pero en esas lides soy tan poco femenina.

Entremedio, escribo una cuña sobre María Luisa Bombal.

18 de diciembre, viernes

He pasado un día medieval.

Nos cortaron la luz.

Empecé por enumerar todas las cosas que no podía hacer:

- calentar la comida en el microondas
- enfriar el quesillo en el refrigerador
- usar el computador
- ver Netflix
- enterarme del cambio de gabinete
- tomar café de mi Nespresso
- escuchar música
- leer acabada la luz diurna
- usar el celular (se descarga rápido)

La lista es eterna. Horroroso cómo hemos llegado a estos niveles de dependencia eléctrica. Jugamos con Marcel a que vivíamos en los tiempos de los héroes griegos. Prendimos todas las velas de la casa y Marcel decidió que era muy bonito.

A la mierda el corte de luz.

¿Te gusta ser abuela?, me preguntó. Me encanta, le contesté.

20 de diciembre, domingo

Definido como un «*entanglement of absolut joy and absolute pain*», el artista Arthur Jafa filma siete minutos —lo hace desde la raza, él es negro norteamericano— una obra mayor llamada *Love is the Message, the Message is Death*. Él es un amante de Duchamp, de Warhol y su pintor preferido es Rothko. (Es mi hermano.) El film son imágenes rápidas, sin linealidad, de la gloria negra y de su dolor. Desde Obama y George Floyd, desde Coltrane y una pequeña niña negra botada en la calle.

Soy blanca (hispana, me dirían en Estados Unidos).

Pero soy mujer. Desde ese lugar puedo atisbar la desesperación del discriminado, la del ciudadano de segunda categoría. El feminismo debiera apropiarse de este título: *Love is the Message, the Message is Death*.

22 de diciembre, martes

Dice la gran Gabriela: «Tengo la sensación de haber estado por unas horas en mi patria real, en mi costumbre, en mi suelto antojo, en mi libertad total».

Voy de compras a Peñaflor para dejar la casa colmada. No pude entrar al supermercado por las colas. Faltan dos días para navidad y la gente ha enloquecido comprando. Es la venganza de la pandemia. Gente en todos lados. Aglomeraciones en las calles. Contento el virus con tanta carnada. (Sé que es a la «elite de izquierda» a quien más ofende el consumismo. Que no hay derecho a juzgar a los que se deleitan en él. Muchos son pobres y este es su gran desahogo, aunque se endeuden a mil.)

Pero igual, odio a todo el mundo.

23 de diciembre, miércoles

- Fumo
- Soy sedentaria
- Tengo sobrepeso
- Trasnocho
- No hago Zoom
- No me levanto temprano
- No tengo diez trabajos
- No tengo prisa

Estoy condenada a vivir sola hasta el resto de mis días. Recuerdo a Lispector afirmando que ella solo dormía en su cama o en camas de hoteles. Igual que yo. Odio las invitaciones con noche. Odio adecuarme. Odio los ritos de las casas ajenas. Y odio no fumar donde se me dé la gana.

24 de diciembre, jueves

No me importa la Navidad. La pasaría como un día cualquiera pero la presión es incontenible. A mi familia SÍ le importa y mañana llegan todos a celebrar. Que el pino, que los regalos, que la comida especial. Y todo esto porque en Judea —¡Judea, *of all places*!— nació un niño en un pesebre. A miles y miles de kilómetros de aquí.

Cuando terminé de leer ese precioso libro de Carrère, *El Reino*, mi primera reflexión fue: ¿cómo logró un pequeño grupo de pescadores galileos permear Occidente entero? Claro, si el Imperio romano no lo hubiera hecho suyo, nada habría sucedido, pero qué enorme proeza convencer a aquellos romanos. Lo pensé, lo conversé, lo discutí. Por el amor, me dice la Sol, por un Dios que propone como única tarea amar.

Recuerdo a Celan, a raíz de la ausencia de Dios en el Holocausto: «Ora, Señor. Estamos cerca».

25 de diciembre, viernes

La casa repleta. El desorden a la orden del día. Los dos ex maridos presentes, las dos hijas, los dos yernos, el nieto. Me entrego al caos sin pretensiones de regularidad.

El gran pavo instalado en el centro de la mesa. La torta. El vino. Los regalos. Navidad. Todos tan ateos. Ni un villancico, ni siquiera la «Noche de Paz» de mi infancia cuando, de noche, en Los Remolinos, en puntillas, me escapaba a la galería y me iba directo al borde de la chimenea donde colgaban los calcetines llenos de regalos; nadie sabía que yo los miraba de antemano, la excitación era demasiado grande para esperar hasta el día siguiente.

26 de diciembre, sábado

Una gran fuente de porotos granados se instaló en la mesa enorme del comedor. Éramos ocho. Me gusta mucho que en esa mesa haya espacio para todos. Allí me siento de noche, con mis cigarrillos y una copa de calvados —la criptonita de la mamá, como dicen mis hijas— y pienso que este año nuevo no pediré nada. No haré resoluciones. No tengo nada que desear, como esas ranas que se adecuaron al agua mientras subía la temperatura. Hay demasiadas cosas sucediendo como para tratar de inferir en alguna. Es mejor matar todo deseo, como aquel pianista de Baricco. Quizás la contraparte sea convertirse en un pedazo de hielo. No importa.

29 de diciembre, martes

Hablaba ayer de la delicia de la inmovilidad. Como si eso salvara. A veces la esperanza es una toxina que envenena.

Miro a la Mercedes partir después de un día de trabajo, la diviso por la ventana, cruza los paltos hacia la casa de la Sol, cargada, siempre con bultos, a pleno sol, exhausta, va a esperar que pase la micro que por fin la llevará a su casa. Veo a mis hijas cansadas, sus caras pálidas tras las pantallas, quisieran dormir largamente y no pueden. Veo a mis yernos inventando corbatas para la reunión de Zoom. Todos, todos trabajan y trabajan mucho.

Jubilar es una delicia incomparable e incontestable, llega el momento en que ya no quedan fuerzas. Aunque mi jubilación es relativa, ya no trabajo cada día. El trabajo es un enorme castigo (no pretendan que no lo sea, dice Marx con otras palabras).

Venga el ocio.

30 de diciembre, miércoles

Muerte a los zancudos. Muerte cruel y rotunda. Bichos inútiles e improductivos, más encima invisibles. Noches insomnes por su culpa. Dicen que en la creación cada uno cumple una determinada tarea. Mentira. Me pasé la noche combatiendo con ellos, ese pequeño sonido sibilino que se acerca en medio de las almohadas, cínicos sus ruidos, silban despacio y con ambigüedad: ¿desean o no ser escuchados? Perturban lo que jamás debe perturbarse: el sueño.

En el Jardín de las Hespérides hay manzanas de oro. Hera, que no confiaba mucho en ellas como custodias, lleva a la serpiente Ladón para cumplir esa tarea. Este animal repelente está siempre dormido, nunca abre los ojos (bonita característica para un guardián). He vuelto a pensar en ella varias veces, ¿será su cerebro superior solo por las horas de sueño? Ninguna terminación nerviosa irritada, el cuerpo descansado, los músculos relajados.

Pasan las garzas cruzando mi cielo y contrastan sus blancas plumas con la oscuridad de los cerros. Mantienen los ojos abiertos.

31 de diciembre, jueves

Y llegaron las doce. Marcel y yo salimos al jardín, nos dirigimos a la luna, cuya esplendidez destellaba como si se hubiese acicalado para esta noche especial. Estaba más bella que nunca. Le pedimos un deseo y luego nos abrazamos. Más tarde pudimos ver a lo lejos unos fuegos artificiales y todos los perros de la comarca ladraban feroces, molestos por los estallidos, no por terminar este año de mierda.

Voló la garza y la última delicia fue el duende que le puso llave a la noche. La garza pidió que la recordara. El duende sonrió.

Cuaderno del asombro

Porque las palabras del año pasado pertenecen al lenguaje del año pasado, y las palabras del año próximo esperan otra voz.

T. S. ELIOT

1 de enero, viernes

La muerte del zorzal fue una primera imagen. Su pecho, inmóvil ya, mostraba pintas café oscuras sobre el plumaje color crema. Tratamos de revivirlo. Decidió morir, pobrecito, zorzal, en absoluta falta de estridencia.

El asombro podría parecerse al temor, a la sorpresa o al espanto. ¿Al desasosiego? El diccionario lo define como la impresión en el ánimo que algo o alguien causa a una persona, por inesperado o por alguna cualidad extraordinaria.

Agrego yo que si se pierde la capacidad de asombro estás ya medio muerto. Como el pájaro.

2 de enero, sábado

¿La peste o los dioses?

Los dioses, por supuesto. Creerse por un momento Deméter, la que plantó todo en la tierra, levantar un brazo pálido —me imagino a las diosas con pieles traslúcidas— y alcanzar una gran breva blanca del árbol. Gracias al árbol que yo planté, hoy me imagino en el Olimpo porque las brevas no son para los mortales.

Me admira creerme diosa por un momento. Me admiran los blancos y rosados de la fruta, naciendo de ese morado púrpura repleto de arrugas que pareciera derretirse en la boca como un helado.

4 de enero, lunes

Batalla campal entre la araña y yo. Estaba ella instalada en mi tina, muy negra contra el esmalte blanco. Decidí pelear y usar el agua como espada pero ella, agilísima, escapaba. No sé quién tenía más miedo, si ella o yo. Cuando pensé que ya la había ahogado y me retiré tranquila, volvió a aparecer debajo del tapón. Volvimos a la pelea. Fue larga. Encomiables sus ganas de vivir, su decisión de no darse por vencida. Al fin le gané. Se fue por el tubo y su vida terminó. Me pregunto qué habré truncado, cuál sería su destino.

¿Por qué matamos a las arañas? ¿Qué instinto ancestral nos hace temerles así? Culpa de Fobos —hijo de Ares, el dios de la guerra—, la personificación del miedo. Un demonio macho, como explica mi diccionario de mitología. Encabeza todos los temores aunque en sí mismo no posea historia ni leyenda. No sé quién fue su madre, por lo que no puedo afirmar si fue un dios o un semidiós. Solo sé que he caminado mi vida entera tomada de su mano.

Hasta qué punto estamos (estoy) ligados a Fobos es lo que me espanta. No son solo las arañas, es la altura, el encierro, el espacio abierto, el exceso de gente, los reptiles. La lista es enorme.

No me atrevo a volver a la tina. ¿Y si se las ha arreglado para sobrevivir?

5 de enero, martes

Ablandarse frente al sentimentalismo no es tolerable. Para eso está la cordura, la ironía, la dureza. Encontrarme tocada por el romance cliché de una película predecible no entra en mis categorías. Sin embargo, ante mi sorpresa, sucedió. Y ahí estaba frente a la pantalla cual adolescente sufriendo de verdad por un romance malherido y rogando por que se recuperase. (Mi único consuelo fue que a la Sol le pasó lo mismo). ¿Tendrá que ver con lo guapo que era el macho en cuestión? Implicaría una extrema debilidad de la libido.

Pienso en mi larga estadía con mis turcos en Netflix. Reconozco haber quedado prendada de Ertogrul, fueron más de cien noches en que nos reunimos. Es mucho tiempo para mirarlo desde mi cama, analizarlo, quererlo. Llegué a conocer el más pequeño de sus gestos y lo sentía totalmente mío. Pero aquello no fue puro sentimentalismo, era una historia política, con guerras, con épica, con Dios, con una cultura. No era un romance.

7 de enero, jueves

La terraza estaba llena de sangre. Esto sucedió anoche, luego de la agotadora jornada de la rebelión en el Capitolio en Estados Unidos. Era tarde y estaba muy oscuro, como son las noches de campo con solo la pálida luz de las estrellas. Mi gato Pamuk había salido de paseo como lo suele hacer y yo lo esperaba, esperaba su aviso ante mi puerta para abrirle, como de costumbre. Y entonces escuché los aullidos. Eran salvajes, como llegados de alguna guerra en la selva. Salí corriendo a la terraza y estaban todos mis perros más alguno ajeno agrupados en un círculo. Se veía algo al centro, pensé que era mi gato. A puro grito logré separarlos y fui a buscar la linterna. Entonces vi la sangre, chorros de sangre en el piso de ladrillos de la terraza y en el corredor frente a mi pieza. Seguí la huella de la sangre por el haz de luz, con el corazón apretado, una piedra mi corazón. Caminé hacia el costado del jardín y al final de un largo recorrido vi al herido: era un perro desconocido, más bien pequeño. Se escondía tras una palmera, enteramente ensangrentado. Respiré con un alivio perverso: no era Pamuk, no es Pamuk, me dictaba la cabeza, no es Pamuk.

Viví la muerte de mi gato, aunque no murió. Abismada ante mi propio dolor.

8 de enero, viernes

A propósito de la sangre.

Al mirar hacia la Antigüedad, me sobrecoge la disposición de los dioses hacia los sacrificios humanos. Los hombres inventan lo que desea el Dios. Como sabemos que ningún dios habló —de forma literal—, ellos, los hombres, a través de sus propias miradas letales decidieron interpretar la voluntad divina. Y en esa voluntad, la sangre juega un gran papel, como algo codiciado, siempre robado e investido de enormes y oscuros poderes. Griegos, mongoles, vikingos, aztecas. No lo determina la geografía.

Si un Dios de verdad existiera, ¿por qué desearía truncar una existencia que él mismo creó?

9 de enero, sábado

Occidente es enorme y contiene en sí mismo múltiples razas, etnias y ADN. Una de ellas es la nórdica, la que produce seres altos, esbeltos y rubios. Y resulta ser ese y no otro el patrón de belleza instalado en tierras tan amplias y disímiles. Miro en la pantalla a unas suecas desnudas en el agua y me pregunto con justicia —y mucho asombro— por qué yo, del sur del sur, mezcla de española y mapuche, debo ser sometida a ese paradigma. Qué caprichosa y cultural termina siendo la belleza. Y qué arbitraria y abusiva. Debiera variar o dividirse el concepto según la línea del Ecuador.

10 de enero, domingo

El cuerpo y los cánones, me encuentro con Toni Morrison: «*In this here place, we flesh; flesh that weeps, laughs; flesh that dances on bare foot in the grass. Love it. Love it hard.*» («En este mismo lugar, nosotras carne; carne que llora, que ríe; carne que baila descalza en el pasto. Ámala. Ámala con firmeza.»)

Cuán difícil resulta cumplir ese mandato.

11 de enero, lunes

De lejos parecía un aeroplano de juguete, tan recta era la línea de sus alas. Ha venido a visitarme este hermoso pájaro, grande, potente, rubio, un pequeño héroe del cielo. Su pecho es de color mantequilla, sus alas pardas y vastas. Se ha instalado en el pasto de mi jardín picoteándolo, quizás qué frutos encontró, como un niño inocente frente a las amenazas. Mis animales no se percatan aún de su presencia, solo yo lo observo. Confiado, da pequeños pasos por el verde, discreto y contenido, pero sin timidez. Me levanto maravillada de mi asiento y me acerco un poco, solo un poco, no vaya a espantarse. Parece no verme, no muestra inquietud. Nuestro encuentro es largo y silencioso. Le pido callada que no se vaya, pero por supuesto al fin parte. Creí que lo había perdido, el valle es largo y los árboles muchos. Pero cuando vuelvo a mirar, lo veo instalado en la punta misma del ciprés más alto del jardín. Estos pinos culminan en un pequeño triángulo de ramas livianas y casi inexistentes y allí se entretiene él, se ve enorme a esa altura. A veces abre las alas como para desperezarse, pero no se va.

Al fin oscurece y yo parto. Supongo que él también. Me voy sorprendida de cómo los humanos —gruesos, sólidos, pesados de material— logramos ser seducidos por aquella fragilidad.

12 de enero, martes

A pesar de su neurosis, Virginia Woolf era gregaria. Consideraba importantes a los otros. «Utilizo a mis amigos como lámparas. Su luz me ayuda a ver que existen otros campos, otras colinas». Y yo aquí, encerrada en mi reino, apago día a día esas lámparas. La Sol cree que yo disfrazo de pandemia mis ganas de no ver a nadie y yo me río cuando la escucho. Pero reconozco mi duda: ¿copará la lectura esos otros campos, esas otras colinas? Celebro festivamente estar aquí sola pero a veces, oh Virginia, temo que ello restrinja la mirada. Recuerdo cuando era joven el tiempo enorme que gastaba en los otros.

Me asombra haberme convertido en esta ermitaña.

14 de enero, jueves

Escribo frente a un atardecer espléndido. En la punta opuesta de la terraza donde me suelo instalar hay una mesa mexicana de cuero y madera con sus respectivos sillones, los equipales. Es el lugar ideal para mirar la tarde, los cerros están justo al frente. Es una visión majestuosa, sin embargo íntima. Es mi visión. Tantos pensamientos corren entre el equipal y el cerro, todo tan callado. Miro también mi jardín y todo lo que he plantado y me embarga la incredulidad —o el orgullo— de haberlo hecho yo.

Leo a Byung-Chul Han a propósito de su jardín y me asombra, me maravilla, la tremenda importancia que le da. Es capaz de escribir un libro sobre el tema. Conoce el nombre de cada flor, de cada planta, y trabaja con sus manos, no como yo, que le dejo esa parte al jardinero. Su conocimiento y su empeño me embelesan.

15 de enero, viernes

La madre Noche refugia a su hijo Hipnos, el dios del sueño, pero él olvida, descuidado, darle ese refugio a los mortales que dependen de él.

Hoy I me dice que duerme tres horas diarias. Y la queja permanente en la pandemia ha sido el mal dormir.

Pienso como imposible una vida sin al menos ocho horas de sueño, ojalá nueve.

Como Belle de Jour, tengo dos vidas (no son sexis, lamentablemente, como las de Catherine Deneuve): la diurna y la nocturna. No se relacionan entre sí. Los amaneceres me son escasos, a esa hora pago las culpas de mi ser nocturno. Adoro la luz cuando me la encuentro y durante su imperio hago lo que hacen todos. Apegada al aire libre y a la naturaleza, por nada me la perdería. (Quizás por eso prendo la TV solo si ha oscurecido). Siento criminal farrearse el sol. De día soy ordenada, contemplativa y productiva a la vez, llena de reparos a la pérdida del tiempo. Llego a la cama siempre exhausta. Entonces, en ese momento, Hipnos se me escapa y comienza mi segunda vida. Mi cama pasa a ser mi cuartel general y en ese refugio, florezco. Nunca trabajo, esa hora es para el placer. Siempre enajenada por algún libro o película, nunca estoy sola de noche, por el contrario, vivo intensamente la vida de otros. Fumo —en mi pieza—, prendo velas, tomo mucha agua y como semillas de calabaza. Es el momento del silencio del mundo, todos reposan y yo renazco. En verano a veces siento muy largas las horas diurnas porque me roban a mi otro yo.

El ritmo de los campesinos ateniéndose a las horas del sol me resulta un cuento mágico.

16 de enero, sábado

Me gusta la palabra azafrán.

El nombre científico de la especie es *crocus sativus*. El nombre del color deriva de los estigmas de la flor de la planta. Se requieren miles de estas flores para hacer un paquete modesto del condimento, por eso su precio. Es un lujo, lujoso también su nombre. Me evoca la seda dorada con destellos de algún rojo. Me evoca la mesa de los reyes. Me evoca también a los monjes tibetanos.

Es asombroso el poder de una palabra.

17 de enero, domingo

Pensando en la muerte.

Síntomas de mucho decaimiento sumado a dolores de cabeza me convencieron de que me vendría un derrame cerebral (gracias a la peste, una se convence de cualquier cosa). Y más encima en domingo, en un campo pasmado, un silencio aterrador, una soledad material del tamaño de estos cerros. Para entretenerme pensé en la muerte material. Leí una vez que los narcisos se fascinan en ese ejercicio, anticipando reacciones y dolores, incluso disfrutando de su propio entierro (¿irán a alcanzar los hombres cercanos para que me lleven el ataúd?, se preguntaba la Lotty cada cierto tiempo).

Hice una lista: ¿a quiénes les importaría que yo muriera? Quizás el dolor de cabeza me bajó la autoestima ya que mi lista fue bastante corta.

19 de enero, martes

Estoy suscrita a una web llamada Auschwitz. Cada día recibo fichas de distintas víctimas. De vez en cuando, alguno ha sobrevivido. Leo con mucha atención su fecha y lugar de nacimiento, su profesión, su fecha de entrada al campo de exterminio y cómo murió (ejecución, cámara de gas, inanición). Reviso las fotografías y las amplío con los dedos. También informan el número con que fueron tatuados. Lo hago pausadamente, los observo, calculo la edad que tenían al morir, y de esa forma los recuerdo. Es mi único posible homenaje. A veces leo sus nombres en voz alta. Me cuesta digerirlo, sobre todo cuando se trata de niños. Los he convertido en parte de mi normalidad.

El 9 de noviembre del 38, la Noche de los Cristales Rotos, el escritor Paul Celan (que fue llevado a Auschwitz y se suicidó después de la guerra) iba en un tren desde Rumania a Francia y aquel tren cruzaba Berlín. Desde la estación de ferrocarriles vio el humo y comprendió que ese humo «ya pertenecía al mañana».

20 de enero, miércoles

También me gusta la palabra alabastro.
Como el azafrán, las sílabas juegan con su significado.
Untuoso.
Lujo puro.
Luz y transparencia.
Majestuosidad.
Las columnas de aquella escalera —y la escalera misma— que creó Da Vinci para ese castillo en Francia con el nombre cargante de algún cargante noble francés.
Y la fantasía, los cuentos infantiles donde los palacios eran enteramente de alabastro.
La belleza puede tumbarte.

21 de enero, jueves

A las 9:21 hay que brindar pues en ese momento serán las 21 horas con 21 minutos del día 21 en el año 21 del siglo 21.
Sorprendente. O divertido.
Aunque olvidé el de las 9:21, hice otro brindis por razones más cálidas y más cercanas a mi corazón.
Gran momento para un poco de hechicería.

23 de enero, sábado

Llegué al mar.
Lo escucho.
Lo huelo.
Está frente a mí.
Me abisma cuánto lo necesitaba sin saberlo.
La sal.

24 de enero, domingo

«Vivimos todos (...) a bordo de un navío zarpado de un puerto que desconocemos hacia un puerto que ignoramos; debemos tener los unos para los otros la amabilidad del viaje». Pessoa, *Libro del desasosiego*.

Desasosegada quedo.

Imagino de inmediato el navío zarpando desde estas rocas que rodean la bahía. Lo difícil de imaginar es la segunda parte: la amabilidad del viaje.

25 de enero, lunes

He visto un picaflor gigante. Era tanto más grande que los del valle —los que juegan en el cristal de mi ventana— que lo clasifiqué como un no-picaflor. Pero sus gestos, sus aleteos, sus colores: era también un picaflor.

No sabía que existían. Quizás solo viven aquí al lado del mar.

26 de enero, martes

Paseo poco. Casi no me muevo. Solo miro el mar. Creí que el silencio era la esencia misma del campo. Pero el silencio del mar es más portentoso porque el rumor permanente de las olas se suma a él, no lo interrumpe, rumor/silencio.

The sound of silence: inesperado.

27 de enero, miércoles

¿Por qué no construirse una casa frente al mar?

La posesión. ¿Es que no puedes arrendar una casa cuando quieras ver el mar y no pensarte como *dueña* de una casa en ese lugar? Esta manía de jugar al Monopoly, a los bienes raíces. Ya buscaste casa en México, en Buenos Aires, hasta en Roma. Basta.

Nunca seré inmune a las tentaciones.

28 de enero, jueves

Compré en Guangualí una palmatoria. Cuando ya una vez en casa abrí el paquete para admirarla, pensé que nadie dice palmatoria sino candelabro. No tengo a mano un diccionario para constatar la equivalencia. Me asombro por la capacidad que tienen las palabras para extinguirse. Qué insolencia.

La infancia.

29 de enero, viernes

He concluido que declararse culpable es un acto de narcisismo.

«Es mi culpa», dice aquel, cualquier aquel que desea transformarse en personaje central, en protagonista donde no lo es.

En la literatura (especialmente en la novela decimonónica), en el cine y en la vida aparecen estos egocéntricos echándose la culpa —sin tenerla— y sintiéndose satisfechos de sí mismos por confesarla. Y tú, ¿qué tienes que ver?, ¿por qué te culpas? Tu importancia no da para eso, no alcanza. (Por cierto, los verdaderos culpables nunca saben que lo son).

Hay que desconfiar de aquellos que requieren conmocionar para subir un escalón en la vida.

Ándate a la mierda.

30 de enero, sábado

Después de la tormenta.

La luna compite con las nubes, unos harapos blancos como rasgados a mano con descuido. La tapan, qué esfuerzo hacen por esconderla, pero el movimiento luego la descubre. Anoche estuvo llena, hoy le falta solo un poco de redondez, su fulgor engaña a las nubes, a pedazos de cielo. El resto, negro. Negro por la noche y por el mal tiempo. Miro fijamente este cielo de madrugada como si fuese la única humana en el mundo, sola, sola con las olas. En mi embobamiento creo que es el principio de la creación.

31 de enero, domingo

Me recibe el Parque Forestal con una luz en la copa de los árboles que solo puede haberse robado de la tormenta de ayer.

Nadie en la familia quería dejar Bahía Azul. Así lo decía la languidez de los movimientos matutinos. Hay mucha sabiduría en el concepto «vacaciones»: cortar, desconectar, pasar a otro estadio. Decirle a la vida diaria basta, quédate atrás, me cansas.

Dejo el mar.

2 de febrero, martes

La ira es masculina, me desconcierta que la palabra sea femenina.

La ira es un don, le dice Ragnar, rey vikingo, a su hijo. Un don de hombres, no de mujeres.

Ya has hablado de esto, Marcela, y sospecho que seguirás haciéndolo por cuánto te irrita y escandaliza.

Séneca dijo: «La ira, un ácido que puede hacer más daño al recipiente en el que se almacena que en cualquier cosa sobre la que se vierte».

Me asombra tanto la cantidad de hombres que no lo han asumido.

3 de febrero, miércoles

En plena mañana el cielo se llenó de pájaros, eran oscuros y pequeños, muy distintos a mis garzas de la tarde. Un grupo volaba hacia el norte, otro hacia el sur, se confundían, desconcertados. Alas para allá y para acá, tantas alas.

Las gardenias están creciendo, también, dentro de un enorme desorden, diferente a su florecimiento de otros años. Una mañana aparece una, sola entre las hojas, y muere esa misma tarde. Ninguna unidad con sus hermanas.

Pájaros. Gardenias. Chile.

4 de febrero, jueves

Una línea plácidamente continua. Pero algo puede cortarla.

Un ritmo sistemático y confiado. Puede llegar un aluvión.

Una dirección preestablecida, los rieles. Pueden descarrilarse.

Si el presente es recto, agradecerlo. Es todo lo que hay.

Sin sorprenderse.

Gratitud sin estupor.

5 de febrero, viernes

Recojo los champiñones que han crecido en mi alfombra de pasto, deduzco que son venenosos y me apena no ser una bruja capaz de distinguir los buenos de los malos.

Termino de leer la última novela de Elena Ferrante y agradezco a los dioses no haber vivido una adolescencia como la suya, aunque ello le proporcione un material de oro para su ficción.

Tarde: asesinaron a un chiquillo joven en pleno día en el centro de Panguipulli. Era un malabarista.

Lo mataron a sangre fría.

Le dispararon los carabineros, dos tiros a las piernas, luego uno al corazón. Los asesinos escaparon y lo dejaron botado en el pavimento. Cuando llegó la ambulancia, ya había muerto.

Entre la sangre de Panguipulli se cuela la peste. Casi todo el sur del país está en cuarentena.

Si a mí, siendo una asquerosa privilegiada, me afecta así esta historia, ¿cómo la viven los pobres en el extenso territorio de la marginalidad? Cada uno de ellos sabe que puede ser el próximo.

6 de febrero, sábado

Porque necesito un cómplice en el cielo busco a mis dioses griegos. Paso revista. Ninguno es compasivo. Entonces deberé encontrar un ángel, uno que me quiera y que me sople al oído las respuestas imposibles a las preguntas que me hago.

Adoptaré varios ángeles como mis asistentes celestiales. Les buscaré un nombre y les asignaré tareas.

El ángel soplón será el primero.

7 de febrero, domingo

Es un domingo siete, ¡cuidado!

Gobierno chileno encarga —hoy nos enteramos— misiles a Estados Unidos Valen millones de dólares. ¿En este momento? ¿Misiles? ¿Para defendernos de nosotros mismos? En tanto, la pandemia, el hambre, los empleos perdidos. En eso se ocupa el dinero del Estado. Una vez más, horrorizada.

Cada generación o época se ha creído al borde del apocalipsis. Nosotros tenemos derecho a sentirlo con el cambio climático y la peste. Pero, como dice D.H. Lawrence, tenemos que vivir, no importa cuántos cielos hayan caído.

8 de febrero, lunes

Hoy todo me asombra.
Que mi San Pedro haya florecido.
Que en esta casa sobre comida cuando en otras falta.
Que el servicio doméstico se extinga.
Que los cuentos de Marta Brunet me desgarren.
Que el tiempo nunca alcance.
Que el verbo disfrutar esté siempre en la punta de mi lengua.

9 de febrero, martes

Languidecer hasta el infinito, eso se logra instalada en el sofá de la terraza, leyendo, leyendo, leyendo. De Virgilio a Twitter, no importa el valor. Los perros durmiendo a los pies, los gatos tendidos en mi cama, esperando una siesta que no llega. Entonces me levanto, voy a la piscina, me saco la ropa y me sumerjo en el agua tibia de las seis de la tarde. Para comprobar si aún tengo cuerpo. Ante mi sorpresa, este recobra el brío y se deleita.

10 de febrero, miércoles

Ya instalé a los asistentes celestiales, aunque hasta ahora no han dado señas de vida. Son cinco en total, elegí las áreas según las necesidades.

En lo literario está la ángela Emily (por la Brönte, la esencia de la inspiración).

En lo doméstico, Jane (por la Austen, irónica y divertida, encerrada en el comedor de su casa).

En lo familiar está Deméter (la madre total).

En lo mundano, Pandora (hermosísima y completamente idiota).

En lo sentimental, Ertogrul (por guapo y sexy, el único hombre de mi séquito).

Ya, mis amados ángeles: empiecen a trabajar para mí. ¡Sorpréndanme!

12 de febrero, viernes

Ve al hielo donde no hay más hielo, al entrepiso de paños agujereados en los pulmones.

Esa frase me despertó de la siesta, no sé qué significa.

El verano se puso avaro, amanecen frías las mañanas, pobladas de neblina, como si viviéramos un otoño adelantado. Los naranjos no se distinguen desde mi ventana, ahogados. Después de almuerzo sale el sol y entonces me sumerjo en el agua (un lugar común llamarla así, pero *es* cristalina). Hoy la piscina es mi bien más preciado. Apúrate, aprovéchala, el verano se irá volando. Y aunque adoro el invierno, llega siempre con algo de tristeza.

13 de febrero, sábado

Fue en una trilla en el sur.

Entonces no llegaban aún las máquinas trilladoras y para soltar el trigo ya maduro se usaban los caballos. Daban interminables vueltas en la era revolviendo así espigas hasta separar el grano de la paja. Hecho el trabajo del día, se festejaba. Asaban un cordero al palo y repartían el vino. Pequeña y todo, no me las perdía, cómo me gustaban las trillas. Incluso a veces prestaba mi propio caballo para que galopara alrededor de ese monte amarillo.

En una de estas vueltas, un caballo —desconocido para mí— se quebró una pata de tanto recorrer el círculo de trigo. Era negro y grande. Sus ojos, en mi recuerdo, eran azules. El caballo estaba tendido en el pasto y alguien sacó una pistola. Le disparó. Me explicaron que así se procedía. *They shoot horses, don't they?*

14 de febrero, domingo

¿Quién habrá inventado la siutiquería del día de los enamorados? La Cámara de Comercio gringa, seguro.

¿Qué hará la gente que no lee libros? (Estoy como la Reina de Camelot, cuando le pregunta a Arturo qué hace la gente normal). Pienso en cómo la peste, a pesar de ser el fenómeno más global al que hayamos asistido, empequeñece al mundo. Cada uno solo, mirando hace un año el mismo muro. Las historias ayudan —por algo se han contado desde que el hombre es hombre—, te comunican cosas lejanas, dan respuestas a la curiosidad. Al fin y al cabo, conocer vidas ajenas te obliga a observar las grietas entre lo oscuro y la luz.

La falta de lectura empobrece. Qué extrañeza me produce la apatía, la voluntad de darle la espalda.

16 de febrero, martes

Entre las abejas y yo nos peleamos cada pedazo de olor. Me pregunto si están más embriagadas ellas o yo. Es que amanecieron todas las gardenias florecidas, el árbol entero, nada de las mezquindades a las que me han sometido este verano en que un día florecen dos, luego una, solitarias y desubicadas, incitando cierto temor en mí sobre el momento de verdadera floración (como diría Pessoa, el mismo día en que nacen, ese mismo día mueren, no hay nada antes ni después). Abrí los ojos y el árbol se había vuelto blanco durante la noche, pintado entero por sus frutos. Una orgía de gardenias.

La tierra les tiene celos, solo les permite vivir unos pocos días. No soporta tal deslumbramiento.

17 de febrero, miércoles

De verdad me gustaría no volver a publicar. Someterse al escrutinio y al mercado no se lo merece nadie. ¿Para quién se escribe? ¿Solo para una misma? Esa idea tampoco me gusta, trasluce un tinte de complacencia. Rilke decía que si puedes vivir sin escribir, pues ¡no lo hagas!

Qué eternas e inútiles mis preguntas. Me asombro de seguir haciéndomelas.

18 de febrero, jueves

«Todos estamos rotos», dijo Hemingway, «así es como entra la luz».

Roto el planeta.

Roto el país.

Rotas las gardenias con una vida demasiado corta.

Rotos mis nervios por las arañas.

Rotos los corazones de los adictos.

Temerosa, le pregunto al asombro cómo entra la luz.

19 de febrero, viernes

Voy despacio y suave con Virgilio y su *Eneida*. Me remito inevitablemente a Homero. Pienso que Virgilio disfrutaba del desarrollo de su lado femenino, que al griego le faltaba. Sus relatos contienen emoción y subjetividad, difíciles de encontrar en la *Ilíada* o la *Odisea*. Eneas es un héroe quebrado. No lo son ni Aquiles, ni Héctor ni Ulises. Una cierta dulzura se desprende de la escritura de Virgilio. Quizás todo radica en que Homero ensalzaba la guerra sin tomar en cuenta sus consecuencias sicológicas, mientras Virgilio insiste en ellas.

Me desconcierta haber pasado tantos años sin leerlo.

20 de febrero, sábado

A mi lado A lee a Valle Inclán. Certeza mía de que nunca leeré a Valle Inclán. Dime qué lees y te diré quién eres. Dime lo que no lees y también te lo diré.

Pienso en las cabezas de los no lectores. Las imagino con espacios cóncavos y huecos bajo el cerebro. Pequeñas cavernas deshabitadas. Un eco.

21 de febrero, domingo

A veces me inunda un cansancio profundo, como si me pesara cada minuto, cada hora, cada día, cada año que he vivido. Me pregunto si es posible quedarse quieta dentro de ese cansancio y no hacer nunca más nada. Nada. Será morir. O seguir viva solo mirando y respirando. O delirando, quizás.

Dicen que la pandemia tiene exhausto al planeta entero. Que hoy los problemas mentales son mayores a los del covid.

Puta pandemia.

Puto cansancio.

22 de febrero, lunes

En Japón han creado el Ministerio de la Soledad.

23 de febrero, martes

Me tiro al agua para comprobar si el frío me despierta.
Esa somnolencia. Esa.
Paso horas en la piscina.
Asombrada de cómo escapa la energía.
Así era el tiempo del duelo. No cortarte las uñas. No
lavarte el pelo. No entrar en acción de ningún tipo.
Pero hoy no se me ha muerto nadie.

24 de febrero, miércoles

A propósito de Japón: el suicidio —y ellos saben de ese
tema— ha aumentado un veinticinco por ciento en tiempos de pandemia. La mayoría son mujeres. No resistieron
el peso de lo doméstico. *The burden of household*, lo llama
el *New York Times*.
   Seguro que los maridos exigían comer sentados en la
mesa dos veces al día.

25 de febrero, jueves

Dice Dorothy Parker, la misma que se declaraba exhausta
solo por escribir un telegrama: «El aburrimiento se cura
con curiosidad. La curiosidad no se cura con nada.»
   El letargo pandémico puede interrumpirse con dicha
curiosidad. Cuando comienzo a navegar online —lo que
hago poco— me encuentro con miles de historias. Todas
me interesan. Qué le pasó a esa mujer, por qué abandonó

a sus hijos, cómo fue su infancia, todo debo saberlo para configurar en mi cabeza el cuento. La vida femenina me avispa más que la masculina. Es más impredecible y casi siempre más guerrera.

Las mujeres me sorprenden. Los hombres no.

28 de febrero, domingo

Si mi madre viviera, hoy cumpliría noventa y cinco años. Menos mal ya no está. No lo digo como la hija degenerada: hablo por la enorme cantidad de mujeres que por culpa de las eternas edades de sus padres pierden sus propias vidas en el cuidado. Porque solo las mujeres cuidan.

Se llega a cierta edad en que no se debiera tener padres, es casi obsceno. El rol de hija debiera tener fecha de vencimiento. Se invierten los papeles, se infantiliza la relación y la dependencia asfixia.

Ames cuanto ames a tus progenitores, estos deben partir a tiempo. Por esa razón me horrorizaría vivir hasta los noventa.

1 de marzo, lunes

No puedo creerlo: llegó marzo. Se acabó el verano, las vacaciones, el ocio, el valemadrismo. En nuestro país es una fecha definitiva, lo cambia todo. Es el comienzo del año real, lo anterior (enero y febrero) son ficticios, una faramalla. El vuelo de mis garzas se reviste de lentitud, ignoro su causa.

Me cansé del campo.

2 de marzo, martes

Me gusta esta frase del evangelio: «Dad y se os dará; una medida buena, apretada, remecida, rebosante pondrán en el halda de vuestros vestidos» (Lucas 6: 36-38).

Ser bueno.

Apretar.

Remecer.

Rebosar.

3 de marzo, miércoles

Llegué a Santiago. Como siempre que vuelvo, me pierdo. Abro el cajón equivocado, olvido dónde se guarda el abridor de botellas. Demasiado tiempo en el campo. Una de las razones por las que me gusta Santiago es porque no hay arañas. Abro la cortina de la ducha y ¿quién? Una araña. Grande. Fea. Asquerosa.

5 de marzo, viernes

Llena de libros nuevos y fascinantes, sin embargo pierdo el tiempo. El letargo, el calor, siempre es algo. A este paso terminaré estúpida por completo. Es como si la peste nos hubiese inyectado una pereza en la sangre que no logramos expulsar. La poética de la pandemia terminó. Hoy queda cansancio. Apatía e indiferencia, la impasibilidad.

Aturdida.

6 de marzo, sábado

Como todo buen texto, un extracto del *Manifiesto contrasexual* de Paul B. Preciado me ha llevado a diferentes caminos.

Me detengo en uno: Lorenza Böttner. Nacido hombre en Punta Arenas, un tendido eléctrico le voló ambos brazos. Fue a tratarse a Alemania y no volvió, solo algunas visitas cortas donde aparentemente nadie la acogió (solo Pedro Lemebel habló de ella). Su instrumento era la performance. Sus pies y su boca suplían sus manos y con ellos dibujaba. Bailaba. Representaba. Tomaba fotografías. No sé bien en qué momento se transformó en mujer. Era hermosa, muy alta y con un pelo fantástico, un poco vikinga, valquiresca. Murió joven de sida. No puedo creer que nunca oí hablar de ella (tú, Lotty, ¿sabías de su existencia? No creo, me la habrías comentado).

Me parece insólito que en Múnich muestren sus trabajos y no aquí.

Usó su discapacidad a su favor, también su homosexualidad, y fueron aquellos sus materiales de trabajo. En la línea de Preciado, el filósofo de «la tercera vía» de la sexualidad, no tuvo —creo— ningún apuro en identificarse con un sexo determinado.

Y los chilenos no le hemos rendido un homenaje.

7 de marzo, domingo

Pensando en Preciado, el dueño de la contrasexualidad: él no contempla a las pobres mujeres que fueron a un colegio de monjas, que se educaron en familias católicas beatas oligarcas y que, más encima, hoy son viejas. ¿Cómo pedirles a ellas que se deconstruyan por completo?

Yo me crie en la ausencia del cuerpo. Salirme del binario femenino/masculino es como aprender a hablar, a leer, a escribir, todo de nuevo. Apenas llegué a entender lo básico y a mi propio riesgo. Ya eso fue difícil.

Vivo en la norma, lo sé. Colonial, patriarcal. No tengo alternativa.

8 de marzo, lunes

¡Arriba las mujeres del mundo!

Hoy es el día internacional y me inundo de imágenes del año pasado —cuando no había pandemia— y sentíamos la electricidad de la unión y el poder.

Hoy, qué lamentable, me quedé encerrada en mi cueva-caverna del parque. Es que la pandemia rebrotó a los peores niveles del invierno pasado, cuando pensábamos que el mundo se haría pedazos. Por supuesto la ciudad de Santiago tiene los niveles más altos. Me pregunto qué hago aquí. Si me enfermo, me intuban. Y si me intuban, me muero.

Qué oscuro paisaje.

9 de marzo, martes

Sueño con huidas y rupturas que ni el más loco *late style* me permitiría representar. Volvamos a la norma: allí se está segura.

Soy prudente porque soy vieja. Solo por eso.

Mis asistentes celestiales a veces me mandan signos. No me han olvidado. Pero no debo darles mucho crédito, los signos también se equivocan.

¿Cuántos puentes deben cruzarse para transformar la estación hostil de la prudencia en un campo elegante y delicado?

Afligida, asombrada. Al final, triste.

10 de marzo, miércoles

El cuarenta y seis por ciento de las madres en Chile viven sin el padre de sus hijos. Recuerdo a la Lotty declarando que había que matar el concepto de pareja, que ya no hacía sentido.

A propósito del 8 de marzo: el orgasmo femenino es independiente de la reproducción, lo que no sucede con la eyaculación masculina, que sí es necesaria para procrear. La esperma hace su camino solo si hay goce, la vagina puede recibirla al margen de él. En buenas cuentas, el embarazo no depende del orgasmo —seríamos muchos menos en el mundo—. El clítoris no juega roles reproductivos sino solo de placer. Prodigioso.

11 de marzo, jueves

Interrumpo la lectura de Carrère y vengo al cuaderno. A propósito de historias insignificantes que aparecen en la memoria.

Está de cumpleaños la niña que desea que la quieran. Dará una fiesta esa noche para celebrarse, organizada por ella misma. Sus compañeras de casa salen y nadie la ayuda en la preparación. Ha decidido ofrecer verduras picadas con distintas salsas. Sola en la cocina de la casa, toma la tabla y el cuchillo. Empieza por las cebollas. Tarda. No es fácil picar bien las verduras. Invierte mucho tiempo, sola su alma en el día de su cumpleaños, nadie le da una mano. Pica y pica con la esperanza de que sus invitados la quieran. Se echa para atrás el pelo que le tapa los ojos. Sigue preparando, son horas gastadas en ello. Seguro que en algún momento le cae una lágrima. Si nadie está dispuesta a ayudarla, a hacerle una mínima compañía, ¿cuál es el objeto de esa celebración? Cuando llega la noche aparecen sus compañeras de casa como si nada, a disfrutar la fiesta, ya está todo listo.

Mientras el cuchillo golpeaba la madera una vez y otra, ¿no se preguntó ella: dónde está el mundo?

12 de marzo, viernes

La escritura de Carrère es tan penetrante que al leerlo se vive exactamente lo que él va contando. Y cuenta muchas, muchas historias. Me he sorprendido angustiándome a altos niveles, de esos que te cierran la garganta. Los que más me afectan son los relatos de encierro, la conciencia atrapada sin poder comunicar. Creí que mi claustrofobia se refería solo al encierro físico, pero al considerar el encierro síquico el horror se me dispara y me resulta difícil respirar.

Qué encuentro bello he tenido con Carrère (*Yoga*). Estimulante y fructífero.

También inesperado.

Me voy al campo.

13 de marzo, sábado

No sabía dónde me encontraba cuando abrí los ojos. El silencio ciertamente era el del valle.

Presté mi casa y estoy instalada en lo que llamamos «la casa chica», esa construcción de madera dentro del jardín de la Nena que se destina a las visitas. Todo sin pretensión alguna. Es como volver a mi self hippie, donde me siento comodísima.

La Banana, mi perra, se dio cuenta de que yo andaba por estas tierras y se instaló conmigo, sin moverse de mi puerta. En la noche se subió a la cama —lo que no hace en mi verdadera cama—, tendió su cuerpo paralelo al mío y se durmió con mucha delicadeza para no estorbarme. Como un marido atento.

¡Quién lo hubiera dicho! Solo duermo con mi nieto y mi perro.

14 de marzo, domingo

Mi estupor, en vez de disminuir, se agranda ante la siguiente constatación: todo me sobra. Instalada en la modestia de esta casita de huéspedes analizo cuán libre y cómoda me siento. Cambiar de cotidianidad hace bien para el cerebro, dicen los manuales. Esta es —sin duda— una experiencia, especialmente para una mañosa y una

203

fóbica como yo, que me niego a alojar en otra parte que no sea casa mía u hoteles (cosa que, como ya señalé, también le sucedía a Lispector). Hasta olvidé traer el desodorante y comprendo que da lo mismo. Me sobra la ropa, me sobran los muebles. Y las llaves, ¡cómo me sobran las llaves! Qué alivio estar de viaje —así me siento— y no necesitar cosas.

Soltar.

15 de marzo, lunes

Los idus de marzo.

Julio César asesinado.

Hoy, segunda vacuna. Partimos todas a la escuela rural: es como renacer. Veinte días y llega la inmunidad. Aunque cueste creerlo, en Bollenar existe un estupendo restaurante y convertimos el deber/vacuna en panorama/almuerzo. Camarones apanados con pisco sour, como si el mundo en pandemia no existiera. Echo mucho de menos los restaurantes, uno de mis placeres de la otra vida.

Adoro las acuarelas. Es una de las formas más humildes y majestuosas de pintar. Me sorprende cómo a veces se me van las manos.

Me duele el brazo vacunado.

Un día como hoy asesinaron a José Tohá.

17 de marzo, miércoles

Se anuncian nuevas cuarentenas. Nos confinarán a todos. Me pongo práctica: voy a la casa de la Sol y le sugiero que hagamos listas.

Cigarrillos, café, algunas carnes, vodka. Adiós, Santiago, ya no volvemos.

Leo a Harari y me hace bien.

Gabriel ha sido proclamado para la Presidencia de la República.

Constante estupor.

18 de marzo, jueves

Soñé que la Lotty vivía. Estaba parada al frente mío, éramos más jóvenes. Aún persiste en mi cabeza la incredulidad de su muerte. Siempre al borde de hacerle un comentario, una pregunta. Me queda su hija.

Alertan que alcanzar las cero emisiones de dióxido de carbono será insuficiente para salvar el planeta. Así son las noticias de cada día, el mundo desmoronándose. En tanto yo podo las plantas.

19 de marzo, viernes

Hoy me puse calcetines por primera vez en el año, por lo que deduzco que ya acaba el verano (el verano es ligero y es barato, Dios lo guarde).

Pasamos los siete mil contagiados.

También hoy se sublevaron los pájaros. Eran cientos y cientos, en agrupaciones irregulares, algunos desobedeciendo a la bandada. Volaron muy bajo, los vi tan de cerca. Esos son los momentos de atención a los que se refería Simone Weil, cuando al observar te concentras de tal manera que pasas a meditar. O a amar. Los pájaros hacen eso conmigo, hoy como nunca.

20 de marzo, sábado

La hacienda y el poder: larga conversación con la Sol en su terraza bajo el palto.

En mi infancia, cuando mi padre estaba en el campo, yo le escribía cartas a la siguiente dirección: Hacienda Los Remolinos, Estación General Cruz. Eran más de mil seiscientas hectáreas (hoy son de Angelini, seríamos millonarias de no haberlas perdido). Pienso en la autocracia. Ese era el verdadero poder: todo era nuestro, nosotros mandábamos, nosotros decidíamos, nosotros poseíamos. Si se nace y se cría allí, el sentido del poder te impregna para siempre, aunque termines viviendo bajo el Mapocho. Nosotras perdimos la hacienda pero allí quedamos, con o sin quererlo. ¿Nos interesó generar poder propio? Definitivamente, no. Y cuando algunas pudimos habernos arropado ahí, lo desechamos. No lo necesito, ese poder. Tengo vínculos con él pero no viviría para ejercerlo. (Recuerdo el día en que el Partido Socialista me rogó que fuese candidata a diputada y me negué aduciendo que estaba en la mitad de una novela).

Tan lejos y tan cerca.

21 de marzo, domingo

La hora más linda del campo es aquella en que el sol ya se ha ido pero aún no llega la noche. Es la hora de la más absoluta quietud. Permanezco en el jardín sintiendo que es un crimen perdérsela. Hago esfuerzos para que el «yo» desaparezca, es tan cansador acarrearlo a todos lados. La relación con una misma debiera ser como aquella con las parejas, separarse cuando te extenúa.

Me asombra no estar aullando.

23 de marzo, martes

Aprendí una palabra nueva: conticinio. Hora de la noche en la que todo está en silencio. Me gusta más su concepto que su sonido.

Se me ha instalado un molesto dolor entre el abdomen y la pelvis. Vamos, no es el momento para enfermarse.

24 de marzo, miércoles

Odio a las moscas desvergonzadas que insisten en tocar los cuerpos como si fuesen parientes cercanos.

Espanto me da ver la forma en que envejezco. Pensé que lo viviría de un modo un poco casual, más afín con mi naturaleza; sin embargo, voy camino a ser una vieja fría y distante, o sea, una vieja de mierda.

Para subir la autoestima hago lo que aconseja Toni Morrison: caminar descalza por el pasto.

Continúa el dolor del cuerpo. Me turba.

25 de marzo, jueves

Si el 25 de marzo pasado alguien nos hubiera advertido que por segunda vez pasaríamos el cumpleaños de la Sol confinadas, nos habríamos largado a reír.

Todo se repitió: la misma torta, la misma casa, el mismo público (solo las hermanas). Nos mirábamos a través de la mesa constatando el estupor. Solo cambió el menú: me lucí con una pizza *alla mela* como la que comíamos en el Ivo del Trastevere. Me quedó riquísima y muy hermosa con los cortes de manzana verde cubriéndola.

El famoso dolor me arruinó la noche. *In crescendo.*

Asqueada de la fragilidad del cuerpo.

26 de marzo, viernes

Escribo apenas sosteniendo el teléfono (en la sección «notas») con la mano derecha porque tengo la izquierda inmovilizada por tubos y agujas. Porque no soportaba el dolor, heme aquí tendida en la camilla de un box de urgencias en la Clínica Los Maitenes de Melipilla. Por las venas penetra el analgésico, por fin. El doctor me propuso un escáner y me negué, le expliqué mi claustrofobia y ahora no me quiere dar de alta. Dice que los exámenes de sangre están alterados. No le hago caso. Cuatro horas en el box. Quiero fumar.

Llegamos de vuelta a la casa de noche, pobre Sol que me acompañó, cansadas y hambreadas. Comprendo que a mi alrededor temen un tumor (así lo cree la A, mi médica de cabecera).

Compruebo cómo el dolor se apropia de todo y cuando ya el cuerpo es suyo, roba la mirada y las expectativas.

27 de marzo, sábado

Dormí mil horas, el cuerpo totalmente exhausto. Llegaron los lobos nocturnos y se comieron mi energía. Comprobamos que en todo nuestro huerto no hay —no tenemos— un solo analgésico. No somos exactamente unos lirios para tanta displicencia.

Entre distintas presiones, trato de organizar futuros pasos. ¿Santiago? ¿Clínicas? Odio todo aquello, ¿cómo escaparme? Pienso en la idea de «estar enferma», empezar a «estar enferma», yo, que me vanaglorio de mi salud.

Ante mi propia extrañeza, tengo la duda de si me lo trataría en caso de que fuera un cáncer.

28 de marzo, domingo

A pesar de todo, salgo por el patio de la cocina a oler. Huelo las rosas (algunas no tienen olor), las lavandas, la uva, los limones, incluso una gardenia —una sola— que apareció retrasada. Huelo el comino y el ciboulette y después la albahaca que robé del huerto de al lado. Y llega el mejor de todos los olores: el pasto recién cortado.

Me sorprende cómo uno solo de los sentidos logra imponerse y hacer sentir a los demás, por un momento, inferiores.

29 de marzo, lunes

Ayer y hoy no solo hubo luna llena sino la «superluna» que aparece dos veces al año. Los expertos la llaman «la luna doble». Es que tras ella vi una sombra —era roja— que, al rodear todo su borde, asemejaba una hermana protectora. Majestuosa ella. Esa segunda luna hoy fue azul. La amplía, le da realce.

A pesar de que no me levanto de la cama, me he escapado estas dos últimas noches para mirarla. Hoy me senté en un banco del jardín a conversar con ella. Le hice las preguntas de rigor: ¿cómo se aviene con las estrellas? ¿Soporta sus celos o es ella la celosa de la compañía que se dan las otras? ¿Se siente muy sola en su esplendor? Quizás es como el rey en el palacio de oro, que come con cubiertos de oro en platos de oro, pero no tiene con quien comer.

PD: La escritura en mi cuaderno hoy está enteramente chueca, se cortó la electricidad y escribo a la luz de la vela, como mis queridas decimonónicas.

30 de marzo, martes

La vida se reduce a una pelea insistente entre mi abdomen y yo.

A propósito de nuevas palabras: los ingleses traducen «fuerza mayor» como *Act of God*, un acto de Dios. Es decir, cuando desparece toda responsabilidad porque algo escapa del control humano. Por ejemplo, los diluvios, las pestes, los terremotos. Bellas palabras.

Esta puta pandemia: *an act of God.*

1 de abril, jueves

Empieza un nuevo mes pero no importa porque ya no los distinguimos.

Por fin las autoridades han decidido tomar medidas, siempre tarde, siempre a destiempo. Vamos en más de ocho mil contagiados diarios y treinta mil muertos.

Un doctor en la TV habla de la falta de camas, del horror del entubamiento, de cómo se viene la mano.

Ganas de llorar.

2 de abril, viernes

Viernes Santo.

El día y el clima acompañaron. Quietud y más quietud. Osamentas, lápidas. No se mueve una sola hoja.

Nos juntamos las hermanas en torno a *La Pasión según San Mateo*. Lo hicimos en la terraza, escuchar a Bach al aire libre. Sus palabras en el texto —aparte del Evangelio literal— me hicieron pensar en cómo amaba Bach a Jesús.

Qué asombroso el fenómeno de la fe.

211

4 de abril, domingo

La *Eneida* fue escrita por Virgilio.
La *Eneida* fue escrita por Virgilio.
¿Cómo pretendo escribir si olvido las palabras? Hace días que el nombre de Virgilio se me escapa (entre varios otros). A veces voy al inglés, a la app de Word Reference, y al traducirlas por fin las retengo.
Se ha publicado mucho sobre los efectos de esta peste en el cerebro. *Brain fog*. El planeta entero la sufre. La desconcentración es democrática: afecta a todos por igual. Leo a Zambra y su *Poeta chileno*. Burlo la pandemia siendo capaz de leer dos horas seguidas. Pero me aturde la palabra olvidada.

5 de abril, lunes

Llegó la noche y son solo las siete. El horario de invierno acaba con las tardes plácidas e iluminadas. Me dediqué al jardín, combatí malezas, las arranqué como si fueran mis enemigas acérrimas. Revisé planta por planta y de repente encontré una con hojas gruesas y brillantes. Por su olor comprendí que era un boldo. Adoro ese árbol, toda mi infancia fue trepada arriba de ellos; sin embargo, traje uno a Mallarauco y lo olvidé (lo que prueba que el amor también miente). Me lo regaló mi peluquero, con quien comparto estas aficiones. Pero lo planté y no pensé más en él.
Inexplicable.
Mi pobre árbol.

6 de abril, martes

Desde el campo —previo permiso de la Comisaría Virtual— directo a Santiago, a la Clínica Santa María. Escáner. Luego taxi al Parque Forestal, no tomaba uno desde iniciada la pandemia y la cercanía del chofer me inquietaba. Por fin en la tarde tuve los resultados: episodio agudo de diverticulitis. Reposo. Dieta. Futuros exámenes que no me haré. Doy por superado este trance.

La total cuarentena transforma el parque en una acogedora arboleda silenciosa. Me vuelvo a preguntar cuál es de verdad mi «hogar» y no lo sé.

Embelesada por el placer que este lugar me produce y por dormirme en la Tierra del Fuego de la mano de Coloane.

8 de abril, jueves

Leer cada día el Evangelio y ver las noticias en TV me confirma lo lineal que es el ser humano y cómo la violencia es constitutiva suya desde que el mundo es mundo.

Ante la falta de contacto físico, se chatea (muchos hacen Zoom, yo no). Hay que cuidarse más cuando la comunicación es solo escrita. Las palabras permanecen. Hoy pisé aguas pantanosas y quedé conmocionada con mi audacia.

10 de abril, sábado

«*Mixing memory and desire*», como diría T.S. Eliot («mezclando memoria y deseo»).

12 de abril, lunes

Antihedonia se llama. No, no es una diosa secundaria arrojada a la tierra desde el Olimpo. Es un desasosiego que resulta del estrés prolongado e imprevisible y que nos roba la capacidad de encontrar satisfacción en lo que hacemos.

13 de abril, martes

Escucho algunas explicaciones de corrupción de nuestras autoridades y respondo: ya nada me asombra. Pero es mentira. Todo sigue asombrando. Desde el olor de los naranjos a la monstruosidad de este gobierno de no salvar a los más pobres. Nos enojamos. Nos indignamos. Porque estamos vivos. Porque también gozamos en medio del espanto.

Retomo mis caminatas. Los perros, contentos de volver a salir conmigo. Huelo. Huelo mucho. Para eso es el campo. Extiendo los brazos. Con los audífonos pegados a los oídos, atrapo los momentos de alegría de los que hablaba Hesse.

14 de abril, miércoles

Día de tristeza. Murió mi amiga Tati Pena. Mil veces pensé escribirle para saber cómo iba su pandemia y no llegué a hacerlo, como tantas otras cosas. No podemos despedirnos de ella, una vez más sin el cierre necesario, sin poder enterrar a nuestros muertos. La pandemia no solo cancela el futuro, nos arruina el pasado.

La partida de la Tati me obliga a pensar que *hoy* es todo lo que tenemos, lo que deseemos realizar debemos hacerlo ya. No cabe la postergación. Me preguntan qué quiero hacer que no haya hecho. No lo sé. Soy la menos indicada para quejarme: he criado mis deseos. Permanecen algunas fantasías, como arrendar un lugar en Hôi-An, desaparecer en alguna de esas antiguas construcciones al borde del agua y soltarme las trenzas.

Doy vueltas por el jardín, camino recolectando recuerdos de la Tati. Me hace feliz haberla visitado antes de que el mundo se descontrolara.

Viene la Sol con su copa de vino blanco en la mano y yo preparo mi vodka. Como siempre, logramos terminar en la risa.

Cómo nos ronda la muerte. Pena y más pena.

15 de abril, jueves

La vida también es doméstica. Repongo la juguera y los sartenes y me siento espléndida por hacerlo. Pago los impuestos (enormes). Las contribuciones (también). Todo esto es parte de la vida y no se alude a ello. Mis conversaciones con el banco y con el contador no se mencionan en estos cuadernos, como si la vida fuera abstracta. No soy una monja de clausura que nunca ha pagado una cuenta.

Y me aburre preparar la comida cada día y lavar los platos, hacer la cama, limpiar la arena del gato, escobillar los cojines con pelos de perro, etc., etc.

Los etcéteras son largos.

16 de abril, viernes

Cuelgo otra medalla y otra más en mi chaqueta de la pena. Uniforme de cualquier guerra.

Como diría Sor Juana:

Que si son penas las culpas
Que no sean culpas las penas.

17 de abril, sábado

> *Murió una mujer famosa... negando*
> *sus heridas*
> *negando*
> *que sus heridas provinieran de la misma*
> *fuente de su poder.*

Esto escribió Adrienne Rich a propósito de Marie Curie, que nunca admitió haberse muerto de radiación.

Vi la película *Marie Curie* —la misma directora de *Persépolis*, una grande—. Me sorprendieron muchas cosas que desconocía de su biografía. Por ejemplo, la dependencia hacia su marido. Incluso ella. ¿Qué le queda, entonces, a las demás?

19 de abril, lunes

Fue un día agitado, como puede agitarse una jornada de cuarentena en el campo.

Celebramos un cumpleaños más. Este le tocó a la N. Sushi, torta, champagne, puros lujos. Cómo no, si existir es un lujo hoy. Terminamos cantando canciones de la infancia y recitando «Ballad for Reading Gaol». Formas de hacernos felices.

El cielo es presuntuoso. ¿Por qué no nos quedamos en la tierra mejor?

20 de abril, martes

Este país va a arder.
Atemorizada.

21 de abril, miércoles

A estas alturas creo más en el conductismo que en el sicoanálisis. Se es dueña de las acciones, no de los sentires.

Llega mi nieto Marcel con su carita llena de ronchas. Su piel de porcelana interrumpida por pequeños círculos rojos. Si yo fuera zancudo, también te picaría, le digo, por lo rico que eres.

Los sueños serán los diarios de vida de la noche.

En alemán *dream* se dice *traum*. ¿Trauma/sueño?

22 de abril, jueves

Sorprendente constatar que las vendas en los ojos se las ha colocado una misma y no un cirujano caído del cielo. De repente, elementos externos las remueven y el pino que juraste verde es celeste y las estrellas amarillas terminaron siendo rojas. ¿Por qué te quedaste fija en los colores obvios?

23 de abril, viernes

Era tan rico tener poder sobre alguien.

No es rico que alguien tenga poder sobre ti.

Son malos tiempos, ¿verdad? Eran mejores cuando buscaba las delicias. Pero como bien me dice A, las delicias y el asombro están entrelazadas. Una te puede llevar a la otra, a veces.

«De ti hacia ti huiré».

24 de abril, sábado

Marco Aurelio, en sus *Meditaciones*, nos reta a no pedir lo imposible. Habrá siempre gente desconfiable en el mundo:

cuando lo que obtenemos no son nuestras expectativas, consolémonos, ocurrirá y volverá a ocurrir. Nos pide recordar que habrá esa gente y como es inevitable, seremos amables con ellos pues la naturaleza nos ha dado la capacidad de lidiar con cualquier ofensa.

(Extrañeza mía).

Un hombre justo, Marco Aurelio.

25 de abril, domingo

«...como si estuviese vendando un cuerpo dolorido, calmando un alma exhausta».

Leo a Amos Oz. Recuerdo nuestro encuentro en Mantova, aquellos días alegres de festival, nuestras largas conversaciones, el sionismo, el Israel previo al 49, cuando sus compañeros de curso y de juegos eran árabes y no había disputa. Y recuerdo una noche en que, dentro de una especie de bóveda de una construcción renacentista, mientras mirábamos un espectáculo en la plaza, me dictaba unas frases sobre el tema del fanatismo que, con su permiso, incluí en una novela.

26 de abril, lunes

Vienes del campo y de la carretera, sales del túnel de Costanera Norte y sin respiro ni aviso te encuentras con la miseria extendida en esos paños de las veredas, repletos de objetos —ínfimos e indescifrables— desparramados para la venta. Hace mucho que no ves tantas personas al mismo tiempo, la aglomeración te conmociona, no distingues bien si son vendedores o compradores y aunque usan mascarillas te espanta la proximidad de unos con otros. La vaciedad del campo y estas calles abarrotadas pertenecen al mismo país, a una hora de distancia cada punto. No necesitas bajarte del auto para oler la pobreza.

Olvidando todo aquello, bailo «The Visit» de Loreena McKennitt de noche frente a mis araucarias.

27 de abril, martes

R me cuenta que fue a la Plaza de Armas y se sentó a mirar a la gente. La gente está fea. Se olfatea la pandemia. Nadie usa zapatos, solo chalas con calcetines. (¿Cuánta energía requiere calzarse?) Las mujeres, aparte de gordas —la actual corrección política prohíbe referirse a eso—, todas con el pelo a medio teñir, mitad negro/mitad gris, o mitad rubio/mitad café, grescas que caen sin corte ni cuidado. Chalecos grandes y gruesos que esconden la parte superior del pijama. Nadie pareciera haber tomado sol en el último tiempo —ni una pizca—, rostros que gritan por unas vitaminas.

Así es la cosa.

Sin embargo, yo vine a Santiago y me vestí, incluso me maquillé levemente.

Atónita de haber hecho el esfuerzo.

28 de abril, miércoles

Los Ravotril —preciosos ellos— no sirven para la tristeza. El duelo, por ejemplo, activa la congoja, el desconsuelo de la pérdida. La angustia, en cambio, corroe. Como un óxido. Cada uno taladra para martillar la herrumbre en los rincones, horada, arruina todo. La alegría trata de filtrarse pero, carcomidos todos sus ángulos, no encuentra espacio.

Cortázar, con una frase triste: «Todavía hay tiempo para imaginar cualquier cosa, para creer que aparecerás en cualquier instante. Para incluso creer que me buscas».

30 de abril, viernes

El estupor y el asombro. Si no son primos, son buenos amigos. El estupor del herido, el que aún ignora su herida y continúa, avanza. Con los ojos muy abiertos. Hasta que no. Y cae.

Cuando termine esta pandemia debería venir una resurrección. ¿Cómo resucitará cada uno? Se me ocurren resurrecciones para todos menos para mí. ¿Italia? Sería momentáneo, puntual. Ya no hay largos plazos en la línea recta que me espera, si es que es recta —una perpendicular podría interrumpirla. Vamos por ella, entonces. Démosle en la cara al deterioro y al cansancio.

Aterrada y disociada.

1 de mayo, sábado

Día de los Trabajadores.

Tantos primeros de mayo en la dictadura. Nos perseguían los pacos, corríamos, nos mojaban, nos tiraban bombas lacrimógenas, apaleaban a nuestros amigos, pero nunca dejamos de asistir. Hasta el día de hoy, me congelo cuando veo a las Fuerzas Especiales, como si el miedo de entonces hubiese quedado intacto.

Este día me recordará siempre a la Lotty.

3 de mayo, lunes

La palabra asombro viene de la sombra. Los caballos temen a su propia sombra (algunos humanos también), se espantan con facilidad, a pesar de ser recios y espléndidos. El mío no resistió el sonido de una botella con gas que se abría cerca de sus orejas, se encabritó, me quebré las manos al caer.

Cabalgar.

Otra más de las carencias.

Conseguí las llaves y abrimos el portón del predio del fondo, más allá de un camino de polvo, uno que siendo nuestro, yo no conocía. Es un bosque, un verdadero bosque de naranjos enormes, altos, apretados, fértiles, uno junto a otro sin filas ni camellones como en el resto del huerto. Caminé por una tierra propia que no conocía. Me avergüenzo.

La pereza tiene todos los títulos para ser pecado capital.

4 de mayo, martes

Es bonito el modo de decirlo de Frida Kahlo: parte de madurar es «olvidar despacito».

Ya no me caben los recuerdos, la cabeza les quedó chica y se rebalsaron. Volando, evaporados como el agua que hierve en una olla pequeña, se desliza por los bordes, moja y desaparece. No hay forma de traerlos de vuelta. ¿Dónde dormí en Bangkok? Recuerdo los días con claridad prístina, pero no tuvieron noche. ¿Cómo era el aeropuerto de Beirut? No recuerdo ni haberlo pisado, sin embargo, llegué por aire desde Jordania. ¿Cómo conocí a HL, cómo empezó mi romance con él? No tengo idea. Negro, todo en negro.

Demasiada vida, demasiados movimientos. Y algunos se niegan a aflorar desde el cerebro. No sé si de verdad importa. No cambia mi presente saber o no dónde dormí en Tailandia.

Pero igual me apabulla, cerebro de mierda.

5 de mayo, miércoles

Hace días que vivo en un martes permanente. Días y días que aseguro estar en martes, una semana compuesta solo por días martes.

Pandemia en la cabeza.

El martes es verde.

El lunes es gris, con algo de blanco, como si fuera una punta de cordillera.

El miércoles es celeste pálido.

El jueves es definitivamente café.

El viernes, negro.

El sábado, rojo, no un rojo escandaloso, más bien como una sandía.

El domingo es y será amarillo, como el oro.

6 de mayo, jueves

Frente al fuego, llamaradas voluptuosas, exuberantes. Las noches han enfriado. Cada tarde aparecen, junto a los tiuques, unas nubes negras y amenazantes, pero no llegan a puerto. Qué sed tendrá la tierra. Cómo se venga de nosotros, sus depredadores.

Angustiada por la política chilena. Por las candidaturas, las deslealtades, la profunda división. A veces llega a dolerme. Como si nuestro fracaso estuviese escrito en piedra. Pobre país mío. Dentro de nueve días tendremos elecciones. Estamos todos tan vulnerables, cada día un abuso nuevo. Y aun así no somos capaces de ponernos de acuerdo.

7 de mayo, viernes

Hoy nació Brahms. Es un hombre que me ha hecho feliz, debiera celebrar su cumpleaños.

Recojo esta afirmación de Hemingway en *Por quién doblan las campanas*: «No te engañes acerca del amor que sientas por alguien (...) Aunque no dure más que hoy y una parte de mañana, o aunque dure toda la vida, es la cosa más importante que puede sucederle a un ser humano».

La cosa más importante.

Pero la verdad es que nada importa mucho. Un cohete chino caerá sobre la tierra este fin de semana y dice la prensa que una probabilidad es que caiga en Chile.

Sobre mi cabeza.

8 de mayo, sábado

Javiera Carrera debió bañarse en la tina de mi baño. Es honda, muy honda, ovalada, de latón y madera y con patas de león. A su lado coloqué una pequeña silla antigua y bajita que era de mi madre y allí me instalo a prepararle una tina a Marcel. Hay algo de maravilla en alistar un baño tibio para un niño, mirar cómo el agua va acumulándose tan cristalina, el sonido del chorro desde la llave de fierro.

Cuando era chica, mis momentos favoritos eran en el baño de mi madre, la tina llenándose y el cálifont echando fuego y luz (en esos tiempos se instalaban adentro). Entonces yo me disociaba y me transformaba en mis personajes. Era dueña de un mundo imaginario y paralelo. Se trataba de cuatro amigas (como en mi primera novela) y sus cuatro novios. Yo interpretaba todos los papeles, esto sucedía en soledad. Los diálogos eran largos, pasaban muchas cosas. Cada vez que me encontraba a solas, como en aquel baño con esa tina, me transformaba en ellas. Cada una tenía su personalidad. Los novios eran secundarios. A medida que fui creciendo —manteniendo siempre a los mismos personajes— fui necesitando imágenes. Hice enormes álbumes usando la parte blanca de la hoja de unos informes que le llegaban a mi padre de una fábrica textil de Tomé. Como necesitaba muchas imágenes para cubrir distintas circunstancias, acudí a las estrellas de cine, cuyas fotografías era tan fácil encontrar. La revista *Ecran* era mi paraíso. Las recortaba. Incluso armaba collages superponiendo sus caras a cuerpos de modelos. Elegí a Claudia Cardinale como la protagonista, ya que entonces me encontraban parecida a ella. Otra era la Brigitte Bardot, tan fácil encontrar fotos suyas. La tercera era Audrey Hepburn y la cuarta se me olvidó. Todo sucedía, por supuesto, en inglés. Mis amigas —amorosas ellas— también recortaban para mí y me enviaban las fotos por correo a Los Remolinos. Inventar personajes y recortar.

¿Qué habrá pasado con esos álbumes?

10 de mayo, lunes

Pasé la tarde bajo los paltos más altos con Marcel construyendo guaridas con todos los palos que encontramos. Solo falta que el niño ordeñe una vaca (pero no hay vacas en este terreno productivo). Mientras él escarba montoncitos de tierra, concluyo que quizás he encontrado el significado de la palabra serenidad: cerrar puertas a las expectativas. La no/espera anula la ansiedad. Entonces lo que llega es un regalo.

11 de mayo, martes

Porque hubo que limpiar el fondo del hervidor eléctrico, rescaté del estante de la cocina la vieja tetera, artefacto lindísimo y anticuado que ya no se usa en esta casa. Puse agua a hervir. Tardaba. Y tardaba. Empecé a impacientarme. La observaba, apurándola. De repente tomé distancia y me miré: el apuro interno, la exigencia de inmediatez de la acción, la falta de freno. Los hervidores eléctricos no existían hace veinte años, la tetera calentó el agua desde mi nacimiento. Y desde el de mi madre y el de mi abuela.

El sentido del tiempo totalmente deshumanizado (¿o descontrolado?).

13 de mayo, jueves

El colon. El puto colon. Me extraña que no se haya hablado, escrito o analizado con más profundidad el papel que juega la digestión en el ánimo de los mortales. Al final lo es todo, el gran regulador. Una falla digestiva contamina el pensamiento. Aplasta el entusiasmo. Vuelve el día monotemático.

Cero templanza frente al dolor físico: tengo terror de enfermarme de nuevo. ¿Por dónde me llegará el golpe final? Si pudiese elegir, el aneurisma es el preferido. Estar en la mitad de una frase y de repente nada, ya es el fin. Te ahorras la agonía y a los demás la molestia. Pienso en la Lotty y la Margarita y en sus largos sufrimientos.

Cuán traidor es el cuerpo. Ha sido nuestro acompañante la vida entera y en un tris nos da la espalda.

14 de mayo, viernes

Por favor, Tlaloc, mójanos un poco la tierra.

He cruzado del campo a la ciudad y todo yace seco, seco como la buena leña, como los cuerpos ancianos.

15 de mayo, sábado

Elecciones.

Existe un trasiego virtuoso entre la lectura de libros y la lectura de lo social, opina Pedro Gandolfo, y estoy muy de acuerdo.

Vengo de votar. Orgullosa y emocionada. La dictadura nos privó dieciséis años de esta acción. Como para mi abuela, mi madre y toda la familia, las elecciones son para mí una fiesta. Una se prepara, se arregla. Mi abuela esperaba con media hora de anticipación en la vereda que la pasaran a buscar para ir a votar. Mi madre ya casi no podía caminar y partía igual, colgada de un yerno o un nieto. Y este país, así como es bueno para las vacunas, lo es para las elecciones, dos actividades cien por ciento democráticas. A veces Chile me maravilla.

Fui muy transversal. Voté desde la Democracia Cristiana al Partido Comunista.

Seguimos mañana.

16 de mayo, domingo

17:53. Faltan siete minutos para el cierre de las mesas. La tensión atraviesa el país como una lanza envenenada. Me interrumpo: tocan el timbre, empiezan los conteos.

Noche. Sigo mirando la TV como una enajenada. Muero de cansancio, pero no logro desenchufarme. Han sido tan sorprendentes los resultados que es difícil decantarlos.

Le volamos las plumas a la derecha.

Bienaventurados seamos.

17 de mayo, lunes

Abrir los ojos y sorprenderse. El asombro se tiñe de franca felicidad: lo que ocurrió ayer es cierto. La derecha fue estrepitosamente derrotada, no habrá perros guardianes en nuestra nueva Constitución articulándose para que nada cambie.

La sorpresa es la invitada central de esta fiesta. Cada uno debe sacudírsela y acatar lo sucedido, ya sea sufriendo o celebrando.

Hoy Gabriel juntó las treinta mil firmas para poder postular a la Presidencia de la República. Con los nuevos resultados, pienso por primera vez que podría ganar. Pero me resulta difícil imaginar a alguien tan cercano en ese cargo.

19 de mayo, miércoles

Por supuesto, los muertos del conflicto son palestinos, cómo no. Los israelitas se las arreglan para no morir ellos. Los cohetes explotando en la Franja de Gaza son intolerables para la vista y la moral.

A las doce de la noche se cerraba la inscripción para las primarias presidenciales. Durante algunas horas la izquierda de este país vivió el paraíso político: la unidad. Pacto entre la izquierda de la ex Concertación con el Frente Amplio y el Partido Comunista. Al anochecer el pacto se cayó. Los puristas de siempre aplicaron vetos y los socialistas se retiraron indignados.

20 de mayo, jueves

Tlaloc me respondió.

Por fin una lluvia.

En el campo, escena idílica: Pamuk en mi falda, los perros a mis pies y el sonido de la lluvia. Todo enmarcado en este silencio que aprecio como pocas cosas en el mundo. No quiero música. *The sound of silence.*

Una cita de Borges ad hoc para hoy: «Así fueron muriendo los días y con los días los años, pero algo parecido a la felicidad ocurrió una mañana. Llovió, con lentitud poderosa».

21 de mayo, viernes

Escampó.

Y el campo amaneció mojado y radiante.

Anuncian esta noche como la más fría del año. Son los momentos en que una se pregunta, como Bukowski, por el estar sola. «Y cuando nadie te despierta por la mañana, y cuando nadie te espera en la noche, y cuando puedes hacer lo que quieras. ¿Cómo lo llamas? ¿Libertad o soledad?».

Yo agregaría: y cuando la noche es tan fría y la cama helada.

22 de mayo, sábado

El hombre está descalzo, viste de algodón blanco con un chaleco sin mangas, un pequeño gorro le tapa la punta de la cabeza y le cuelga una barba entrecana un poco desordenada. Deduzco por su aspecto que es musulmán. Se sienta en una silla negra en medio de un puesto de sandías. Con las manos entrelazadas y la mirada lejana pero no perdida, consecuente con la placidez que emana, todo inspira paz, tanto su cuerpo como el lugar en que se instala.

Son al menos mil las sandías que lo rodean, muchas, muchas sandías. Se apilan según sus colores: como el pepino, algunas de piel verde oscura, otras con rayas negras sobre el verde manzana y las últimas, de un verde claro luminoso. Da la impresión de que la temperatura lo acompaña, ni fría ni calurosa. No se ven compradores cerca, bien podría estar en medio de un camino o en la mitad del desierto, pero eso no lo altera.

Pienso: esta es la serenidad.

Quiero hacer su trabajo.

Quiero ser él.

23 de mayo, domingo

Como lavado a mano amaneció el campo.

Hoy aprendí que «petricor» es el término que define el olor de la lluvia sobre suelos secos. El olor de la tierra mojada. En la mitología griega el «icor» es la esencia que corre por las venas de los dioses en lugar de sangre.

Permanecería estática frente a los naranjos, estacionada allí sin movimiento alguno. Ser una pintura de Hopper y congelarse en el tiempo.

Un mal día para dejar el valle. Igual, lo dejo.

25 de mayo, martes

Es absurdo que cada día deba explicar lo que me asombra. Muchos verbos en la mente pueden sustituirlo, no es ese el problema, sino sentirme obligada a especificarlo cuando alguien con mi curiosidad se asombra varias veces al día. Como decía un poeta: *End in an image and do not explain it* («finaliza en una imagen y no la expliques»).

27 de mayo, jueves

Observo una pintura de Jeffrey T. Larson, artista norteamericano que recién conozco. Es un bodegón, lo cual me apasiona. Recuerdo aquellos tiempos del postestructuralismo cuando debíamos disimular el amor por la pintura,

¡qué tiranía! Algunos considerarán un bodegón como algo solo decorativo. No. Aquí miro una pequeña fuente de vidrio —transparente— que contiene leche con frutos de mora. Detrás, una caja de cartón chiquita casi vaciada, con algunas moras que aún no llegan al plato. Solo una fruta aislada, a distancia, quedó arriba de la mesa.

La mora me es querida y cercana por mi crianza en Los Remolinos. Como buen campo de rulo, los arbustos se encontraban por todos lados. Cuando no comíamos directo de la mata, íbamos con canastos a recogerlas y en la gran cocina de adobe se instalaban aquellas ollas negras enormes y se hacía dulce de mora para todo el año. Las únicas veces en mi infancia que vi a mi madre en la cocina fue cuando revolvía estas ollas.

Los bodegones me dan paz. Transmiten una serenidad escasa. Centran y obligan a mirar lo que quizás pasarías por alto si la tela no lo hubiese recogido. Te regalan una realidad nueva.

28 de mayo, viernes

La gran Roser Bru ha partido. Fui al Museo de Bellas Artes a darle mi despedida. En la sala inmensa de abajo: el ataúd lleno de flores, ella dentro sujetando en sus manos un pincel y un tubo de oleo usado y una fotografía suya en un caballete. Nada más. El vacío de esa sala la resaltaba y honraba. Sonaba música de Serrat y de Jacques Brel. Pensé en la Lotty con insistencia. Habríamos ido juntas al museo, habríamos mirado a la Roser con amor, habríamos comentado la cantidad de mujeres regias y empoderadas a nuestro lado, habríamos pensado en nuestras muertes.

Ni siquiera un velorio para la Lotty.

29 de mayo, sábado

Cuarentena total. La ciudad calladita.

Amanecí recordando cuando la Roser me consideró una loca por vivir en casas separadas con mi pareja, me advirtió que en la vejez se necesitaba aquella compañía. Qué ganas de ir a contarle que se equivocaba.

Almuerzo y larga tarde con la N, segunda vez que nos vemos durante la pandemia. La dejé en la puerta con el alma tibia. No es banal poder conversar así con otro ser humano.

30 de mayo, domingo

China detectó al primer humano en el mundo que ha contraído la gripe aviar. El iceberg más grande del planeta se desprende de la Antártica, más de cuatro mil kilómetros.

¿Sigo?

A escribe un artículo sobre el «Síndrome de la Resignación». Así lo llamaron en Suecia. Se trata de una patología que afecta a los niños —solo a niños— parecida a la de la Bella Durmiente. Caen en abulia, luego letargo y terminan catatónicos. Entonces duermen, duermen meses o años. Solo les sucede a los emigrantes. No es un virus, no es un problema genético. Es una reacción al dolor.

El monstruo no tiene límites.

31 de mayo, lunes

Terminé *The Art of Death*. Qué gran escritora es Edwidge Danticat. Generosa, honesta. Varias de sus reflexiones me resonaron, las mismas mías cuando escribía *El manto*. Si no cruzáramos momentos tan politizados como el actual, mis lecturas serían más prolíficas. Pero me dejo tentar por los foros de TV, los artículos de prensa, las copuchas de Twitter. Tantas campañas simultáneas. Las presidenciales están ahí, al alcance de la mano.

A partir de hoy dejaré de comer. No me soporto. La autoestima baja con el sobrepeso. No me puedo imaginar a una persona interesante con grasa en el cuerpo. Aunque resulte cultural, es. Pondré toda mi voluntad al servicio de esta causa.

1 de junio, martes

Miraba a un par de diputados en CNN que participaban de una conversación vía Zoom desde sus casas. La pandemia ha cambiado la fisonomía de la vida pública. Ahora nosotros —los televidentes— irrumpimos en la privacidad de los personajes célebres y nos dan atisbos de su forma de vida, de sus casas, de sus muros. No faltan los pedantes que aprovechan para lucir sus bibliotecas, convencidos de que eso los prestigia. También aparecen los más modestos, tras ellos una simple mesa con un ramo de flores. Pienso en las manos que arreglaron esas flores, dónde las consiguieron, por qué eligieron ese florero. Y concluyo que el Zoom, con todo lo cargante que es, humaniza. Muchas veces se ha cruzado un niño por la pantalla, o un gato o un perro. (Recuerdo cuando CNN Íntimo me hizo una entrevista en Mallarauco: mis perros se echaron a dormir frente a las cámaras y no hubo quien los moviera). Entonces los entrevistados pierden esa pátina neutra de los estudios de TV y se tornan más vulnerables. Es probable que si entráramos a cada una de esas casas, conectaríamos con ellos. Recogeríamos detalles de sus vidas, su mesa, su estante, su ramo de flores, y nos igualaríamos.

2 de junio, miércoles

Este poema de la Plath.

*Deberíamos
reencontrarnos en otra
vida.
Reencontrarnos en el
Aire.
Tú y yo.*

3 de junio, jueves

El amor en una pareja establecida me llena de sospechas. El instinto me dice que no, que el amor no es eso. Creo en el amor solo cuando es una maldición o un absurdo o una historia corta. Debiera decir: creo en la pasión. Claro que creo en la pasión. Y unas escalas más abajo, en el afecto. Pero ¿el amor? Es una pitanza que conforma y conforta por un rato, un refugio pasajero, un albergue de días contados.

Creo en la estupidez y en el pecado. En la furia volcánica y en la locura.

Asombroso, alguna vez creí en el amor. El tiempo te ofrece mucho cinismo.

4 de junio, viernes

El amor es común. Lo interesante es cómo reacciona la persona común a lo no-común, a lo extraordinario. Cuando «un poderoso fuego es solo la continuación de una pequeña chispa», como dijo Dante.

¿Llegaste al fuego?

¿Fuiste capaz?

Aquella pequeña chispa es perfectamente ordinaria. No así el poderoso fuego.

5 de junio, sábado

Cometí cuatro delitos contra el Ministerio de Salud saliendo hoy a almorzar al Arrayán. No me importó nada. Nos tiene exhaustos esta pandemia.

Leo a David Grossman. Podría leer eternamente a David Grossman. Me entero por su última novela de que en la ex-Yugoslavia Tito armó campos de concentración para los estalinistas. Dañar con las armas del enemigo, lo mismo que hace hoy Israel. Supongo que Grossman —pacifista y pro Estado de Palestina— lo ha pensado.

La historia nunca deja de abismar.

6 de junio, domingo

El tiempo odia al hombre, dice el protagonista de Grossman mientras se mira en el espejo.

Odia aún más a las mujeres.

8 de junio, martes

«Cuerpo de la petición inválido», dice la pantalla cuando trato de hacer un trámite online.

Cuerpo

De la Petición

Inválido

9 de junio, miércoles

Hoy aprendí una palabra nueva: asíntota. Cosa que se desea y que se acerca de manera constante pero que nunca llega a cumplirse.

Vuelvo a los griegos.

10 de junio, jueves

¿Alguna vez viajamos y tomamos aviones? Qué idea lejana. Hasta parece insensata.

Confinaron a toda la Región Metropolitana.

«Incluso la herida se cansó y se cerró», escribió Kafka.

11 de junio, viernes

Cuerpo, háblame, por favor. Reacciona. Empleo toda mi voluntad en cuidarte, en llevarte al cauce que fue tuyo. ¿Así me respondes? Es inútil insultarte, debo cargar contigo igual.

Pienso en Ovidio y en los cuerpos metamorfoseados.

13 de junio, domingo

Otra vez a las urnas. Alguien decía que este año había votado más veces que tenido sexo. Hoy, gobernadores. Ganó la Democracia Cristiana, perdió por muy poco el Frente Amplio, solo por haber llevado una pésima candidata. Me sorprende ver cómo avanza la izquierda más radical, hace un par de años no lo habríamos soñado. Lo más interesante fue el desplome de la derecha: de los dieciséis gobernadores, eligieron solo uno.

Me impresiona ver de nuevo a Chile convertido en un país de tres tercios como lo fue en mi juventud y tan largamente antes de eso. La Concertación logró evitarlo por treinta años. Me apena que los socialistas queden al centro, es difícil pensar en una izquierda seria sin ellos.

El más cuerdo hoy ha sido Gabriel Boric. Sus declaraciones y análisis hablan de un político de ligas mayores. Ese hombre sí es asombroso.

14 de junio, lunes

Niebla y frío en este campo y la lluvia se niega a caer. Mientras en el sur diluvia, declaran la zona central en sequía. Los dramas cotidianos derivados del cambio climático son terroríficos. Imagino cómo sería esta tierra hace cien años, qué grandemente hermosa se habrá visto. La contaminación y las inmobiliarias son nuestras grandes enemigas.

Qué paisaje maltrecho el nuestro. Tanta codicia.

15 de junio, martes

Mi perro Peter Pan tiene ojos de cuesco de níspero, el mismo brillo y color. La Banana los tiene de emperatriz egipcia, sus perfectas rayas negras pintadas se alargan hasta sus costados. Me hace recordar mis viajes a países de Oriente persiguiendo el *kohl* con la esperanza de convertirme en Nefertiti (versión Cecil B. de Mille) para luego abandonarlo en Santiago.

Hoy mi hermana Margarita habría cumplido setenta y un años. La celebramos igual.

Mis muertos no se mueren nunca. Son porfiados.

16 de junio, miércoles

Así como existe el termómetro para medir la temperatura, debiera haber un instrumento que, tocándote el cuerpo con sutileza, midiera los niveles de vulnerabilidad. Solo del momento. Hoy, el mío estaría al rojo vivo.

Salí a caminar y de repente cruzaron el cielo unas pinceladas doradas. Las palabras son malas para describir ciertos colores: digo dorado, pero también contenía un cierto rosado y un poco de amarillo. Nada de negro. El pincel parecía abarrotado de tinta y reunió en círculos todo lo sobrante, como un Van Gogh irritado. Eran manchas arbitrarias, seleccionadas sin rigor, cubriendo solo un trozo en medio del espacio. Abajo, el verde, ese verde mío.

17 de junio, jueves

A propósito de *Cien años de soledad*.

Mi abuela no solo era muy beata, además era francófila. Leía mucho y sus libros —siempre en francés— eran pequeños, de tapa dura, como impresos decimonónicos, a mi parecer, terriblemente aburridos. Al final de sus años, sus hijas —mis tías— decidieron que estaba muy alicaída y que debían inyectarle una fuerte dosis de adrenalina. La fueron a visitar llevándole un ejemplar de *Cien años de soledad*. La mayor, la tía Blanca, miró a sus hermanas y con voz severa les dijo:

—Si no reacciona con esto, está todo perdido.

¡Todo perdido! García Márquez para una vieja que entre rosario y rosario leía a Montaigne.

Había recién cumplido yo los dieciséis años cuando un día llegó mi padre —quien me proveía de lecturas— con un libro nuevo que lo tenía excitado. Me lo entregó y yo de inmediato me encerré con él en mi pieza. A las quince páginas, salí a buscarlo y lo enrostré, enojada: ¿te estás riendo de mí? Mi padre, desconcertado, preguntó de qué se trataba. Este libro, exclamé, ¡supongo que es una broma! Era *Cien años de soledad*.

De estas dos historias, solo se salva la tía Blanca.

18 de junio, viernes

«*Only connect*», propone E.M. Forster.
«*Only we can't*», responde el analista.

19 de junio, sábado

La descubrí en una librería de La Habana, en una paupérrima edición de tapa blanda con una portada de esas dibujadas a mano con mujeres de pelo largo, pestañas extraordinarias y flores alrededor, la cursilería hecha carne. Como si se tratase de una novela de Corín Tellado. Alcancé a leer un solo poema y comprendí que la edición no tenía ninguna relación con el contenido. Estaba frente a algo grande. Miré los datos de la autora y vi que había sido ganadora del Premio Cervantes. Nunca la había oído nombrar: Dulce María Loynaz. Por supuesto, compré el libro, a un precio irrisorio, y hoy no lo guardo en el estante grande de la poesía sino en mi dormitorio, junto a Blanca Varela y Elvira Hernández.

Qué desafortunada puede ser una representación equivocada. ¿Quién sino una idiota se va a detener en esos libros que los misóginos tildan de «femeninos», ilustrados con espíritu de romanticismo demodé, con trazos vaporosos, colores pasteles y siempre al centro un rostro de mujer con pómulos rosados? Si busco un opuesto, elegiría una pintura de Rothko.

Si me quieres, no me recortes:
¡Quiéreme toda... O no me quieras!.

Esa es ella.

20 de junio, domingo

Quisiera ser un árbol. Una araucaria o un ciprés. Quisiera ramificar el cuerpo y la carne.

«El cuerpo humano está organizado para producir tristeza. Lo que no nos gusta nos puede lastimar. Lo que se siente bien puede ser veneno», dice Mark Fisher. Él se suicidó el 2017. Así como Canetti con la muerte, él era un obsesionado con el capitalismo, sabiendo —también como Canetti— que era invencible.

21 de junio, lunes

Solsticio de invierno.

Lo han decretado feriado para festejar a los pueblos originarios. Cambio de ciclo.

Ya dormí la noche más larga del año.

Con mis propias manos logré encender un fuego a partir de unas pocas brasas y quedé orgullosa. ¿Por qué en mi infancia nadie me enseñó que algún día tendría que hacerme cargo de mí misma?

Murió Juan Forn. Me impresionó —nunca lo conocí—, como cada vez que muere un escritor. Dejó de publicar hace un buen tiempo, se fue a vivir a una playa y su actividad era escribir un artículo (no sé si semanal o quincenal) en una revista literaria argentina. Declaró: «Yo me fui siempre de todo. Dejé todo arriba; me fui de la fiesta cuando estaba arriba».

241

22 de junio, martes

Leo a Rebecca Solnit. Solo había leído extractos de su obra, ahora tomo un libro de ella por primera vez: *Recuerdos de mi inexistencia*. Ha sobrepasado mis expectativas. Aunque trata temas delicados, no lo hace con pedantería, como la Sontag, ni habla en difícil. Se somete a sí misma y a su propia experiencia —nunca en abstracto— para llegar a conclusiones complejas. Lo hace con cercanía, es una escritora amable.

Aunque sepa de memoria lo difícil que es ser mujer, vuelve a impresionarme cuando una buena escritora me lo cuenta. Vuelvo a indignarme. A sufrir.

Asombroso mi género.

23 de junio, miércoles

Como se atraviesa una ola en el mar, así debiéramos cruzar las cadenas interiores. La fuerza del mar asusta, nunca es un espacio conocido, confiable, dos muertos me ha dejado, someterse es aterrante. Pero a fin de cuentas es un problema de voluntad. ¿Deseas cruzarla o no? Echo de menos a mi siquiatra conductista, el primero de mis terapeutas, que de verdad me salvó. Yo corría directo al despeñadero. Con el conductismo se va a la segura y casi siempre se vence. Camina hacia la derecha, da vuelta a la izquierda, da un paso al frente, detente. No se pregunta por las razones, oh Freud, quizás dan lo mismo. El punto es que se aprende a caminar. No es poco. Menos en estos tiempos en que las piernas se debilitan y tienden a doblarse.

¿No estará un poco sobrevalorada la introspección?

24 de junio, jueves

Una rabia inmensa. Veo el documental sobre la caída del poderoso Dominique Strauss-Kahn (a raíz de un violento ataque sexual a la camarera de un hotel) y sus consecuencias. Era una enorme promesa para Francia, un hombre extraordinario en inteligencia y carisma. Pero llevaba el demonio adentro. Aunque su carrera política terminó ahí mismo, el juicio lo ganó él y no su víctima, una inmigrante de color. Empalmo esta historia con la insistencia de Solnit sobre la violencia que se cierne sobre las mujeres, siempre, a toda hora, en todo lugar, solo por el hecho de ser mujer. Llevamos adentro un miedo ancestral del que ninguna se libra. Me pregunto cuánto de nuestra formación está determinado por ello, cuánto de nuestra manera de encarar la vida.

25 de junio, viernes

Hago el empeño y no, no lo logro. Trato de recordar el año anterior a la pandemia y lo tengo en blanco. 2019. Aparte del estallido social y una fructífera estadía en Roma, ¿qué más pasó? Luego de grandes esfuerzos llegan algunas imágenes: la Lotty cortándome el pelo en casa de la Elisa y cambiándome completamente el peinado (me lo dejó asimétrico). Una comida con los Bunkers y Gabriel en casa de Pato F. el día en que ganamos la paridad para la nueva Constitución. ¿Qué leí ese año?

Aparte del insípido presente, la memoria es todo lo que tenemos. Muy traidora y arbitraria será, pero no hay más. Los recuerdos nos constituyen. Por eso es tan pavoroso el Alzheimer.

Lo extraño es cuán nítido me resulta el año anterior a ese, el 2018. Fue importante para mí, el inicio de mi *late style*, como diría Said. También el 2017, tan marcado por la enfermedad y muerte de la Margarita.

La pandemia se lo está llevando todo, cada día más tontos y vacíos. Cabezas en blanco. Como un avión que sobrevuela una ciudad sin verla.

28 de junio, lunes

De los colibrís de la ventana de mi baño pasé a los cernícalos de las araucarias del Parque Forestal.

Me vine a Santiago porque tenía frío.

Leo que el cuarenta y seis por ciento de los niños en Chile vive solo con la madre. Padres ausentes, tanto de presencia como de aportes económicos. ¿Dónde están todos esos hombres? ¿Qué tipo de alma poseen? Pienso en aquellas mujeres criando solas a sus hijos, tratando de hacer lo mejor de ellos, lidiando en sus propios cuerpos con toda aquella dificultad. Sudando, quebrándose, cortando el pan, juntando las monedas y preparando la mesa. Para que ellos coman.

29 de junio, martes

Me gusta la palabra fragua, el metal caliente. Fraguar como fabricar, forjar, concebir. Una palabra femenina usualmente ejecutada por hombres. Imágenes de la historia de la pintura. Lo más bello del cuerpo masculino: la fuerza física.

Hasta que decae.

Como todo.

30 de junio, miércoles

«Si hubo una disminución de destreza, no hubo ninguna del deseo».

Ese es John Cheever, en sus diarios, siempre al borde de una desesperación controlada entre la iglesia de los domingos y los baños de hombres, haciéndose las peores preguntas sobre sí mismo al tiempo que mira su entorno norteamericano estructurado y normal añorando la Toscana (¿quién no la añora?) y su pasión, constatando el deterioro de la edad y la pérdida del poder en su cuerpo e impulso. Se emborracha. Y la casa nueva que alberga a su mujer y sus hijos parece vacía.

Turbado, siempre turbado.

1 de julio, jueves

Que se me devuelva todo. Quiero tenerlo todo de vuelta. Nada retornará.

2 de julio, viernes

Tiempo hiperpolitizado. Ahora en campaña para primarias presidenciales. Boric lo ha hecho muy bien, todo un sector revolucionado con su presencia. Las mujeres se han vuelto calcetineras frente a un rockstar. Como reconoce una de ellas, de las más serias y viejas: siente hacia él una «pasión desviada» y luego agrega: a esta edad todas las pasiones son desviadas.

Por fin el futuro cae en otras manos. Me fatiga mi generación, empezamos muy temprano y no todos han sabido retirarse. Adelante los jóvenes, enérgicos, distintos, atrevidos. Estoy con ellos.

3 de julio, sábado

En un rico almuerzo hoy con C y A caí en cuenta de que todas estamos exhaustas, todas/todos. La pandemia, de una forma u otra, nos ha fulminado. Es que para darle sobrevivencia al alma hemos debido apelar a todos nuestros recursos interiores. Los hemos buscado, extendido, escarbado, perseguido. No sabíamos con cuántos contábamos y eso ha marcado el «cómo» en la vivencia de estos tiempos oscuros. Hacerse el espacio entre las tinieblas ha sido nuestro esfuerzo en este año y medio, agregando el cuidado físico y los protocolos. ¿Cómo no estar agotadas, entonces?

Lo asombroso es que teníamos más de lo que creíamos.

6 de julio, martes

Esta no es una bitácora política, pero estamos todos distraídos frente a la instalación de la Constituyente, nuestra atención se enfoca allí por entero. Creamos historia: paritaria y con pueblos originarios incluidos. Ante nuestro estupor, no pudieron llevar a cabo la primera sesión porque el gobierno no cumplió el dictamen de preparar la infraestructura para ello. ¿Ineficiencia o boicot? También me indignó aquella convencional hiperradicalizada que se dio el lujo de interrumpir a gritos la sesión apenas había comenzado.

7 de julio, miércoles

«La vida —de la forma que realmente es— no es una batalla entre el Bien y el Mal, sino entre el Mal y lo Peor».

Ese es Joseph Brodsky.

¿Qué queda para los optimistas, tan mal vistos? Como si lo serio, lo relevante, fuese siempre enlazado a un cierto cinismo.

Aprieto en mi mano una porción de esperanza. ¡No me la quiten!

8 de julio, jueves

La nostalgia pasó a ser mi ocupación. Vivo en ella, la leo, la sigo y empiezo a acostumbrarme, como todo ser humano que diariamente se ocupa de algo. La vivo con determinación, arrogándome voluntad y virtudes que no estoy segura de poseer pero que al fingirlas se convierten a ratos en ciertas.

Es feroz envejecer. ¿No lo sabía?

9 de julio, viernes

> *Te cortaré las manos, pobre minero,*
> *para que duermas.*

Gabriela Mistral le habla al trabajador chileno, ya sea minero, campesino, obrero, mapuche. Se dirige a los sufrientes, a los que las pagan todas. Y las estadísticas del tiempo de la plaga no la contradicen. La brecha de desigualdad se abre, se abre, se abre. Vendrá el derrumbe. ¿Cuánto más puede sujetarse la piedra, el muro, el cerco o la puerta?

Hablo desde la vergüenza mientras me hundo en la tibieza de mi regia cama.

10 de julio, sábado

Hoy habría sido el cumpleaños de mi abuela, la Meme, una fecha sagrada en la familia. Se celebraba con una gran fiesta y la Lidia, su cocinera, comenzaba a preparar las tortas con mucha anticipación. Sumábamos cincuenta primos. Y junto a los muchos adultos, lográbamos una festividad majestuosa. La Meme se sentaba en su trono para ser homenajeada, sin mover un dedo. (Tengo la impresión de que nunca movió un dedo en su vida.) Y aunque era la Lidia —vieja, gorda y pesada, vestida siempre de café o gris— su cocinera de planta, nunca faltaban manos serviciales que se encontraban, supongo, entre sus muchas caridades.

En 1889 nació. Hoy cumpliría ciento treinta y dos años.

Murió mientras yo estaba en el exilio, no pude ni velarla.

11 de julio, domingo

Otro cumpleaños se celebró hoy en torno a la larga mesa de mi cocina. Le tocaba a R.

Las cocinas son, en forma definitiva, el espacio más importante de una casa. Las mías han sido siempre grandes; si no lo eran originalmente, las he ampliado. Entendí temprano, en la cocina de Los Remolinos, que aquel era un lugar de afecto. (No soy cocinera, ¡me habría encantado serlo!, pero nunca nadie me enseñó nada al respecto y tampoco yo lo pedí, mi primer marido tuvo que adiestrarme en cómo prender el horno.) Lo que más me desagradaba en las embajadas es que resultaba un lugar vedado para mí.

Las mujeres con un buen pasar —mis ancestras— no entraban allí, casi no las conocían. Eran el hoyo negro de las casas elegantes y cuidadas. Ellas solo daban instrucciones y lo hacían desde sus salas de estar. Recuerdo haber recorrido una casa preciosa y famosa por lo bien que se comía en ella: cuando llegué a la cocina la película cambió, todo era feo y deteriorado, sin luz del sol, en estado desastroso.

Fascinante comprobar cómo ha cambiado la cultura. Yo, sin mi cocina, no soy nada.

12 de julio, lunes

Helado y seco este invierno del 21. No quiero volver al campo hasta que pase el frío profundo, el de los amaneceres, el momento de la verdad los llamo, nada queda oculto a esa hora. Me refugio dentro de mi palacio de cristal, mi resguardo es velado por las araucarias que no pierden su verdor. La calefacción central es de los buenos inventos de la humanidad y ese calor tibio y parejo —no localizado como el de las estufas— tiene un color celeste y da abrazos tenues. Pienso estos días en pedazos de escarcha en el cerebro, como cuchillos en el corazón.

14 de julio, miércoles

Me cuenta A que un amigo suyo sembró una hectárea de tabaco, llegó un insecto llamado la mosca blanca y se comió, planta a planta, toda la nicotina.

Yo soy la mosca blanca, el asqueroso insecto devorador de nicotina que mira el acontecer a través de los espirales de humo, blanco a veces, otras violeta, mirando cómo al otro lado aparecen las páginas que leo, las primarias, las mudanzas interminables de mi familia, el trago con mis hermanas, Aquiles y Patroclo, la revuelta en Cuba. O sea: la vida. Mi pequeña vida insignificante —como casi todas—, que mientras los cigarrillos me acompañen, no deja de tener sentido.

Adicta.

15 de julio, jueves

Se me perdieron los anteojos para ver tele, la persiana del ventanal de mi pieza se trancó, no logro abrir la tapa del frasco de locos que compré a un precio desorbitante. Y pretendo jactarme de mi autonomía.

Dentro de unos días cumpliré setenta años. Trato de escribir esta frase con distancia, como si no me importara. Como si me fuese indiferente la asimetría entre lo que soy en lo externo con lo que me creo en lo interno. Me refugio en que toda mi generación es igualmente víctima de esta distorsión: nos creemos más jóvenes de lo que somos (porque los *baby boomers* inventaron la autonomía de los mayores). Entonces extiendo la mano y voy contando con los dedos mis fortalezas a esta edad: la independencia física, la económica, la intelectual/espiritual. No es poco, no es poco. Vivo sola y me gusta sobremanera. No quisiera por nada que mis espacios fueran invadidos. Pero me siento desprotegida por culpa de una persiana trancada en mi ventana.

Son los pequeños detalles los que arruinan el día, no las grandes cosas.

18 de julio, domingo

Ya una vez dentro de la urna me detuve. El voto que tenía en mi mano decía: Presidencia de la República. Inmediatamente abajo, el nombre de Gabriel. Miré todas estas letras hasta asimilar las palabras. Me sobrevino un buen pedazo de historia, de intimidades, de oscuridad y de luz, todo al unísono. Marqué el voto pensando: pasó todo demasiado rápido.

El dueño de los imposibles: triunfó. A raudales. Se me caían las lágrimas. Yo no quiero que a mi niña la vayan a hacer princesa.

19 de julio, lunes

Fue extraño abrir los ojos a la vida y comprobar que el intenso día de ayer realmente existió. Conmovida e impresionada, copio a Bukowski cuando decía que no tenía tiempo para cosas que no tienen alma.

20 de julio, martes

La «autoridad» ha decidido que toda la ciudad pase a fase 3: significa que —aunque usando mascarillas— podemos hacer lo que nos dé la gana.

Lo primero que hice fue almorzar en un restaurante. Luego me pregunté si no nos estarán arrojando al matadero, como a las ovejas o novillos.

No sé qué hacer con tanta libertad.

21 de julio, miércoles

Dejando fuera el libro que siempre estoy leyendo, tengo varias rutinas de lectura al día y me consumen. Pienso cuál eliminar.

- el Evangelio
- resumen de prensa chilena
- *New York Times / New Yorker*
- Auschwitz, memoriales del Holocausto

Ahora incorporo a Tolstói con su *Calendar of Wisdom*, una reflexión diaria, erudita y humana, como lo era él. Me enteré hace poco de la existencia de este libro y lo encargué de inmediato. ¿Cómo pasé tantos años sin saber que Tolstói había hecho tan gran tarea?

El lenguaje del Evangelio es mi preferido. Hoy Isaías: «He aquí mi siervo, a quien elegí, mi Amado, en quien mi alma se complace». Le ofrecí a Marcel contarle cuentos del Antiguo Testamento y me respondió: No, abuela, no soy católico, yo creo en los dioses griegos.

22 de julio, jueves

Es muy rico sumergirse en los edredones de pluma en invierno y leer. En mis manos *Circe*, la historia de esta maga/ diosa que conocí en la *Odisea*. La quisieron poco, pobrecita, y el hombre al que convirtió en dios —para poder desposarlo— le dio la espalda en el minuto que adquirió la inmortalidad. Ulises también la abandonó, siempre con su delirio de Penélope en la cabeza. Por lo menos Hermes venía a visitarla cada tanto y se metían a la cama.

Ella era muy seria en su magia, un trabajo permanente y pesado que además requería gran creatividad y concentración. Me dieron unas ganas inmensas de ser bruja. Imagino la maravilla de lanzar hechizos y obligar a que te amen sin que sepan que están siendo obligados.

Circe vive sola con su alma en una pequeña isla enteramente suya, su mascota es una leona y la cuidan una manada de lobos.

23 de julio, viernes

Me resulta confusa la línea continua que debiera tener la identidad a través de los años. ¿Cuánto tengo en común con aquella niña de melena y chasquilla que recortaba revistas a los cuatro años? ¿O aquella que jugaba a *femme fatale* a los veinte? Dicen que durante una vida se habitan al menos siete capas de identidad.

«Human beings are Works in progress that mistakenly think they are finished» («Los seres humanos son trabajos en desarrollo que equivocadamente piensan que están terminados»). Daniel Gilbert, sicólogo.

Plutarco se lo planteó usando de ejemplo el barco en que Teseo volvió a Atenas desde Creta. Este barco fue enteramente reparado y gradualmente cada una de sus piezas fue siendo reemplazada. ¿Es entonces el mismo barco? Y si no lo es, ¿en qué momento dejó de serlo?

26 de julio, lunes

Debo hacer girar el pensamiento y volver a pensar lo pensado.

No quiero publicar más.

Lo que escriba desde ahora será para mi propia necesidad o satisfacción. No quiero un minuto más de exposición forzada. Ni que me alaben ni que me victimicen.

Es difícil distinguir con nitidez la línea exacta donde acaba la tierra y comienza el cielo. Un lugar invisible.

Allí quiero instalarme.

27 de julio, martes

Camino al sur. Con todas mis hermanas. Hasta llegar a Ñuble, pasar Chillán y Bulnes, ver el letrero «General Cruz» y doblar a la izquierda por la carretera. Ver los pinos. Miles de ellos, plantados por la Forestal Arauco sobre esa tierra que fue nuestra. Pido a la Sol que detenga el auto para olerlos.

Allí, en el olor de Los Remolinos. Allí se concentra el amor.

La Anita —que me crio desde la infancia, siendo ella tan joven— y toda su familia esperándonos con una cazuela muy caliente para pelearle al frío inclemente de la noche.

Duermo en una cama que no es mía (lo que nunca hago) al lado de otra cama ocupada (por la Paula). Casi no cierro los ojos.

Estupor: estoy aquí. En la región más transparente del aire.

28 de julio, miércoles

Hoy cumplo setenta años.

Miro el Itata, donde aprendí a nadar. Si fuese parte de la mitología, el río se erguiría en sus aguas y me hablaría y me contaría cuántos hijos ha engendrado. Porque entonces, sí, los ríos engendraban. Mi divinidad menor, con identidad y todo.

Oh, River. My River.

Concluyo, con los ojos fijos en el verde de la corriente, que mis plegarias han sido atendidas, que a fin de cuentas y a pesar de todo, los setenta años han sido benditos. Y con esa gratitud me uno al asado que nos espera, cordero, vacuno, chancho. Y mucho vino. Y cantidad infinita de amor.

29 de julio, jueves

Voy por la Carretera Panamericana. En mi infancia todo era lento y difícil, se avanzaba con tanta precariedad. Distancias y comunicaciones llenas de obstáculos y limitaciones. Ahora hago el camino de vuelta, desde el sur a la capital, el que hice mil veces en otra vida, y todo es fácil y fluido, desde un país pobre a uno en desarrollo. Me pregunto a cuál mundo pertenecemos, si al de entonces o al de ahora.

«En las profundidades del invierno finalmente aprendí que en mi interior habitaba un verano invencible», A. Camus.

30 de julio, viernes

Estoy debilitándome. En vez de endurecerme frente a imágenes de violencia, me encuentro cada día más vulnerable. Como si no hubiese vivido en el Chile de la dictadura o consumido la enorme cantidad de material del Holocausto (tuve que dejar de seguir el sitio de Auschwitz en la red por el dolor que acumulaba con cada caso).

Todos los abusos que se denuncian día a día —son tantos— me duelen a nivel moral. Pero hoy lo físico, lo material relacionado con el cuerpo, ya no me resulta tolerable. Desde un paco que pega con su luma hasta un femicidio. Incluyo los horrores diarios que produce el cambio climático, las inundaciones, los huracanes, el frío y el calor extremos, la sequedad de la tierra y la gente con sed.

La vida es brutalmente hostil.

Ruego por la amabilidad y sus imágenes.

31 de julio, sábado

A García Márquez la muerte no le daba miedo sino una profunda tristeza. Intuyo que viviré unos diez años más. No sé bien cuánto son diez años, si mucho o poco. Hace exactamente ese tiempo llevé a mis hijas a conocer la ciudad de Antigua en Guatemala para presentarles el lugar que me nombró hija ilustre y me entregó las llaves de la ciudad. Y lo recuerdo como si fuera ayer. Entonces... El tiempo es tramposo. Pero aún me queda tiempo para desear. O fantasear. Por ejemplo, construirme una cabaña de madera frente al río Itata.

1 de agosto, domingo

Mes de los gatos. Y el que se lleva a los viejos. He deambulado por la ciudad más de lo habitual y compruebo mi irrefrenable gusto por volver a casa, entrar a mi dormitorio, cerrar las persianas y convertirlo en mi guarida, protegida, tibia, íntima. La loba que llega cansada del bosque y se alberga en su caverna, sus muros propios, elegidos por ella misma, donde no hay brecha ni fisura para la entrada del viento o la marea. Impenetrable.

Las mujeres de mi familia siempre se han inclinado por las camas. Las camas viven, respiran dentro de los dormitorios y nosotras arriba de ellas. Todas lobas.

2 de agosto, lunes

Según Eurípides, las mujeres sabias son las más depravadas. Esto me ha hecho mucha gracia y de inmediato decido acoplarme a ellas. Y es esa sabiduría la que me llama a buscar el placer, no solo de forma hedonista —aunque nunca hay que mirarlo en menos— sino apuntando a los placeres del alma. Como decía Toni Morrison, «*the enjoyment she finds in being herself*» («el placer que encuentra en ser ella misma»). Ese ha sido largamente mi objetivo.

Placerosa / Vanidosa / Tranquila.

3 de agosto, martes

Mis hijas me regalaron un quillay para plantar en el valle. Es un árbol tan nuestro. Recuerdo que en la infancia nos lavaban el pelo con sus hojas, ponían en la tierra cinco lavatorios y allí nos metían la cabeza, a todas al mismo tiempo. Hoy pensé también en los arrayanes y en su color único, entre amarillo, dorado, café con leche, tienen un gran sentido de lo colectivo, siempre crecen en grupo. Y los aromos, cuando florecen en invierno con sus hojas grandes llenas de hilos y pequeños círculos, todo color del sol, avivando la decrepitud de esa estación. Todo esto para decir que me gustaría ser un árbol.

6 de agosto, viernes

Toda persona inmersa en el mundo creativo se expone al mostrar al público su trabajo. Crear es siempre un riesgo.

A mí me han castigado bastante a través de los años. Hombres, críticos, académicos, también algunas mujeres. No me victimizo, solo constato. El castigo más clásico: invisibilizar. Yo me asumo como una neurótica, una fóbica que rechaza toda invitación, entrevista, vida pública. Pero existo.

Hace un tiempo un periodista de *El Mercurio* escribió un largo texto sobre el Premio Sor Juana Inés de la Cruz, que es cada año entregado a mujeres escritoras en la Feria del Libro de Guadalajara. Yo fui la primera chilena en ganarlo, a mucha honra. Sin embargo, para mi estupor, el periodista decidió que no, que yo no lo había ganado. Cuenta de las chilenas a quienes ha sido otorgado —no son más de dos— y me omite. Incluso habla de «las chilenas vivas», por lo que yo deduje que estaba muerta.

Me enojo cuando me ignoran injustamente. Y en esos momentos olvido a mis lectoras, mis premios, mis traducciones. Todo autor/a lleva guardada una cajita dentro del plexo solar donde esconde sus rencores. Imagino —no, no imagino, me consta— que lo mismo sucede en toda actividad equivalente. Entonces, la tarea es sentarse en el suelo con las piernas cruzadas, mirar al infinito y traer a la mente todas las maravillas que esta profesión nos ha brindado.

7 de agosto, sábado

Empiezo un cuaderno nuevo, siempre provocativo por sus hojas y hojas en blanco, esperando. Son suaves, me gusta tocarlas, pero en realidad lo que me gusta es escribir a mano. Como si las venas mismas quedaran estampadas.

Aprendo hoy que cada mirlo desarrolla su propia canción y cuando la completa, la repite toda la vida. Pienso en los escritores, hacen lo mismo. Pero algunos, al contrario de los mirlos, amanecen un día y dicen basta. Canté lo que pude, lo que debía cantar.

Los maestros de la ficción están enojados con esta nueva «escritura del yo», piden que se sigan contando historias. Pero ¿qué sucede cuando una ya contó lo que tenía que contar?

8 de agosto, domingo

Cuando subo en el ascensor del edificio de la E leo un papel pegado en un costado que registra el nombre de la persona a cargo de la mantención. Sobre la parte superior de la pequeña hoja: Mario Arellano. Continúa el nombre Mario Arellano por varias líneas, mes a mes, confirmando su trabajo. Y de repente un nuevo nombre lo reemplaza. Ya no hay más Mario Arellano.

Cada vez que subo al ascensor leo la lista y me pregunto lo mismo: ¿qué le pasó?, ¿cambió de trabajo? El instinto me dice que no, es una labor muy técnica y precisa, no es intercambiable. Pienso que Mario Arellano ya no está en la tierra. ¿Se lo llevó la pandemia? ¿Murió intubado? ¿Habrá sufrido? ¿Qué edad tendría?

9 de agosto, lunes

Las gallinas de la vecina de la Mercedes volvieron a poner huevos, me informan, ya se les pasó el frío.

Las gallinas pasan a ser mi noticia personal para enfrentar la colectiva: la gran alerta que dictó hoy la IPCC a raíz del cambio climático. Apocalipsis. Lo que *ya* hizo el hombre al planeta es irreversible. El mundo *ya* es más caliente. La gran pregunta: ¿se puede detener? El suroeste del mapa —o sea, nosotros— será aún más golpeado por la sequía, y el norte por las lluvias. Mientras el norte se inunda, nosotros nos secamos. Efectivamente, ya no llueve. El invierno ha sido pasivo, enclenque. El agua desaparece por la falta de nieve en la cordillera. Pienso en la agricultura. Al crecer, ¿Marcel comerá solo alimentos procesados? ¿Cómo va a comprender que sus propios antepasados y compatriotas hayan depredado de esa forma?

Entonces los huevitos empollados en casa de la vecina pasan a ser más relevantes que nunca.

10 de agosto, martes

En el colegio había un castigo que me gustaba: lo llamábamos «la copia». Se trataba de tomar un lápiz y un papel con líneas y escribir en él una frase que supongo tendría relación con la falta cometida. La idea era repetirla hasta que se acabara la hoja. Por ejemplo:

No se conversa en la sala
No se conversa en la sala
No se conversa en la sala...

Así, *ad eternum*. Yo me entretenía, era jugar con la caligrafía. Hasta el día de hoy me dan ganas de hacer copias cuando olvido algo o insisto en temas que no debiera o cuando deseo darme a mí misma una lección.

No juzgar al prójimo
No juzgar al prójimo
No juzgar al prójimo.

No, muy difícil. Cambiemos el mandato.

No comer pan con mantequilla
No comer pan con mantequilla.
No comer pan con mantequilla.

Ahí está mejor.

11 de agosto, miércoles

Frente al fuego, leyendo la traducción al español de los cuentos mapuches que me regalaron mis hijas, me sorprendo con la crudeza de las relaciones tanto humanas como animales, cómo se maltratan entre sí, cómo se matan. Es otra la cadencia de esta escritura, se acerca más a la poesía que a la prosa. Se escucha en ella el eco lejano de otra cosmovisión. Los que fueron capaces de trascribir esa cultura oral son geniales y generosos.

Cito a la poeta mapuche Liliana Ancalao, de *Resuello*: «Ser poeta originario mapuche es ser investigador, historiador, antropólogo, semiólogo, lingüista, celebrante. ¡Ay de nosotros ahora que los *lamgen* depositan en nosotros las imágenes de sus recuerdos, las historias de sus familias, las denuncias de sus abusos! ¡Ay de nosotros ahora que los ríos nos están mirando para ver cómo los traducimos en palabras!».

12 de agosto, jueves

Leo *La invención ocasional* de Elena Ferrante, una recopilación de artículos que escribió durante un año para el diario *The Guardian*. Son cortos, no llena dos páginas cada uno. Ante mi sorpresa, sentí que podía haberlos escrito yo. La hermandad inmediata. La esencia es la misma.

La familia del escritor termina por ser su mundo literario. Allí están los padres, madres, tíos, hermanos y primos, enseñan, abren las puertas al mundo, toman de la mano. El que escribe se deja guiar por ellos, lo absorben y les cree. Como si les mordiera la sustancia y con ella se alimentara, como una abeja con el polen.

13 de agosto, viernes

Ferrante declara que su nacionalidad le es dada solo por la lengua, que es italiana en la medida que habla y escribe en ese idioma, nada más. Me sorprende que una mujer como ella no se detenga frente a lo político y lo social. ¿Le es indiferente quién gobierne en Italia? ¿No le interesan las políticas públicas que afectan a su propia gente? Ya sé que ese país no pisa la cuerda floja como nosotros en este continente, que las características de un pueblo europeo tan antiguo son casi opuestas a las de una tierra nueva como la nuestra. Además, pensé que si yo declarara eso, ¿sería mi nacionalidad la hispana? ¿En cuántos países hablan mi misma lengua?

No, Ferrante. No seas indiferente al acontecer político de tu país, recuerda lo que dijo Canetti: «Somos los centinelas de la metamorfosis».

14 de agosto, sábado

Ya en Santiago. O en la Patagonia, como declaré anoche a mi familia, como la metáfora del anonimato y el cierre. Porque la Patagonia es inmensa, permite perderse en ella. Como deseo perderme yo.

Una vez aquí, protegida en mi guarida del Parque Forestal, pienso que la soledad material de mi casa en el campo es *un llamado al crimen* (estoy dramatizando). Anoche trataron de entrar a la casa de la Nena y asaltaron la de Gonzalo, mi vecino. A veces los ladridos de mis perros son sospechosos, ¿es que hay alguien afuera acechando? Quizás es loco exponerse así. Yo, sola mi alma, en una casa grande repleta de ventanales —vidrios que pueden ser quebrados en un instante.

Miedo retroactivo.

15 de agosto, domingo

Si estoy tan convencida de la insensatez (o insignificancia) de estos escritos, ¿para qué continúo? ¿Para complacerme a mí misma? Si durante un año y medio he enfrentado cada día la página en blanco —y con un lápiz y un papel, lo que te compromete el doble—, no es banal dejar de hacerlo, como cualquier acción que se integra a tu cuerpo. Van ya más de quinientas entradas, después de todo. ¿Qué guía esta mano sino la búsqueda de la satisfacción de unir una palabra con otra?

Me pregunto por aquella delgada línea que separa la autocrítica del autoflagelo.

16 de agosto, lunes

A medida que escribo, una se esconde, otra llora, alguna consuela. Son las mujeres de Afganistán, las víctimas de la peor represión de género en la actualidad. Los talibanes se tomaron el país en cuanto se produjo la salida de Estados Unidos. Las escenas de la TV producen enorme ansiedad. La desesperación de la población afgana nos traspasa. Cada mujer chilena siente cómo es arrasada mientras arrasan a su compañera afgana.

El vía crucis del cuerpo, diría Lispector. Una vez más.

17 de agosto, martes

La meteorología debiera ser mágica, como un oráculo. Han anunciado por fin las lluvias luego del invierno más seco en años y las esperamos como a gotas de oro. Grandes lluvias, nos anuncian, y nos preparamos, compro el pan y la leche, muevo los toldos de la terraza, guardo los cojines, lista para encerrarme como en el arca.

El diluvio no llega.

Por la puta.

18 de agosto, miércoles

Percibo el desasosiego (no puedo escribir esa palabra sin pensar en Pessoa).

El mundo se cae a pedazos.

El cambio climático es irreversible.

Los talibanes tomaron Afganistán.

Haití desentierra muertos y más muertos luego de un terremoto.

La variante Delta se expande por el mundo entero.

El buen sistema vacunatorio chileno se descompuso y debemos inyectarnos la tercera dosis.

Golpean la campaña de Boric sin piedad.

En la Convención Constitucional ponen en duda que seamos una república.

Miedos, asombros y penas.

20 de agosto, viernes

Puchas la vacuna AstraZeneca. Desperté con tiritones, traspirada y adolorida.

Mi pregunta hoy: ¿qué hacen los mortales con las obsesiones? No existe la voluntad frente a ellas. Ferrante cuenta las suyas, las que la embargan a la hora de la vigilia. Una vez más me hermano con ella. Esa circularidad, vueltas y vueltas para llegar a un mismo punto, siempre un poco doloroso, un poco paranoico y del todo infértil. Quisiera la mano de una diosa o de un ángel guardián cuyo solo toque las aniquilara. Si no fuera por el demonio obsesivo, mi camino a la vejez florecería.

22 de agosto, domingo

Mi barrio *es* un barrio y tiene vida de tal. Con el Museo de Bellas Artes a la izquierda y el GAM a la derecha, con sus muchos cafés y restaurantes, con la calle Lastarria y su comercio, mezclarse con la gente en un domingo de sol da contento. Tomarse un café al costado del cerro Santa Lucía o probar una nueva panadería entibia cuerpo y alma. Una se siente parte de un colectivo, de un todo más grande. La lástima es cuán pocos lugares como este quedan en la ciudad. Recuerdo cuando visité Heidelberg. Cómo quise vivir en un lugar como ese, no solo por su belleza, sino por su tamaño y amabilidad. Chile prácticamente carece de ciudades chicas con encanto. Es un tema que he pensado muchas veces, especialmente cuando me vienen los ánimos de fuga. ¿Qué nos pasó? ¿Será porque no fuimos virreinato y los españoles nos miraron en menos? Porque ellos sí saben de bellos pueblos y algunos de sus conquistados los heredaron. Si viviese en México, por ejemplo, Heidelberg me deslumbraría menos.

25 de agosto, miércoles

Leyendo sobre el trauma.
The Body Keeps the Score:

- trauma se aloja en el cuerpo
- acarreamos la impronta física de nuestras heridas síquicas
- la mente las esconde

La mente como el ama de llaves de nuestro cuerpo.

26 de agosto, jueves

Hermoso debes ser si te llamas martín pescador. Y muy azul. No conozco tu cantar pero me gusta tanto tu nombre. Dicen que ustedes son territoriales (como los gatos), apegados y que suelen vivir en pareja. ¿Será por protección o solo por miedo a la soledad?

He llegado a tal punto de escepticismo con la idea del amor que cuando alguien dice que ama a otro no le creo.

Mateo en el Evangelio: cada día tiene bastante con su propio mal. Hoy isis bombardeó el aeropuerto de Kabul matando a más de cien personas y dejando muchos heridos. Pobre tierra aquella.

27 de agosto, viernes

Cada vez que llego al campo aspiro el aire, luego huelo y una vez tragada la metafísica, vuelvo a ser yo.

El campo en invierno puede ser triste. Más bien, melancólico, que no es lo mismo. Buscas refugio frente al fuego o bajo los plumones blandos de la cama, pero esa melancolía está jugando contigo, te mira desde un rincón, se ríe, promete no acosarte, pero es capaz de mentir sin arrugarse y crees que has escapado, pero no es cierto.

Oh, the impredictable!

¿No es esa —en el fondo— la esperanza?

28 de agosto, sábado

Desilusionada de Tolstói.

Creí que su libro sobre un pensamiento diario para meditar sería iluminador y no lo ha sido. Demasiado religioso. Todo apunta a Dios y al deber ser. No hay locura ni desenfado, nada refrescante. Entre cosa y cosa, desliza frases notables, como esta de Voltaire: «Todo nuevo deseo es el comienzo de un nuevo anhelo, el comienzo de una nueva tristeza».

29 de agosto, domingo

Leo ensayos cortos de Toni Morrison. En ellos habla desde la sociología más que desde la literatura. Analiza el racismo, el fascismo, la globalización. Es una gran intelectual, lo que no implica que los escritores deban serlo. Son mentes privilegiadas que deambulan entre dos caballos, sujetando bien ambas riendas a la vez y eligiendo cuál montar según sirva más para un suelo o paisaje determinado. El punto es: eres dueña de ambos caballos. Me recuerda al Vargas Llosa de antaño.

Prefiero a la Toni literaria. Su voz es un portento, su sociología lo es menos.

30 de agosto, lunes

En el Día del Detenido Desaparecido leo una lista de nombres de mujeres embarazadas que corrieron esa suerte. Me pregunto con horror si aquellos embarazos llegaron a término. Mi espíritu de abuela —el más fuerte de todos— surge con potencia: ¿qué pasó con los que nacieron? Al ser desaparecidas —no ejecutadas— no hay certeza de su fin. No sabemos cómo ni cuándo murieron. En Argentina fueron las abuelas quienes se organizaron en la búsqueda, en Chile no. Pienso en Marcel. Si hubiera nacido lejos de mí y tuviese una madre ajena. Se me llega a revolver el estómago con la idea. Habría sido la obsesión de mi vida entera. Buscarlo. Buscarlo hasta encontrarlo. En eso se habría ido mi existencia.

31 de agosto, martes

Hoy, mi asombro para Pizarnik: «Quiero abrazarte salvajemente. Besarte hasta que te alejes de mi miedo como se aleja un pájaro del borde filoso de la noche. Pero ¿cómo decírtelo? Mi silencio es mi máscara. Mi dolor es el de un niño en la noche. Canto y tengo miedo. Te amo y tengo miedo y nunca te lo diré con mi voz verdadera, esa voz lenta y grave y triste. Por eso te escribo en un idioma que no conoces. Nunca me leerás y nunca sabrás de mi amor».

2 de septiembre, jueves

Con mucha ayuda he logrado poner a punto todos mis dispositivos musicales. No obstante, mi relación con la música se ha vuelto tan flagelante y difícil que me pregunto si será ya el momento de imponer órdenes autoritarias (o voluntad) y escucharla como lo hacía antes. No puedo renunciar a ese placer, no debo aceptar la forma en que me despluma, llenas mis alas de pequeñas flechas, el pájaro más abatido de todos los pájaros.

A partir de cierto momento, la música se volvió sinónimo de pérdidas. Se volvió llanto.

No soy una mujer triste, no es esa mi definición. Tampoco tengo derecho a serlo con tantas plegarias atendidas. Pero cada nota me arrastra a ese lugar, lugar que no he elegido.

3 de septiembre, viernes

Mi perro Racún está mal. Se esconde, como hacen los animales cuando se alejan para morir. Mi compañero, mi amor. Está cansado.

Dice Emily Dickinson: «Donde he perdido algo, piso con más cautela».

4 de septiembre, sábado

Hoy hace nueve años que partió la Elisita, mi madre, a quien nunca llamé «mamá». No tiene sentido la cronología, todavía siento su último gesto, el día previo a su muerte, cuando fui a verla de noche —estaba en mi casa— y me estiró la mano y dijo: «Vámonos». Fueron sus últimas palabras.

5 de septiembre, domingo

Me tenté y encargué a Estados Unidos un libro grande y pesado que contiene las ilustraciones que hizo William Blake para la *Divina Comedia*. Muy temprano nació este apego mío a Blake y no sé bien por qué, la emoción de su pintura primero, luego de su poesía. Ahora, con el libro sobre mi escritorio, me pregunto si de verdad *lo necesitaba*. Con el tiempo me he puesto rigurosa en cuanto a los libros que compro. No quiero —por nada— llenarme de ellos si no son indispensables. Recuerdo las cajas y cajas que regalé en mi última mudanza. Pero me gana la tentación. Se me van las manos. Es un consumismo, al fin y al cabo. Miro a mi alrededor y asumo que la mitad de lo que poseo no es necesario. ¡Y no quiero acumular!

Desprenderse, desprenderse. Repetir cien veces esa palabra.

6 de septiembre, lunes

La dieta es pura contención, como la mitad de las cosas que una hace en la vida. He bajado seis kilos luego de haberlos subido en la pandemia. Llevo tres meses sin comer un plato de pasta o un pedazo de queso. La vida sin carbohidratos es una vida triste.

Escucho a Nick Cave y su *Red Right Hand* y pienso en *Peaky Blinders*.

Y por supuesto pienso en los placeres y las contenciones. Compro un buen gin y me viene la culpa. La relación de las mujeres de mi generación con el dinero es culposa, como el sexo. No era natural acceder a ambos por propia iniciativa. Qué mierda de educación. Si no rehuyera de los signos de exclamación, hoy los usaría hasta el infinito.

7 de septiembre, martes

A propósito de la contención.

A Apolo lo envenenaron con la flecha del deseo (una venganza de Eros) y enloqueció por Dafne, que a su vez recibió la flecha de la frigidez. Bonita combinación.

Apolo desespera. Quiere ver a Dafne a toda hora, tocarla, fundirse, pero ella escapa. Me lo imagino mirando su cuerpo y preguntándose por qué, siendo él el Dios espléndido que era, bello y poderoso, resultaba inerme frente a su pasión. El amor sin destino lo habrá sacado de quicio, sus amaneceres rogándole a la Aurora, la de los dedos rosados, que lo llevara a otros mundos, a otros rostros, a otras voces (otros ámbitos, diría Capote). Necesitaba esquivar la pesadilla de minimizar y esconder su lujuria. Pobre Apolo. Acostumbrado a poseer lo que su ansia dictara, debió contenerse. Quizás a ratos se conformara con solo recordar sus momentos con Dafne, sus intentos, todos espurios, ilegítimos, pequeños frente al tamaño de su pasión.

Por supuesto, la que pierde al final es Dafne, transformada por su padre —un dios del río— en árbol, un laurel, como forma de desposeerla de su condición de mujer.

Dejando de lado las venganzas entre dioses, ¿por qué no coinciden los deseos, los del deseante con los del deseado (o viceversa)?

Abandonar a un humano/a con su amor, sin metamorfosis posible, es tan feroz como una noche con lobos o con fantasmas que no te cuentan la verdad.

Contenerse. Amarrarse las manos. Desoír cualquier latido. Forzar el cuerpo a una estoicidad fingida. Todo se trata de eso.

8 de septiembre, miércoles

De repente el guion cambió de orientación, eligiendo un camino inadvertido, lastimando a los protagonistas de forma traicionera. La línea de la palma de la mano no pronosticaba lesiones de corazón ni erosiones éticas ni grietas secretas, nada de eso. Solo constataba los años acumulados de trabajo para transitar virtuosamente de una estación a otra, quizás en puntillas, pero sin retorcerse. Recto auguraba el camino, bastante iluminado —también valiente—. Y sin aviso alguno, la mano creadora lo cambia, lo tuerce, lo oscurece. ¿Con qué afán? El final debía empaparse de luz serena —nunca estridente— como un paseo en un bosque de arrayanes con algunas ramas abriendo ventanas de brisa y sol. Entonces cae el telón, se descascara el rubio de los arrayanes y el paisaje se vuelve invernal e impenetrable como una enfermedad. Los árboles piadosos se retiran, borrando los caminos alternativos.

¿Quién escribe esta historia? ¿Otro Apolo vencido?

El caminante protagonista, en justa reacción, se desconcierta, piensa que puede juguetear con las nuevas perspectivas. Pero se sumerge en la verdad del cambio y

mira cómo la estrella de la fortuna se aleja y se aleja de él.
El protagonista llora.

Entra en un bar y pide un gin.

9 de septiembre, jueves

Hoy murió Racún.

Me vine a Mallarauco con antelación porque, de forma literal, el corazón sabía que él me esperaba. Ahí, tendido bajo los paltos, parecía esconderse. Ningún movimiento. Logró mover la cabeza y verme. Me miró y entonces comenzó a agonizar, ya en mi abrazo.

Al enterrarlo le saqué del cuello su correa, estaba calentita. La sujeté hasta que se enfrió.

Esa es la muerte.

10 de septiembre, viernes

«Los animales, con su sentido virginal de la vida, despertaron todo lo bueno que había en mí». Eso dice Franz Marc, el maravilloso expresionista alemán, mientras su pincel traza caballos azules.

11 de septiembre, sábado

«Sigan ustedes sabiendo que, mucho más temprano que tarde, de nuevo se abrirán las grandes alamedas por donde pase el hombre libre, para construir una sociedad mejor.»
SALVADOR ALLENDE, 11-09-73

12 de septiembre, domingo

Aspirar la albahaca y leer poesía son la misma cosa.

Por muchos años nutrí la imaginación con la novela, sumergida mi cabeza en la prosa y en la ficción. Mis personajes, los que yo misma creaba, me acompañaban día y noche, miraban conmigo el acontecer. Y de repente partieron. Se fueron sin más, ni una despedida. No los llamo. Quizás me dejaron exhausta. Solo reconozco lo extraño que resulta su desaparición. Coincide exactamente con la muerte de la Margarita.

Pienso en Racún. Lo busco, en el sillón del living, en el canil, en el pasto.

13 de septiembre, lunes

Escuchando a Beethoven, su *Séptima Sinfonía*. Mis dos perros —los que quedan— echados a mis pies y mi gato sentado a mi lado en la mesa en la que escribo. Mi pregunta hoy —y mi asombro— se relaciona con la delgada línea que separa el progreso y la depredación.

Un par de años atrás los cerros que me rodeaban eran verdes, enteros verdes. Hoy han instalado a mi izquierda torres eléctricas y a mi derecha una plantación de árboles cerro arriba. No sé qué plantan, pero el café de sus camellones le compite al verde delatando la avaricia de quienes lo hacen. ¿Es que no les basta con la tierra plana?

Son nuestros cerros.

Un día llegaré aquí y el valle ya no será valle.

14 de septiembre, martes

A defiende la vida en pareja mientras que yo la denosto. Poder compartir es su consigna. Los descubrimientos de cada día, que no se vuelvan circulares o enriquezcan solo al que lo vive. Un testigo de la observación.

¿Y qué es la escritura sino eso?

15 de septiembre, miércoles

En las palabras de Derek Walcott, en *El amor después del amor*, instalo mi defensa a la soledad de pareja —a propósito de ayer— y también mi inspiración:

> *Llegará el tiempo*
> *en que, con entusiasmo,*
> *te saludarán a ti mismo al llegar*
> *a tu propia puerta, en tu propio espejo,*
> *y cada uno sonreirá dándole al otro la bienvenida,*
> *y dirá, siéntate. Come.*
> *Amarás de nuevo al extraño que fuiste tú mismo.*
> *Da vino. Da pan. Da vuelta tu corazón*
> *A sí mismo, al extraño que te ha amado*
> *.....*
> *Siéntate. Festeja tu vida.*

16 de septiembre, jueves

Guarda tus sarcasmos, dice Reggiani a propósito de la mujer que ya no tiene veinte años, Sarah, aquella llena de heridas por lo mucho que la han tocado y lo mal que la han amado.

Una feminista catalana escribe defendiendo el derecho a ser vieja. A no ser mirada en menos ni invisibilizada por ello. ¿Qué se creen? ¿Acaso no fuimos unas pioneras en todo lo que se beneficia hoy la juventud? No nos infantilicen, por favor, no nos llamen «abuelitas», no nos desprecien ni nos aplasten. También nosotras queremos paz y libertad. Déjennos tranquilas con nuestra torpeza, no hemos elegido envejecer. Somos la primera generación que revindica la vejez y la enfrenta en serio.

Abran paso para nosotras.

17 de septiembre, viernes

Feriado nacional. Fiestas Patrias. Ni un solo chileno trabajando. Las empanadas y el vino tinto serán nuestra sobredosis.

Me gusta que se llene esta casa grande. Hice un dormitorio más —sacrificando metros de mi escritorio— para que Marcel tuviera su espacio propio. El rol de abuela en mí es el más genuino. Me basta contemplarlo, escucharlo, descubrirlo en su crecimiento, aun verlo desde lejos. Sus ojos tienen mil tonalidades y mil formas de mirar. Es observador e inteligente (por lo tanto, divertido).

Cada día debiéramos hacer ofrendas al amor. Qué seres secos y amargos seríamos en su ausencia. Pienso en la hepatitis, una piel así de amarilla para el que no lo tiene.

18 de septiembre, sábado

Continúan las fiestas en el país. Qué pueblo joven somos. Por ello aún permanecemos optimistas.

He vuelto a Virgilio con su *Eneida* y el placer ha sido enorme. Leyendo sobre el suicidio de Dido, la reina de

Cartago, empiezo a enojarme con nuestros héroes. Con qué desparpajo abandonaron a mujeres que los acogieron, los salvaron, les entregaron lo que tenían, su poder, su cuerpo y su alma. Ellos partieron, convencidos de sus grandes destinos, siempre en pos del poder. Lo público como razón única para vivir, relegando amor y pasión a un paréntesis, a un momento de debilidad inserto en lo privado. No habrían sobrevivido sin estas mujeres, les salvaron la vida, los curaron, los alimentaron sin condiciones. Pero el «bien mayor» no fueron ellas. El despliegue de cada una en favor del otro fue para siempre desagradecido.

Las mujeres y el abandono.

Jasón a Medea.

Ulises a Circe.

Teseo a Ariadna.

Eneas a Dido.

Malditos cabrones.

21 de septiembre, martes

Ya es de madrugada y tengo sueño, pero me lo arrebata una imagen: la de la escritora norteamericana Jessa Crispin. Ella aparece con toda su enorme soltura y desfachatez, a su lado yo me convierto en una de las hijas de Bernarda Alba.

Cuánto he aspirado al escribir a ser dueña de un ADN como el de la Crispin, el de la Solnit, el de Vivian Gornick, todas estas escritoras gringas que no parecieran haber sido secuestradas por ancestros que con dulces manos les erguían las espaldas, obligadas a la eterna rectitud que paraliza los pies y deja colgando las palabras en los brazos. Ellas se independizaron, aunque a veces resultara doloroso, pero lo hicieron y tempranamente.

22 de septiembre, miércoles

«Ahora no tomo tu mano para mí. Yo te doy la mano».

Lispector, *once again*.

Los vínculos.

Algunos, por su fuerza y quizás por sus propias sombras, terminan por ser sagrados. Porque en esas sombras hay verdad. No me hablen los que viven iluminados, nada real deja de ser entreverado por músculos oscuros y en ellos los mortales se enlazan. Incluso, si son capaces, se lamen las heridas.

Torva es el alma a veces; otras, una clavelina roja.

23 de septiembre, jueves

¿Cómo sería la vida sin espejos? ¿Quién los inventó y cuándo? Narciso optó por el agua, solo el agua.

Maldigo esa invención.

Mi casa tiene pocos espejos, no soy una de esas mujeres que se deleitan en los cristales. Pero es inevitable enfrentarlos si se aspira a cierta dignidad. Si amaneces con la cara verde, es mejor saberlo.

Le tengo terror a mi imagen. No tengo alternativa sino echármela al hombro y convivir con ella hasta el final.

No quiero mirarme.

24 de septiembre, viernes

A propósito del trabajo visual de Jasper Johns, un crítico vio en él estas características:

- trabajo
- necesidad
- amor
- rabia
- renovación
- sudor
- miedo
- determinación

¿No son acaso las que debiera sumar cualquier trabajo creativo?

25 de septiembre, sábado

Caos en griego significa «apertura», de allí nacen los dioses y la mitología. Pero me asombra la palabra: ¿cómo relacionamos la apertura con la confusión?

Hoy murió Patricio Manns. No sé qué edad tendría yo cuando oí por primera vez «Arriba en la cordillera», pero me resuena como una voz tan larga como mi vida. Recuerdo en Valparaíso —trabajando en alguna campaña política— un escenario donde él cantaba; la Elisa, una niña entonces, cruzó toda la audiencia y le entregó una flor.

Se nos van muriendo. Todos.

26 de septiembre, domingo

Me llega desde Estados Unidos la poesía completa de John Donne.

Me esperan *Las bodas de Cadmo y Harmonía* de Calasso.

En mi velador, Virgilio, esperando que yo reaccione.

Y pierdo el tiempo.

Lo pierdo y lo pierdo.

Entra y sale gente de mi casa, dibujo con Marcel, sirvo tragos. Y no leo. C.S. Lewis decía que los escritores escriben para no estar solos. Por eso escribo tan poco.

Me distrae la prensa, el color del pasto, la contingencia, las redes sociales. Y los ojos azules de mi niño. Y también las necesarias fantasías para enfrentar la vejez.

27 de septiembre, lunes

En mi infancia hubo un personaje que me aterrorizaba. Se instalaba a pocos pasos de mi casa, en la esquina de Eliodoro Yáñez con Providencia. Alguien nos contó que era gitana y nosotras la llamábamos la Vieja de la Suerte. Le faltaban las dos piernas, caminaba de rodillas asistida por grandes muletas fabricadas de una madera tosca y con ellas traqueteaba por las veredas, anunciándose involuntariamente por todo el largo de la calle. Vestía siempre de negro, era ella también muy oscura. Sus ojos eran rasgados y se estiraba tanto el pelo que esto se le acentuaba. Peinaba una partidura al medio y cada lado se enrollaba en una trenza, siempre recogidas, como unos panecillos, rollos de canela. Nos veía, a la Margarita y a mí, y nos gritaba, insultándonos. No entiendo por qué le inspirábamos tanto odio, pero sí recuerdo su mirada maligna y triunfadora cuando palpaba nuestro miedo. La gran diferencia en esta constante pelea es que nosotras contábamos con un par de piernas y podíamos correr lejos de ella. Un día sonó el timbre en mi casa y yo, con toda inocencia, abrí la puerta. Era ella, estaba allí. Fue tal mi sobresalto y mi pavor que ni siquiera recuerdo el desenlace, solo que corrí hacia la cocina. Me quedó grabado: el objeto de mi miedo había llegado hasta mí.

28 de septiembre, martes

Hoy di una entrevista al *Clinic*, pensando que si accedía
—ya que siempre me niego— era porque algo querría
decir. Quería apoyar a Boric. Es cierto que una escritora habla desde un lugar propio y no se le juzga como a
un político. (Leí una entrevista al poeta Claudio Bertoni
y quedé sumida y fascinada por la absoluta falta de filtro). Pero la política es terriblemente regulada y repleta
de convenciones, especialmente por «lo correcto» y «lo
incorrecto». Con ese criterio, se debiera estar en silencio
permanente.

Habría durado un día en la política.

30 de septiembre, jueves

Luego de quinientos cincuenta y siete días se ha levantado
el estado de excepción. Como la vieja de mierda que soy,
temo que el Parque Forestal se convierta en un jolgorio.

A mi lado, en el mismo parque, camina un hombre con las caderas anchas. Lo observo. Un hombre con
caderas anchas debe, por fuerza, tener baja su línea de
flotación. La femineidad lo atraviesa, lo ablanda, lo señala
como alguien un poco resbaloso, nada viril.

1 de octubre, viernes

El cerebro es plástico. Gran noticia. No hay razón para quedarse fija en las mismas miradas.

Pienso en la aporofobia, el miedo a los pobres (la RAE ya incluyó la palabra en su diccionario). Hubo que ponerle un nombre para visibilizarlo, aunque ha rondado en las mentes de la humanidad la vida entera. Su hermana es la xenofobia, que es tal solo cuando el otro no es como tú y no tiene nada que ofrecer. Se odia al extranjero y se le teme. Esto no solo sucede en Iquique ante nuestros ojos horrorizados, es global.

La educación es el único instrumento posible para cambiar este fenómeno. Nuestro cerebro puede aprender. Es plástico.

2 de octubre, sábado

Flagelándome con mi inclinación a perder el tiempo. Con qué frecuencia me enojo conmigo misma porque no he trabajado lo suficiente ni leído todo lo que deseo leer. R me sugiere aceptarlo, no pelear más. Tiene razón. Si me inclino a perder el tiempo, ¿por qué no perderlo y punto?

Y no seguir día a día denigrándome a mí misma por no llegar a un lugar —¿altura?— determinado. No corro una carrera ni compito con nadie. Si el tiempo ha relajado mi comportamiento, así sea.

Mis araucarias aquí al frente no hacen más que mecerse levemente con la brisa y adornar mis ventanales. Nadie se asombra de que no hagan nada más. Pienso en la semántica de «perder el tiempo». ¿De dónde viene? ¿Lo habrá inventado un puritano? ¿O uno que no sabía cómo disfrutar de su tiempo libre? Quizás un inválido emocional. ¿Y si fuera «ganar el tiempo», justamente porque no conduce a ningún lado?

3 de octubre, domingo

Observo una pintura de Magritte titulada *The Human Condition* fechada en 1935: un tablero de trabajo, una pelota, el mar. El absurdo, como bien se preocupa de recordárnoslo. Y si bien conocemos este absurdo, ¿por qué nos empeñamos en buscarle tanto sentido a las cosas? El vacío es enorme, desproporcionado su tamaño frente a las pequeñeces de nuestra cotidianidad, sin embargo, insistimos en ellas. Nos aferramos. Tenemos tanto miedo a dejar de respirar, a que no nos quieran, a reconocer la nada. Y Magritte insiste en cada una de sus pinturas, burlándose de quien no abraza el escepticismo. Quisiera saber cómo eran sus despertares, sus anocheceres. Al menos plasmó su estupefacción.

4 de octubre, lunes

Espero que la condición de dualidad sea considerada como parte del ser. Un proverbio chino dice que un diamante con algún defecto es mejor que uno perfecto.

Somos diamante y piedra.

Somos sobresalientes y comunes.

Somos finos y vulgares.

Brillamos en la locura como nos opacamos en lo ordinario.

Me asombro y me consuelo.

6 de octubre, miércoles

Desde que entré a estudiar a la Escuela de Arte mi pintor favorito ha sido Paul Klee. Tengo sus libros separados del resto como forma de decirle: eres especial.

Y hoy me encuentro con una pintura suya que no conocía y que me ha retratado en este momento: *Esta flor desea desvanecerse* (1939). Cuadrados y rectángulos de rojo/marrón, de azul, de café oscuro y un poco de blanco, un poco de amarillo, un poco de luz.

Soy yo la flor que desea desvanecerse, atenuarse, disiparse. Klee me habla a mí. Quisiera beber de la hierba optimista, pero no hay copa posible. Quisiera también borrar un momento de considerable locura, de alucinación, pero bien sabemos que la palabra dicha o escrita no se borra. Sí, puede borrarse desde la gráfica, no así del espíritu.

The flower that wishes to fade.

Con extrañeza y asombro me veo a mí misma hoy queriendo cancelarme, temerosa de que Zeus me castigue y me despida del Olimpo y me condene al éter, a la nada.

Los dioses griegos eran, sin duda, degenerados. Compartir mucho tiempo con ellos provoca que, a ciertas horas, esas horas blancas de la madrugada en las que ronda Dioniso, toda su perversión se convierta en algo natural.

7 de octubre, jueves

Pesadumbre por la terrible tarea de los mortales: soportarse a sí mismos. Sus locuras, sus equivocaciones, su vanidad, su estupidez. Cargar no solo con su carne y sus huesos, también con el asombro de desconocerse.

El pasmo.

La estupefacción.

El espanto.

El aturdimiento.

La confusión.

Llego al campo: el estruendo de la primavera, el fogonazo de los perfumes.

La tierra.

«But then begins a journey in my head» («pero entonces comienza un viaje en mi cabeza»). Eso le sucede a Shakespeare. Y a mí también.

8 de octubre, viernes

Con la lluvia llega el perdón y se aligera el alma. Y encuentro entre mis notas un párrafo de la ley judía: «Una vez que perdonaste nunca se lo recuerdes a aquella persona. Hacerlo es reestablecer una jerarquía que el verdadero perdón rechaza».

9 de octubre, sábado

Llega la Sol cargando en sus manos las habas y los zapallitos italianos del huerto del vecino y me dice, muy seria: aquí estamos nosotras felices recogiendo verduras y el país se cae a pedazos.

10 de octubre, domingo

De la mano de la primavera llegaron los grillos. Uno de mis maridos me enseñó a nunca matarlos, aprendí y por el piso y las cortinas pululan como en su propia casa. Me pregunto cómo no están todos los bichos de la zona aquí con estos olores subyugantes. El jazmín, precioso él, a punto de estallar.

Los dioses, más de una vez, castigaron a los mortales con tábanos que los hostigaban. La pobre Europa atravesó continentes enteros escapando de ellos. Aunque aquí en el campo no hay, el insecto del aguijón me persigue, obsesivo él. Se me ha instalado en el cerebro y le ruego que se vaya, pero no escucha. Me cansa, no me deja de noche ni de día.

Exhausta de las obsesiones.

12 de octubre, martes

Justo el día en que llegaron los conquistadores a América, Piñera dicta estado de excepción en La Araucanía y envía a los militares. Muy atinado.

El debate presidencial de anoche hoy tiene consecuencias. La derecha ha entrado en pánico y la campaña del terror se expande. Se valen de todo. Recuerdo a esa mujer que lanzó por su ventana las plumas de su almohada y luego no pudo recogerlas.

La situación está complicadísima.

Hablo con PF y quedo peor.

Entre el asombro y el miedo.

13 de octubre, miércoles

Desearía hacer un pacto con Ananque, la diosa de la Necesidad. Vive en el éter, diosa primordial, nadie la toca, ni siquiera tiene un rostro. Personifica la inevitabilidad, la compulsión y lo ineludible. En buenas cuentas, es la fuerza del destino del que nadie escapa. (Por eso, en algunas versiones sería la madre de las Moiras, las hilanderas que lo tejen.)

Ahora bien, pactar con Ananque no es cosa fácil, ni los habitantes del Olimpo lo lograban. Pero quizás se le podrá hacer un guiño, una pequeña plegaria, una sonrisa amable, algún gesto para que nos mire, nos distinga, nos bendiga.

14 de octubre, jueves

Al sentir una brisa ligera le digo a C que va a llover. Él responde que no, que las nubes están muy arriba. Y no llovió porque C no se equivoca con los signos que da la naturaleza. Mi sabiduría de campesina dista de la suya porque la mía es postiza (a pesar de haber dejado el corazón en las riberas del Itata).

Cansada de cualquier palabra sobre papel, salí al sol y planté mi nuevo quillay, luego me senté bajo el parrón a desgranar habas. Constaté complacida la constitución de su vaina: aquella sí es protección. Con qué finura sus paredes se vuelven de terciopelo y con qué esmero su cáscara la envuelve y protege. Quiero ser un haba.

15 de octubre, viernes

Los multimillonarios, como ya lo tienen todo, aburridos de ello han decidido ampliar el turismo hacia el espacio creando naves espaciales con sus fortunas e invitando a sus amigos a mirar el planeta desde afuera. Pienso en lo innecesario que me resulta esa idea. Dominarlo todo, incluso el más allá, complacer la ambición, que nada arranque de su dominio. La misma voracidad que los llevó a ganar todo aquel dinero los induce ahora a morder un poco del espacio.

Qué plata tan malgastada. Me asombra y me escandaliza la frivolidad de sus objetivos. ¿Desearán olvidar la hostilidad del mundo propio? ¿Creerán que esos absurdos quince minutos les sirven para eso? No, por supuesto que no. Una vez más sienten la necesidad del control, manejar tierra y espacio para confirmar su hastío.

16 de octubre, sábado

Los colibrís baten las alas hasta doscientas veces por segundo: los observo por la ventana, no se cansan estos pequeñitos carruseles coloridos, ni un momento quietos. Y las vainas de las habas son el perfecto refugio, se cierran sobre sus protegidas y las convierten en inexpugnables. Ya hablé de ellas, lo sé, pero lo repito. La naturaleza nos sigue asombrando cada día, nos deslumbra, obligados a amarla.

Esta primavera me ha ovillado a la tierra, diría León Felipe.

17 de octubre, domingo

Observo una pintura de Matisse llamada *Le bonheur de vivre* (1905), al fondo hombres y mujeres bailan en un círculo, un músico toca una flauta en primer plano, algunos se abrazan al costado del lienzo, otros se besan, y no faltan los que solo se tienden a descansar. Todos disfrutan del aire libre en un marco de sol y libertad con un colorido ágil y ligero. Busco el agua, la encuentro, Matisse no se pierde. Imposible la alegría sin agua, un lugar sin ella es un no-lugar. El mar, el río, el lago o la laguna, el arroyo, la piscina, no importa cuál. Es su cercanía la que imprime un indeleble trazo de felicidad.

18 de octubre, lunes

Para los griegos la mesura en los mortales era fundamental. Tanto en el bien como en el mal, el espíritu helénico no permitía el exceso. Para ello estaban los dioses, que actuaban como guardianes: nada debía sobresalir de su condición sin exponerse a represalias, fuese de poder, de riqueza, incluso de felicidad. Némesis —a veces llamada diosa de la Ofensa— era la encargada de suprimir toda desmesura.

Hoy quisiera hacerle un llamado a Némesis para pedirle que baje a la tierra, que visite el sur del sur, un ratito que sea, no le pido más, solo para infundir un poco de equilibrio. No le tomaría mucho de su tiempo precioso.

20 de octubre, miércoles

Estoy suscrita en la web a varias páginas de pintores. Todos los días me encuentro con alguno de ellos, ya sea Klee, Rothko, Picasso, Cézanne y otros que me refrescan la jornada. Descubro cosas, como lo extensa que es la obra de Magritte y todo lo que no conocía de él. Reivindico a Dalí, a quien había dejado de apreciar. Me acerco a Egon Schiele y confirmo mi predilección por los expresionistas alemanes, indeleble la marca que dejaron en la pintura del siglo XX. Me alucina lo vanguardista que fue Turner y lo matemático de Klee.

21 de octubre, jueves

Tarde en la noche recibo un llamado de H, el nochero, me cuenta que han entrado ladrones al campo y que le han disparado con perdigones, hiriéndolo en una pierna. Sucedió muy cerca de mi casa. Dicen que los narcos de Peñaflor están llegando al valle a robar. Y en un segundo, como un cristal muy delgado, puede romperse mi fantasía.

La seguridad es como el silencio: cada momento se aleja más y más de nosotros.

22 de octubre, viernes

Me gusta mucho mi cama. Pero Melville no estaría de acuerdo con esa afirmación, la consideraría inoportuna por blanda, por lujuriosa. Él apostaba a que siempre faltara algo al acostarse —una frazada, por ejemplo—, que nunca estuvieras muy cómoda, muy tibia, muy contenta dentro de la cama. Eso te fortalecería, te daría disciplina.

23 de octubre, sábado

Siempre hay una espina, siempre duele algún trozo de la carne.

No uso guantes para jardinear y algo, aunque pequeño, se clava. Cuesta mucho librarse de esas pequeñas heridas.

Este año, el del asombro, ha sido como una suculenta de mi jardín: crecen solas, sin mi mediación, se desarrollan convirtiéndose en especímenes bellos y carnosos, pero al final me hieren. Se ensucian, crece el detritus en su entorno, hago el esfuerzo de limpiarlas. Pero nunca es suficiente. Entonces, me digo, de cara al pesimismo, ¿es necesario criarlas? ¿Tendré la voluntad de cancelarlas? No.

Es que no es la voluntad la que se juega aquí. Y si optara por un pasto liso, liso, sin una planta que me agrediera, mis días serían también así.

25 de octubre, lunes

El 25 de octubre de 2019 salimos a la calle más de un millón de personas clamando por un cambio, un nuevo pacto. En la misma fecha, un año después, votamos en un plebiscito para escribir una nueva Constitución. Puros triunfos. Conservo hasta hoy el exigido lápiz azul para hacer la cruz en la palabra Apruebo, el mismo con que votaré el 21 de noviembre por Gabriel Boric para presidente de la República.

¿Qué escombros hay bajo el humo tóxico de esta campaña? Por favor, por favor, que pasen luego estos días.

26 de octubre, martes

Hay días así.

No he visto a nadie.

Solo crucé unas palabras con César, el conserje (¿cómo está el calor?, mejor que ayer), y luego con Diego, mi librero de Metales Pesados (búscame el libro de Eunice Odio, por favor; ah, ese que Vicente editó; sí, ese).

Pocas palabras para un día.

Eunice Odio fue encontrada en su tina a los diez días de haber muerto:

Quisiera desprenderme de mí
romper con la profunda unidad de mis huesos,
desarraigar mis sienes de su limpio aposento,
sacar a mi creatura del claustro en que la lloro.

27 de octubre, miércoles

¿Qué significa tener un secreto? En la ficción se devela, en la poesía no. ¿Cómo resultará vivir años cargando con él y disimulando? (y morir después en la tina).

Me pregunto si un secreto es lo que se silencia o es lo que no debe sentirse, por lo tanto, no articularse ni pronunciarse. La poesía habla de él crípticamente, sí, lo susurra y, como corresponde a su género, nunca lo pronuncia de frente. Es una salida etérea pero convincente, de ese modo no te ahoga. O te ahoga igual y el poeta vive la ilusión de haber dejado de silenciarlo.

28 de octubre, jueves

Mi hija mayor cumple hoy cuarenta años. Yo había cumplido treinta cuando la parí. Y aún es milagroso, un milagro eterno: dar la vida a esa preciosura. Me apenan los hombres, los que nunca sabrán aquello. Los hijos son definitivamente nuestros, de las mujeres. Los hombres cumplen un papel lateral, a veces incluso marginal. Existen los bancos de espermios, verdaderos menús, al portador. Los más jóvenes creen en la crianza compartida, bravo por ellos y por la igualdad, pero más sabe el diablo por viejo que por malo.

El cordón umbilical no se corta. Es un acto biológico hacerlo, no ritual.

29 de octubre, viernes

La primavera parece una locomotora desenfrenada que expande su humo sin ton ni son, como si estuviera tan apurada (¿hacia dónde corre?, ¿hacia el verano para terminar su trabajo?).

El laurel floreció rosado y las achiras muestran sus primeras flores rojas. Las buganvilias gozan en una danza frenética y hasta del canelo brotaron unos tímidos frutos verdes pálidos. Las suculentas expanden sus hojas como aguas en un maremoto.

Miro desde mi terraza el jardín: una, dos, tres, cuatro, cómo enumerar las bendiciones.

30 de octubre, sábado

La franja negra, así decidí llamarla aprovechando que el concepto está en el aire gracias a la franja presidencial en la TV para las elecciones de noviembre, una interrupción en la pobre conciencia televisiva, así como la mía en mi sueño. No es fanática en su puntualidad, tampoco aparece cada día, pero me arranca de ese estado milagroso, placentero e inocente, y me lleva —a matacaballo— a una realidad autoflagelante. En buenas cuentas, lo que hace la maldita franja negra es contarme que soy una mierda.

Entré a mi pieza y estaba llena de plumas. Eran negras y pequeñas y con el viento se movían como arañas caseras que escapan. No encontré al pájaro hasta más tarde, muerto bajo la cama en el lado opuesto al que duermo. Miré a mi gato con ojos asesinos y me devolvió la misma mirada: sin culpa y tranquilo. Yo podría haber pisado ese pájaro esta noche, en la más total oscuridad. Y sé que mi reacción habría terminado apareciendo en mi negra franja, como todo lo inseguro e inquietante.

31 de octubre, domingo

Mi próximo cuento: la Vieja de Mierda. Así le dicen en la pobla. La desprecian por sus años y su soledad. Vieja arrugada. Vieja pelada, ni pelo te queda. Vieja caliente, patética. Y la vieja avanza por la calle de barro, aún no la han pavimentado, y recuerda con vaguedad un último encuentro con el espejo, hace ya un buen tiempo, en el que ella misma se dijo, seria y contundente: vieja fea.

Fea, rancia, arrugada, pelada y patética. Rota y usada. Córtate las venas y regala tu sangre.

1 de noviembre, lunes

Día de los Muertos.

Un día mexicano en mi memoria, calacas y cempasú-
chil. Y altares con la fotografía de mi padre.

Qué hermoso sería correr entre los naranjos y recitar
a Cortázar: «Yo quiero proponerle a usted un abrazo, uno
fuerte, duradero, hasta que nos duela. Al final será mejor
que me duela el cuerpo por quererla y no que me duela el
alma por extrañarle».

A veces me convenzo de que los árboles y los animales
me hablan. No deliro, es solo que dentro de un silencio
tan rotundo, los sonidos se amplían como si cambiaran
de tono y parecieran tomar voz propia. A veces no es más
que un gemido y temo que alguna planta esté sufriendo.

2 de noviembre, martes

Consciente de lo «incorrecto» que resulta en la actualidad
hablar sobre la apariencia y el cuerpo del otro, dejo cons-
tancia de que las mujeres chilenas están cada día más feas.
Cada día más gordas. No hablo de ese porcentaje mínimo
de las tres comunas, ellas no son representantes de nada.

Hablo de la mujer común. En el futuro la lucha de clases se llamará *lucha de peso*. A medida que se baja en la escala socioeconómica, suben los kilos. A más vulnerabilidad, más sobrepeso u obesidad. ¿En qué momento sucedió este fenómeno? Me espanta que la gordura llegue a ser sinónimo de pobreza.

Y yo haciendo dieta.

Mis hijas se enojarían mucho si leen esto. Como dice mi amiga Luz, somos la única generación que temió a sus padres tanto como a sus hijos.

3 de noviembre, miércoles

Hablando de las mujeres gordas, qué enorme control de los cuerpos femeninos hemos sufrido a través de los códigos del vestuario. Nos han manipulado desde milenios y sin embargo hoy, justo hoy, pareciera producirse la gran ruptura. Cada mujer se viste ahora como se le ocurre, inmensa la libertad, envidiable respecto a los códigos de mi infancia. Durante mi adolescencia nos vestían como señoras, el pelo escarmenado, trajes hasta las rodillas, y a los baileteos íbamos vestidas de seda con medias transparentes y tacos altos. Nunca vimos una zapatilla si no era para hacer gimnasia. Hoy la vendedora de La Vega se ciñe el cuerpo, deja al aire el estómago, muestra todos sus excesos y es tan válida como yo con mis ropas flotantes. Qué enorme democracia, la estampida total frente al control.

¿Se asombrará el sexo masculino ante tamaña rebeldía?

5 de noviembre, viernes

Primero es el parto de tu madre.

Luego es el tuyo de ti misma. Una, dos veces, las que sean necesarias. El opuesto al fagocitismo: nacer mil veces, pero de tu propio vientre, nadie puja por ti. Qué tarea titánica, un parto deja exhausta hasta a la más fuerte. Vuelves a aprender, a tantear las sombras, a ponerle nombre a las cosas cuando no sirven las mismas palabras.

Las mujeres renacen más que los hombres. Será porque el parto es propio, porque *pueden* parir.

6 de noviembre, sábado

«Los apóstoles le dijeron a Jesús: Auméntanos la fe.

Él respondió: Si tuvierais fe como un grano de mostaza, habríais dicho a este sicomoro "Arráncate y plántate en el mar" y os habría obedecido» (Lucas 17: 1-6)

La maravilla de la fe. No es voluntad, no es decisión, se tiene o no se tiene. Lástima no creer en ningún dios.

9 de noviembre, martes

«No hay peor agonía que acarrear dentro una historia no contada», escribe Maya Angelou, ella, que no pronunció una sola palabra por años, totalmente muda. Había denunciado al novio de su madre por violación y este fue asesinado por ello. En su mente rondaba: «Creí que mi voz lo había matado. Maté a ese hombre porque dije su nombre. Entonces pensé que nunca más hablaría porque mi voz podría matar a alguien».

Esto le sucedió a los ocho años.

10 de noviembre, miércoles

Estoy aquí solo porque no tengo fuerza para estar en otra parte. Tomo agua de boldo y elijo sus hojas porque era ese el árbol que precedía la Casa de Ladrillos en Los Remolinos, la oficina de mi padre. A ese boldo trepaba y colgando de él estudiaba para rendir algún examen reprobado en marzo (siempre había alguno). Planté aquí un boldo pero crece con gran avaricia, aunque aún pequeño muestra ese verde oscuro irrepetible. Es un verde espeso, hondo como el concho de una botella de vino tinto, adorado.

11 de noviembre, jueves

Tendida en la cama aterrada del dolor físico, esperándolo. ¿Por qué tanto miedo? Se han escrito muchas páginas sobre la cercanía del dolor y el placer y a mi cerebro le resulta difícil procesarlo, ni un pedazo de mí se inclina hacia el daño del cuerpo. ¡Cómo si fuera poco el síquico!

Fobia a los hospitales. Horror de quedar encerrada en uno, prefiero la cárcel, al menos allí se puede fumar. Soy nefasta, me avergüenzo de mis propios temores y detectar lo profundos que son. Por algo la mitología griega creó un dios de las fobias.

Solo trago cabellitos de ángel, como en mi infancia.

12 de noviembre, viernes

Hoy, creo, no estoy segura, habría sido mi aniversario de matrimonio número 48 —horror— si me hubiese mantenido en mi primer intento, el único legal. Tenía solo veintidós años. Fue triste y lúgubre aquel día, en 1973, en plenas consecuencias del golpe de Estado. Teníamos amigos recién asesinados, otros presos por la nueva dictadura. No celebramos. Solo nos juntamos unos pocos en casa de mis padres y supongo que tomamos una copa de champagne. Nada más. Y cuando nos fuimos a dormir al departamento que nos prestaron, ni feliz estaba yo.

No tuve un anillo de compromiso, ni una argolla de oro ni un vestido de novia. De inmediato dejamos el país, al que no volví sino hasta cuatro años después. Empezaba el exilio.

Qué tontera casarse.

14 de noviembre, domingo

Luego de leer a la Lispector no se puede escribir. Resulta casi obsceno. Una vez más vuelvo a preguntarme por qué escribimos. Rilke era partidario de abstenerse a no ser que hacerlo te matara. Y creo que casi todos podemos seguir viviendo sin escribir.

¿Qué le pasaría a Clarice con las palabras? ¿Cómo le llegaban, cómo se articulaban en su pensamiento? «Era un ser que elegía. Entre las mil cosas que podría haber sido, había ido escogiéndose». Así parte «Perfil de seres elegidos». Leo varias veces esa frase, luego el párrafo, después la página.

16 de noviembre, martes

Ahora trato de hacerme camino entre la maleza y la vegetación de la selva en Kenia. Los mosquitos están a punto de derribarme y tengo los pies hechos tira. Hacia allá me ha llevado Abdulrazak Gurnah, el nuevo Premio Nobel. Esa es la fuerza incomparable de la literatura. Vives tantas vidas a través de ella. Y puedo pensar en Yosuf —el protagonista de su novela— y amarlo y aterrarme de que los salvajes lo secuestren mientras la destrucción se expande.

Me ha fascinado irme tan lejos esta vez. He leído poca literatura africana y enfrento realidades por completo desconocidas para mí. Los temas, que podrían parecer tan ajenos, a poco andar los he hecho míos.

Subyugada.

17 de noviembre, miércoles

A la N le diagnosticaron una enfermedad a los ojos. A la larga, aun cuidándose, le afectará a la visión central más cercana, por ejemplo, la lectura. Tuve que salir a la terraza y respirar profundo. Si eso me pasara a mí, estaría perdida. No me valdría la pena vivir.

Los ojos. Dos joyas. Lo más precioso de nuestros cuerpos.

Pienso en aquellos que fueron cegados durante el estallido por las Fuerzas Especiales. Cuando aparecen en la prensa, desvío la mirada, así es el horror que me atraviesa. En cambio, mi madre llegó hasta el final con los ojos perfectos, pero con un cerebro que no le permitía leer.

Cuidar los ojos es cuidar la vida.

18 de noviembre, jueves

Leo en el *Washington Post* el destino que tuvieron aquellas casas en ruinas en Italia cuyos municipios las vendían a un euro.

Año 2019, la Sol y yo en Roma nos entusiasmamos con la idea y empezamos a hacer planes. Escribimos a los municipios, averiguamos, fantaseamos. Hasta llegamos a hacer listas de a quiénes embarcaríamos en el proyecto. Hoy leo que ha sido exitoso. Así lo testimonian los que compraron y decidieron quedarse allí. Un australiano y una brasileña cuentan sus historias. Hice una lectura llena de envidia. ¿Por qué ellos tuvieron el coraje y nosotras no? Podría culpar a la pandemia pero en lo profundo sé que es una disculpa.

No soy ese australiano ni esa brasileña porque no lo tengo en mí, aquello de partir. De abandonar. Tantas raíces pesan y me sujetan y entierran en este país. Si en mis sueños compro una casa en Sicilia sé que allí permanecerá: en mis sueños.

Aunque dijera lo contrario, no me interesa la aventura. Peco de ser una pinche burguesa acomodada a la que no se la puede mover de su espacio. Convencional. Estable. Aburrida. Que los lazos de familia, que el clan, que la patota. Soy de aquí y ya no me queda tiempo para plantar una viña bajo el sol siciliano.

En dos días se han muerto dos compañeros de mi época militante, ambos de mi generación.

A mi pesar, ya no es tiempo.

19 de noviembre, viernes

En cada obra de Franz Marc aparece pintado un animal. Se lo agradezco como si me los hubiese dedicado, en especial cuando retrata a los caballos.

Hace treinta años, algún día de noviembre que no recuerdo, publiqué mi primera novela. El lanzamiento fue en el Museo de Bellas Artes, como si mi inconsciente quisiera ligar una vida previa a esta que se inauguraba. La presentación la hizo aquella gran escritora de la generación de mi madre, Mercedes Valdivieso, y por la editorial Los Andes, Sebastián Piñera, actual presidente de la República.

Entonces, entonces me cambió la vida.

21 de noviembre, domingo

Hemos sido derrotados. Matemáticamente no lo parece tanto, solo dos puntos separan a Kast de Boric, pueden ser remontables.

Ha ganado en primera vuelta un fascista, un pinochetista.

¿Qué le pasa a este país?

No lo entiendo. ¿Es que hemos andado a tientas?

22 de noviembre, lunes

Desperté muy triste. Inquieta. Perdida.

Chile no cambió, como creímos para el estallido. Hemos leído mal los signos. Vivo en una burbuja intelectual y regional. En el mundo urbano ganamos lejos, pero eso no es Chile.

Con Kast todo está en peligro. A la mierda nuestros preciosos avances. Todas las causas progresistas para vivir con humanidad serán sepultadas.

Desearía ser una ermitaña, indiferente al acontecer. En algún lugar de la existencia siento que ya nada importa. Pero las causas no se abandonan así no más.

Atrincherada tras la ventana.

Altamente deprimida.

23 de noviembre, martes

A propósito de golpes de Estado. Fueron —el pueblo chileno— a buscar al verdugo esta vez. Lo invirtieron. Eso me dice A. Y la frase me da vueltas.

24 de noviembre, miércoles

Las buganvilias enloquecieron. Mirarlas es una forma de apaciguar el miedo y la pena.

Mi generación ya vivió el fascismo, sabemos de qué está hecho. Trato a conciencia de entender a mi país en vez de odiarlo. Pero lo veo como un largo Ícaro que piensa que el sol lo iluminará mientras se acerca hasta que lo quema, derritiéndole las alas.

25 de noviembre, jueves

Despierto de madrugada porque sueño con elecciones. La noche entera votando, no dejamos de votar.

Distintas cercanías me impregnan de algo a lo que podría llamarse esperanza.

Como diría Patricio Manns, quizás volvemos a encontrar la patria pura.

26 de noviembre, viernes

Los europeos no solo dominaron y robaron, lo mataron todo. Y nunca han hecho un mea culpa. Hablo de África. ¡Cómo esquilmaron ese continente! Destruyeron sus tradiciones, les quitaron sus tierras, les impusieron su religión. Y de paso, muerte y esclavitud. Todo con el poder del color blanco y sus armas modernas, las que a menudo no necesitaban empuñar, bastaba la piel para ejercer el poder. Aterraban a los nativos, se los llevaban a unos barcos infectos para que pelearan sus guerras.

¿En nombre de qué?

28 de noviembre, domingo

Hace cuatro años murió la Margarita.

El cuerpo pesa.

Si gana Kast tengo dos alternativas: o me voy a Roma y me instalo ahí o nombro a mi tercer cuaderno *El de la Resistencia.*

29 de noviembre, lunes

El pan tostado —al fuego, no en la tostadora eléctrica— expande por la casa olor a hogar. A infancia.

Aún me asombra que lo relacionado con la niñez produzca tal tibieza. ¿Es que de verdad solo allí fuimos felices?

30 de noviembre, martes

Mis horas hoy están dedicadas a la campaña. *Escritores por Boric.* En eso estoy, intentando darle cuerpo a las adhesiones. La capacidad de trabajo es siempre mayor a la anticipada. Es la pasión la que comanda, es ella la que se instala en el centro de la acción.

Siempre me ha asombrado el número de personas que viven sin pasión alguna. ¿Cómo generan energía sin ella? La pasión es lo que distingue una vida de otra. Lo que hace que sea o no significativa.

1 de diciembre, miércoles

Hello, December. Ya llegaste, tan luego. Quizás qué año cerrarás. Observando la luna, recuerdo a Jojó, un estudiante de la India compañero mío en la Alianza en París, tenía un nombre impronunciable lleno de jotas y haches, por lo que lo nombramos Jojó. Una noche de luna, mientras caminábamos por Saint Michel, me contó que para ellos la luna es una copa donde se deposita el néctar de los dioses y que se transforma en rocío para los mortales. Cuando se llena la luna, los hindúes ven cruzar a un dios magnífico por los cielos con la copa rebosante y lentamente va vaciándose mientras la beben los dioses, pero reservan un resto para el amanecer, cuando verterán el néctar bendiciendo a la naturaleza y a los hombres.

2 de diciembre, jueves

La niebla pandémica.
Todo cubierto por ella: la memoria, el cuerpo, la energía, la concentración. Aparte de algunas estrellas que lograron iluminarnos, todos somos menos de lo que fuimos.

Un velo transparente y fino nos envuelve. ¿Se adhirió de manera irreversible?

5 de diciembre, domingo

No es un bailarín, es solo un acróbata.
No es un poeta, es solo un escribidor.
No es un artista visual, es solo un dibujante.
No es un músico, es solo un instrumentista.
Todos somos *solo* la pobreza de nuestros recursos. Sin embargo, aquello nos da la absurda sensación de ser relevantes.

6 de diciembre, lunes

Hoy fue el día de los «501 Escritores por Boric». Comando, candidato, cariño y emociones. Ya, cumplí la tarea y resultó bien.

Es bueno trabajar en una campaña. Lo colectivo va primando y la duda se relativiza. Genera un ímpetu necesario, una cierta electricidad.

Sería injusto para mi generación no ganar, el cuerpo tiene memoria —más que el alma— y ya vivimos la cuota necesaria de Pinochet para toda una vida.

7 de diciembre, martes

Busco en el diccionario los sinónimos de la palabra esperanza.

- Confianza
- Seguridad
- Certidumbre

- Creencia
- Promesa
- Perspectiva
- Ilusión
- Optimismo

A todas ellas aspiro.

8 de diciembre, miércoles

¿Alguien jugará todavía al luche? Era un juego de mi infancia pero no lo he vuelto a ver. Una tiza y un pavimento, nada más se necesitaba (austeros entonces). Se dibujaba en el piso un signo «gato» y luego se saltaban los espacios con un solo pie. La gráfica era bonita. Cortázar tomó esa imagen para la portada de *Rayuela*.

Me encantaría ir por la calle y ver a un par de niños jugándolo.

9 de diciembre, jueves

Se ha promulgado hoy la ley del matrimonio igualitario: un enorme paso hacia una sociedad decente y avanzada. Se cambiaron las palabras «unión entre un hombre y una mujer» por «unión entre dos personas».

Qué raro es este pedazo de tierra en el que vivimos. Tan progresista en algunas cosas y tan conservador en otras.

10 de diciembre, viernes

Tiran y tiran los días siempre lentos, como bueyes cansados con su carreta a cuestas. Se creen importantes los días con tanto anuncio en torno a ellos: elección presidencial,

Navidad, Año Nuevo. Como el país está inquieto, nadie se concentra en nada, las neuronas vuelan, como pájaros de árbol en árbol, incapaces de estacionarse.

Viene Marcel a dormir. Se pone su pijama con dinosaurios y se mete a mi cama, seguro y reconfortado y terriblemente amado. Sus ojos son como dos piedras de aguamarina, me obligan a poner los pies en la tierra y a preguntarme en qué país irá a crecer.

11 de diciembre, sábado

El exceso material asquea.

Muestran en las noticias a un millonario alemán que instaló cuatrocientos árboles navideños en su mansión. Cuatrocientos. ¿Por qué razón puede alguien necesitar/desear esa cantidad de árboles? ¿Cuál es el objetivo de tal acumulación? En momentos así me repleto de instinto minimalista y mi anhelo inmediato es la nada. Preferible la celda de un monje. Ojalá en mi casa hubiese menos libros, menos ropa, menos loza. Me llama fuertemente el vacío en contraposición al lleno desbordante.

13 de diciembre, lunes

Salí a la calle a hacer campaña y rejuvenecí. El otro, quienquiera que sea, nutre. Vivifica. Su complicidad vale oro. Lo que prueba que no podemos vivir sin la manada. O fuera de ella.

Vi en la TV la escena de un hombre que bajó las escaleras de un edificio y sin mediar acción alguna se precipitó sobre el conserje y comenzó a golpearlo. Golpe tras golpe, asaltándolo sin control. Miré estupefacta, el conserje no tenía arte ni parte en lo que sucedía en la cabeza de ese hombre, ¿qué se alojaría allí? Comprendo que es un tema global, sucede en todos lados, como si los mortales no pudiésemos tolerar este mundo ni la vida dentro de él.

El poeta David Whyte liga el afecto a la rabia. Estoy en absoluto desacuerdo.

14 de diciembre, martes

Basta que me detenga en un concepto determinado para encontrar que Borges no solo lo tuvo sino escribió sobre él. Ahora es la palabra serenidad la que me convoca como el objetivo superior a alcanzar. Y me encuentro a Borges diciendo: «Buscar la serenidad me parece una ambición más razonable que buscar la felicidad. Y quizás la serenidad sea una forma de felicidad».

Durante los años impetuosos de la juventud miré en menos la serenidad. Lo que no ardiera no cabía en la imaginación. Tan absurdamente tonta que es la juventud a veces, tan atrevida para desafiarlo todo. Si entonces me hubiesen contado de mis aspiraciones actuales, con qué menosprecio habría reaccionado.

Un punto aparte: qué horror me dan los individuos que hablan de sí mismos en tercera persona (son siempre hombres). Megalómanos.

15 de diciembre, miércoles

V me cita al poeta que habla de «la insurrección solitaria».

Me hace eco. Un eco fuerte. Todo lo que se ejecuta en soledad me lo hace. Algo intangible, brumoso, me liga a la palabra insurrección. El eterno fantasma de la escritura.

Imposible la insurrección dentro de la convención. Esta debe hacerse girones, romperse sin vuelta atrás. Todo escritor es, en alguna parte de sí mismo, insurrecto. El fondo es, ¿de qué tamaño es esa parte?

Los trenes de Jorge Teillier.

Los besos de Cecilia Vicuña.

Los muertos de Stella Díaz Varín.

Asombroso: la guía es la poesía.

16 de diciembre, jueves

Llego al campo. Primero huelo. Luego miro.

Verde.

Respiro.

Más verde.

Vuelvo a respirar.

Mis perros me lamen la cara y las manos, mi gato se tira —literalmente— a mis brazos y se pega a mí al dormir.

Acusan a la gata Miguelina de cazar los colibrís del árbol de mi ventana. Ella, con su carita de santa.

17 de diciembre, viernes

A la flor que nosotros en español llamamos suspiro, en inglés lo traducen como *morning glory.*

A ver... a ver.

¿Es que la gloria matutina va acompañada de un suspiro? ¿Antes o después de transformarse en gloria? ¿O es que al abrir los ojos es inevitable que comience el cansancio o la resignación que significa suspirar? Los suspiros gloriosos quizás tengan que ver con el amor.

(¿El amor? ¿qué es eso?).

19 diciembre, domingo

Anoche, desvelada, dudaba si preferir una noche rápida y escueta para terminar de una vez con esta incertidumbre o estirar la noche tanto, tanto como para impedir que llegara el día.

3:30 pm/ vuelvo de votar. (Séptima elección en catorce meses.) Conozco de memoria mi local de votación en Santo Domingo con Almirante Barroso. Voté rápido, hice la cruz al lado del nombre de Gabriel sin sentimentalismos, un acto político y punto. Ahora, a esperar a la familia, que viene a mi casa a ver el conteo de votos, y a tomarme el primer Ravotril.

0:00: ganamos.

Y ganamos en serio.

20 de diciembre, lunes

Hay ciertas amanecidas que te cuentan, al abrir los ojos, que algo especial ha sucedido. El cuerpo se pone tibio. Entonces una rebusca en la mente qué será.

El presidente más votado de la historia.

El presidente más joven de la historia.

Las calles solo equivalentes a las de la noche en que ganó Allende.

Bienvenido, presidente Gabriel Boric.

21 de diciembre, martes

Es otro el aire.

Es otro el país.

La gente anda contenta.

Un presidente que nos querrá. Un presidente cercano y sincero. Un presidente que amará este pueblo.

Chile está de fiesta.

23 de diciembre, jueves

William Burroughs veía en el discurso razonable una trampa de la que se puede huir alterando la gramática.

24 de diciembre, viernes

También la esperanza puede convertirse en una trampa si se está muy confortable en ella.

Ojo.

25 de diciembre, sábado

Navidad.

Gran celebración familiar: para eso se usa esta fecha. Para comer cosas ricas compartiendo con los que se ama. Punto. Todo el resto es un consumismo del que es fácil hastiarse, como lo es de las mentiras del catolicismo y su mundo de paz y amor.

No me es indiferente una mesa repleta, una pata de cordero cocinada durante veinticuatro horas, un arbolito decorado por Marcel, un libro a cada miembro de este lote.

La Navidad es también la infancia.

26 de diciembre, domingo

Calor y calor y calor.

Una estatua enorme de cemento esta ciudad. Entre la transpiración muere Desmond Tutu, hombre entrañable, y hace unos días Joan Didion, la gran escritora. Y así van desvaneciéndose los referentes. Cuál será el próximo, me pregunto, en caso de que no seamos nosotros mismos.

27 de diciembre, lunes

Por fin un día de cierto recogimiento. El verbo mexicano *engentarse* es magnífico. ¿De verdad es necesario estar tan abierta a tantos otros? ¿Dónde quedaron los aires de ermitaña? La cuarentena era perfecta, a nadie se debía atender, todos igual de imposibilitados. Virginia Woolf se molestaba consigo misma por hacerle caso a la convención de la vida social. No le gustaba, siempre prefería estar en casa sola, sin embargo se dejaba llevar por la corriente de las obligaciones con la certeza de estar entregándose a una actividad no elegida.

28 de diciembre, martes

Por fin la carretera.
Por fin partir.
Y llegar al valle a pasar el verano, con una caja llena de libros —elegidos con pulcritud— y la ilusión de ganarle al tiempo y leerlos todos.
Termino *Linda 67* de Fernando del Paso, un escritor encumbrado y admirado a quien gocé de conocer personalmente en su casa del DF en México. Gracias a él ese país cuenta con dos grandes obras: *Palinuro de México* y *Noticias del Imperio*. Y me atrevo a pensar que, de haber sido su editora en esta novela específica, le habría cortado muchísimas frases, párrafos e incluso páginas. Por supuesto, su maestría está presente, pero adornada con conocimientos frívolos inútiles para el lector (muchas marcas

y tantas calles y ciudades que terminan no importando nada) y lo peor, cursilerías (amor, sexo) imperdonables.

Me recuerda a Vargas Llosa cuando empezó a escribir leseras.

Si ellos se equivocan, ¿qué nos queda a los pobres mortales?

29 de diciembre, miércoles

Hay tristeza en la imagen de la madre que ve partir a su hija. ¿Todas las madres se compadecerán un poco a sí mismas cuando, paradas frente a la puerta de la casa de campo, hacen señas al auto que parte a la ciudad, dejándolas solas? Es una escena mil veces repetida y siempre apuntalada por cierta autocompasión. Vamos, no es que me la estén robando, tipo Deméter con Perséfone, no, pero la sensación es parecida. Y quedo sola, como aquellas mujeres suecas de Mankell que viven, con su alma no más, en extensas llanuras y las asesinan.

Llegaron los perros de la Lotty a vivir aquí. La Rosa y el Lucho se llaman. Cuatro perros y yo.

31 de diciembre, viernes

Tres gatos, cuatro perros y yo esperamos que den las doce y terminar este año 2021. Confeccioné ocho pequeños papeles, cuatro de ellos fueron quemados —al fuego, nada de metáforas— con las odiosidades y dolores del año que parte. Los otros cuatro, con mis deseos para el 2022, se guardaron en uno de los pequeños cajones del mueble de Singapur. Me pregunto si se cumplirán. Son anhelos modestos, ya no tengo edad para grandes aspira-

ciones. Pero sí la tengo para intentar instancias de felicidad y allí me dirijo.

Termino este cuaderno.

Del asombro a la luz del sol.

Cuaderno del sol

One day you'll find
That I have gone
For tomorrow may rain, so
I'll follow the sun

THE BEATLES

1 de enero, sábado

Como decía ayer, somos cuatro perros, tres gatos y yo. Al dar las doce, doce campanadas mudas, salimos al pasto a abrazar el cielo, ese azul oscuro, estrellado e inmenso del valle, un cristal transparente y pintado a la vez. El abrazo era para el cielo del astrónomo, como dice la Mistral, no para el del teólogo. Abrí bien los brazos y aspiré. En ese instante cruzó, justo a la altura de mis ojos, un gran pájaro blanco. Volaba solo, improbable en medio de la noche. Quizás me traía un regalo.

Entonces los cuatro perros, los tres gatos y yo emprendimos un trayecto nuevo. Del asombro de 2021 al sol de 2022. De la sorpresa e intensidad a la nueva era.

Por cierto, será una de luz (¿qué es el sol sino eso?). Ahora que un caballo, como dice Huidobro, empieza a subir por el arcoíris.

2 de enero, domingo

Amanecí pensando en la luz.

La luz del Caravaggio y sus feroces contrastes, la luz de Sorolla, la de toda la historia de la pintura.

La luz del camino.

La luz de la luna.

La luz doméstica de la lámpara. La urbana de los faroles.

Por doquier la luz. Prohibido cegarse.

Dirigir esa luz hacia lo oscuro, hacia lo borrado, escondido, viciado. Dirigirla a Chile.

3 de enero, lunes

Pareciera que llevamos en el cuerpo tres domingos seguidos. La calma. El sueño. Los domingos son de color amarillo. Como el sol.

Vertí el contenido de un gran frasco de frutos secos sobre la mesa de la cocina separando las avellanas de las semillas de calabaza, tan pequeñas entre mis dedos. Las avellanas son para mí, las semillas para otra. Cada pedazo de cáscara o residuo olvidado se tiraron al frasco mío para que el otro pareciera resplandeciente. Fue un trabajo lento y concentrado, un trabajo de amor en el que nadie reparará. Pequeños actos de luz que no importan.

4 de enero, martes

Ya encontré mi oficio si hubiese vivido en la Antigüedad: escriba. La perfecta síntesis entre la pintura y la escritura. Los instrumentos utilizados por el escriba —lápiz, pincel, tinta, colores, papeles— son los mismos que me han permitido fantasear desde la niñez. Con ellos copiaban las palabras y aunque fueran ajenas, eran palabras al fin, cada una un pequeño dibujo. En un principio no existían los atriles, trabajaban sentados en el suelo con el papiro cruzado entre las piernas. Era mucha la concentración exigida pero aun así a veces se equivocaban y otras, agregaban palabras o ideas de su propia cosecha. Cada manuscrito era diferente al otro, cada uno ocupando pinceles maravillosos —delgado, mediano, grueso— como le apetecía. Requerían mucho entrenamiento para cumplir con esta tarea, una enorme disciplina para estar a la altura. Los escribas pertenecían a la nobleza y devinieron en una especie de casta superior. Eran, como se diría hoy, miembros de la elite.

Leo *El infinito en un junco*, la historia del libro en la Antigüedad. Embelesada. Y no solo por la historia, que resulta fascinante, sino también por el lenguaje con que la española Irene Vallejo la relata. Es cercana, desenfadada, sin pedantería, aunque es informada hasta la médula. Aprendo y disfruto y agradezco que me hayan incitado a leerlo.

Pura luz.

5 de enero, miércoles

Pienso que cada escritor/a, aunque lo niegue o no tenga conciencia de ello, escribe para alguien. No somos tan abstractos como para dirigirnos a la nada. Recuerdo una época, en México, en que yo escribía para Javier Marías (nada menos). Él me había inundado de cartas diarias y yo, siendo su fanática lectora, y maravillada con este regalo de su comunicación, le escribía secretamente a él.

6 de enero, jueves

Entre lecturas y aprendizajes se van eligiendo los amores. Amores literarios, los más estables y probablemente más duraderos. Aquiles. Mr Darcy. Jean Valjean. Quisiera agregar una nueva: Aspasia.

Ella era una prostituta e inmigrante en la Antigua Grecia, todo lo que despreciaban los ilustres caballeros griegos en el siglo dorado. Pericles se enamoró de ella. Hizo algo que a sus pares les horrorizó: dejó a su esposa y a su sistema establecido —muy grato y precioso a los ojos hipócritas— y se fue a vivir con ella. Era una mujer muy inteligente. Le aportaba a Pericles en sus famosos discursos. Discutía de política y no se encerraba en el cuarto a tejer. Ella vivía la vida con su pareja, cosa extrañísima en los tiempos que entonces corrían. Era culta. Era libre. Seguramente hermosa.

La destaco por su vanguardismo. Y a Pericles por sus cojones.

7 de enero, viernes

En Egipto, en una biblioteca en Tebas, colgaba un escrito que decía: «Lugar de cuidado del alma».

Leo sobre Alejandría y la enorme dificultad que significó preservar las palabras. (Para que yo, muchos siglos después, las use a granel). El trabajo de la Antigüedad —antes de la imprenta— fue heroico. Enorme, dificultoso, obstinado. Desde el papiro al pergamino, de las tablillas de arcilla hasta la madera. Cada incendio o destrucción lo borraba todo. Es un milagro acceder a ellas hoy. Mucho, lamentablemente, desapareció.

Fue más tarde que la lectura se hizo en silencio, como una oración. Al principio, siguiendo la tradición de la palabra hablada, se leía en voz alta. Igual sanaba. El alma se cuidaba. Yo no sabría de qué otra forma hacerlo. Sin la lectura, mi alma sería un hoyo negro, ausente toda luz.

8 de enero, sábado

Esta casa mía del campo se funda en ritos.

Los perros rasguñan, los gatos muerden.

Jamás suena el alarido de un despertador (porque eso es: un alarido que horada). He armado una vida para no escucharlo a él, el terror matinal de la humanidad. Cuando he tomado el café —es decir, cuando soy capaz de hacer sinapsis— pienso en el ego. En los que están invitados al banquete y en los que se alimentan de migajas.

9 de enero, domingo

Creyendo Platón en la reencarnación propuso que nacer mujer es la expiación y el castigo para algunos hombres que fueron injustos en la vida previa. Decido buscar a ese extraviado que reencarnó en mí, nacida mujer. Quisiera saber quién fue, qué agravios cometió. Puedo imaginarlo, por ejemplo, como un oligarca explotador que no sació sus ambiciones, maltratando a la naturaleza y a sus inquilinos. Sería coherente según mi línea sanguínea. Pero si abordo la línea de carácter, podría ser la reencarnación de un don Juan (no el de Zorrilla, no exageremos, pero alguno que se haya atrevido a imitarlo). Era un seductor y no importaban los obstáculos para cumplir esa tarea. Hirió a sus amores, trocando la lealtad y la fidelidad por placer, inmediatez y narcisismo.

La verdad, Platón, es que tu idea no fue luminosa.

10 de enero, lunes

Según Homero, Medea trató de elegir el camino correcto, pero no supo hacerlo.

Conocí de cerca un caso de una mujer que no amaba a su hija. Por cierto, lo disimulaba. Era una maldición, después de todo. Recuerdo que cuando se dirigía a ella le cambiaba la voz, el tono y la modulación. Aquella madre se delataba a sí misma a través de las cuerdas vocales. La niña, que la escuchaba hablarle a los demás de otra forma, debe haber comprendido. Habrá llorado el disfraz del que disponía su madre o la máscara a la que acudía. El camuflaje de terciopelo.

Terriblemente oscuro.

13 de enero, jueves

Los talibanes botan al río miles de litros de alcohol. Han creado el Ministerio de la Virtud.

Pienso que en estos tiempos, a medida que la democracia se ha profundizado y los discriminados de siempre tienen más voz, la corrección política adquiere síntomas de tiranía. Ya no se puede ser excéntrica, todo es regido por una convención —nueva, qué duda cabe, pero convención igual—. Contamos con nuestro propio ministerio: el del juicio. Todo se graba, se discute, se ventila y se enjuicia. Las redes sociales opinan y se inmiscuyen, no hay privacidad posible, tampoco locura ni extravagancia.

¿No es eso también una forma de oscuridad?

14 de enero, viernes

El poeta irlandés O'Donahue: «*A friend awakens your life in order to free the wild possibilities within you*» («un amigo despierta tu vida para liberar las posibilidades salvajes dentro de ti»).

Le regalo esa idea al que más quiero.

The wild possibilities pueden ser de todo orden: espirituales, intelectuales, sensoriales. Vuelvo a *la virtud*, tan valorada en tiempos que aparentan no serlo, y me siento atrapada en su implicación para una mujer de mi edad. Como si cualquier salvajismo en ella fuese proscrito. Puedo ser *wild* solo si mantengo la dignidad férrea, sujeta a la mano como el madero de un naufragio. Sin ella se sucumbe.

Hace un siglo una mujer como yo, con independencia física y económica, podía vivir en una suite de un hotel en París, juntarse con amigos de toda índole, emborracharse cada noche si así lo eligiera, meterse a la cama con un chiquillo que podría ser su hijo, y nadie hacía el menor juicio (dentro de un cierto ambiente, por supuesto, siempre ligado a la bohemia o a la aristocracia). Los escritores, más que nadie, eran inmunes a cualquier «talibanismo». Con la disculpa de su oficio todo les estaba permitido, desde el opio hasta el incesto.

Algo muy serio ha sucedido.

Estamos en la etapa más recatada de los últimos tiempos, aunque los transexuales sean por fin libres.

Es la palabra *wild* la que me ha catapultado el ahogo. Pongámonos de acuerdo, lo que de ella emana ¿es o no luminoso?

15 de enero, sábado

La imagen, la última que tuve el año que se fue, es la de un pescado nadando plácidamente bajo el mar envuelto en un collar de perlas. Es una pintura de Magritte. Cada perla brilla como si hubiese sido confeccionada para abrazar a ese animal y no a otro.

Magritte ha pasado a ser una obsesión diaria. Estoy suscrita a una página en internet para mirar, todos los días, alguna de sus pinturas. Y siempre, siempre me inquietan. Es la vuelta de tuerca que le da a mi mente, esos títulos que trajinan mi entendimiento y me lo desordenan. Me hace bien, es una pausa a mi pereza. Helios me lo envía diariamente cuando pasa por aquí con su carruaje.

16 de enero, domingo

Leo *Winesburg, Ohio* de Sherwood Anderson. Es la vida de un pueblo del medio oeste norteamericano contada a través de distintos personajes que lo habitan. Descarnado y desolador, como diría V, seres ínfimos y limitados, mortales, intrascendentes. Sin embargo, cada uno de ellos, en algún lugar de sí mismos desea ser significativo, que sus vidas dejen alguna huella. Los más avispados se dirigen a las grandes ciudades, eso vale para los hombres. Las mujeres transcurren en la absoluta opacidad, llenas de normas intolerables, y acumulan feroces neurosis generadas por la escisión entre sus deseos y su vida real. Sucede en la segunda década del siglo pasado y ser mujer entonces, en un pueblo chico, equivalía a la gran pesadilla.

Me conmueve el deseo secreto y colectivo de «significar». Todos lo tenemos, todos nos hacemos tiras por él. Pero sabemos, con cierta relatividad, cuándo es posible y cuándo no.

17 de enero, lunes

Pensando en los personajes de Sherwood Anderson, ¿cuánta posibilidad de elección tiene la gente? ¿Qué alternativas para decidir? Sidney Poitier, recién muerto —lo que me recuera la infancia con la película *Al maestro con cariño*— declara «Soy el que decidí ser». Veamos, ¿cuántos pueden hacer tal aseveración? Pienso en las personas que habitan El Pimiento, ese poblado de mierda, polvoroso y abandonado, a pocos kilómetros de mi casa en el valle. ¿Qué pueden elegir sus habitantes? Como los personajes de Anderson, ¿qué espacio detentan? Eso es lo feroz de la pobreza. Si naciste en El Pimiento tienes poca elección. Como es habitual, me inunda la culpa por el privilegio. Es inevitable, el lugar donde naciste lo marcará todo. Por supuesto, habrá excepciones como Sidney Poitier, negro en un país racista. Qué difícil es designarles significación a las vidas ajenas. Quizás todo esto es terriblemente subjetivo y solo pienso desde un lugar de infinita distancia.

18 de enero, martes

Aquiles es mitológico. Alejandro Magno no, fue de carne y hueso. Ambos murieron absurdamente jóvenes, rodeados de mito y de gloria. Alejandro tuvo obras; Aquiles, ira.

Los héroes.

Furiosos guerreros ambos. Alejandro dormía con la *Ilíada* bajo la almohada. Aquiles, con su rabia inmensa. Ambos bellos y valientes, uno inspirado en el otro. ¿Qué hicieron de sus cortas vidas? Combatir. La guerra los estructuró, vivían para ella, sin ella no eran nada.

A lo masculino definitivamente le falta luz.

20 de enero, jueves

¿Por qué no hablo de la pandemia? Porque es como hablar del aire.

Mi «largo plazo», sospecho, no será muy *largo*. ¿Qué debo emprender? Lo único que se me ocurre es vivir para siempre en el campo. Entender la ciudad como una parada, un lugar desde donde a veces te convocan, un estacionamiento donde recargar ciertas emociones, pero siempre dispuesta a partir.

La luz, ya lo sabemos, no viene del exterior.

21 de enero, viernes

«El mal imaginario es romántico y variado; el mal real es sombrío, monótono, árido, aburrido.» Lo dice Simone Weil.

Pienso en el Alzheimer.

22 de enero, sábado

En otros tiempos se usaba la lobotomía para olvidar. Recuerdo nítidamente el caso de Francis Farmer, caracterizado genialmente por Jessica Lange en el cine. Hoy me enfrento al horrible cansancio de los pensamientos obsesivos (que en algún momento —creo— deben transformarse en automáticos). Cómo agotan.

Los pensamientos obsesivos llevan a la automaticidad. Estancan la imaginación y como en un largo tren, solo siguen la dirección de los rieles.

Su corte, su fin, su muerte equivaldría a ese sol precioso que llega con el arcoíris después de la lluvia.

23 de enero, domingo

Dice Ezra Pound que los artistas son «antenas de la raza». Me surgen de inmediato las palabras de Canetti, aquellas en que sitúa al escritor como el «centinela de la metamorfosis».

Qué tarea la que nos encomiendan.

Escribir te acerca al candil.

24 de enero, lunes

Aunque me den ganas de llorar no puedo vivir sin música. Con ella, las pérdidas se asoman a burlarse de mí. Y los recuerdos. Al menos tengo la lucidez de reconocer lo injusta que soy para juzgarlos. Pienso en algo puntual del pasado a lo que hoy le doy connotaciones negativas que, sin embargo, en su momento no tuvieron pues las viví con perfecta normalidad.

Cuánto se ha pontificado sobre la memoria, cuánto miente, cuánto selecciona, cuánto inventa (razón por la que no debieran escribirse autobiografías). La mía se abre a lo positivo y se enoja cuando se cuelan recuerdos no llamados. Pero llega la música y arrasa con todo, solo trae verdades, entonces lloro.

Tarea para la casa: distinguir cuándo el llanto ilumina y cuándo daña.

25 de enero, martes

Fascinada leo a Sigrid Nunez, *El amigo*. Me siento identificada entre los perros compañeros, una ciudad (en este caso Nueva York), un amor perdido y las complicaciones de escribir. Adoro esa capacidad de las norteamericanas de escribir sin género literario, sin ampulosidad, historias mínimas que se agigantan por las dimensiones que ellas les dan. (Como si la ficción químicamente pura quedara en el olvido). Me hermano con Sigrid y su peculiar soledad. Ella cita a Virginia Woolf como lo hacemos todas: «Me produce un gran placer estar sola. Tal vez se deba a que, al hacerlo, elimino el dolor que me produce la gente. Quizás sea el placer más fuerte que conozco».

26 de enero, miércoles

Durante la infancia yo me creía perro. Estando mi padre de viaje en Japón le escribí una carta que él guardó en la que yo declaraba —muy seria— que era un perro. Los imitaba. Iba donde ellos fueran, hacía lo que hicieran ellos y jugar juntos era mi rutina, como lo hacía en Santiago con mis compañeras de colegio. El Niño se llamaba el que más quería. Un día, en el campo, según la familia, me perdí. Era la hora de la siesta. Me buscaron por la casa y sus alrededores, luego por los potreros más cercanos sin encontrarme. Hasta que mi madre, nerviosa, se subió a su auto —una camioneta Volvo azul casi sin ventanas— para recorrer el camino por si yo hubiese partido por ahí. Al encender el motor escuchó un pequeño quejido debajo del auto. Se bajó a mirar y allí, debajo de la carrocería, dormíamos abrazados el Niño y yo.

El Niño era de tamaño medio y colorado como el té con leche. Era un quiltro, como todos los que nos rodeaban en Los Remolinos. Sus orejas caían lacias sobre su carita angosta, sus patas eran más bien cortas. Era perfectamente armónico.

Yo lo adoraba.

Quería ser él.

27 de enero, jueves

Inundada de pena, recién termino el libro de Sigrid Nunez, síntesis de diversas pérdidas que no tardo en hacer mías. La metáfora es un perro.

(Racún. Su muerte, demasiado fresca en mi corazón, me ha dificultado la lectura. No puedo ni deseo olvidar su agonía a mi lado ni cómo me esperó para dar su último respiro ni cómo quedaron sus ojos fijos).

Hablo de la metáfora del libro, el perro Apollo es el hombre que partió. Se pregunta la autora si habrá estado enamorada de él o no. Ella, como yo, pensamos: no importa. Si un amor enorme es o no enamoramiento no varía un ápice el sentir. La médula es amar, su nombre no es significativo, tampoco su finalidad. Solo se ama. Gratuitamente.

Pero no olvido una cosa: que brille o no el sentimiento no es lo importante. La clave es que ilumine al que lo concibe.

30 de enero, domingo

John Lennon hizo una declaración que no solo suscribo sino que quisiera haberla hecho yo. «Nos hicieron creer que cada uno de nosotros es una media naranja y que la vida tiene sentido cuando encontramos la otra mitad. No nos contaron que ya nacemos enteros, que nadie en nuestra vida merece cargar en las espaldas la responsabilidad de completar lo que nos falta».

Una pareja suele ser una soledad de a dos. Mejor una soledad a solas.

31 de enero, lunes

«Toda culpa es un misterio», dice la inefable Gabriela Mistral. Que nuestro aprendizaje más difícil es el de refrenar el juicio ante el delito.

Dudo que respire sobre la tierra un mortal que no lleve sobre las espaldas sus propios delitos. A veces son tan secretos que ni él mismo se atreve a enjuiciarlos para no asomarse a ellos. Es probable que el prójimo, si se enterara, no dudaría en apuntarlo con el dedo y tirar la primera piedra.

Los delitos son infinitos, como los sentimientos. Los hay de todas las clases —basta leer las vidas de los dioses—, unos más coloreados que otros, más activos o pasivos, más dañinos o menos. No quisiera hacer la lista de los míos, menos mal no creo en la resurrección ni en un Ser Supremo que me los enrostre y castigue.

Los peores son aquellos que, a pesar de ser delitos, motivan un fulgor.

1 de febrero, martes

Los perros están alterados. Todos estamos alterados. La violencia que he presenciado de parte de mi amado Peter Pan me ha dejado al borde del desmayo, como si los músculos todos se hubiesen desanudado. El perro Lucho —bendita herencia de la Lotty— llevaba días provocándolo y no pasó a mayores por mi oportuna intervención cada una de las veces. Sin embargo, hoy me paralicé. Si A no interviene, Peter Pan habría matado al Lucho. Un pequeño cuerpo de doce kilos contra uno grande de cincuenta. No fue David, no, Goliat lo venció. ¡La sangre! Por todos lados, sangre y más sangre (la limpiaron Elisa y Marcel mientras yo me horrorizaba con la herida en pleno cuello).

Estos días pensé en la probable bondad de los animales frente a la maledicencia de las personas. He abrazado mil veces a Peter Pan sin intuir siquiera su cólera o su descontrol. Inimaginable él, envuelto en tanta furia. Han pasado veinticuatro horas, veterinaria de por medio, y observo los ojitos tristes y dolidos del Lucho y mi propia desazón.

No debo olvidar que los humanos somos también animales, que guardamos también esa violencia y esa ira y que solo la *civilización* nos contiene. Aunque, a veces, ni eso.

Tener miedo lo oscurece todo.

2 de febrero, miércoles

Día de números.
Son las 22:22 horas del día 2 del mes 2 del año 22.
22:22 -2-2-22
Bonito.
Casi apocalíptico.
Pandemia: hoy en Chile hay treinta mil nuevos contagiados.
En el mundo: trescientos millones.

3 de febrero, jueves

Quisiera montar un caballo de Rubens. Potente musculatura: magníficos muslos, pelo largo y ondulado, cuello enorme, aguerrido.
No más caballos para mí.
Un destello de nostalgia.
Voy a Santiago por la noche. Vodkas hasta la madrugada.

4 de febrero, viernes

Iván Shishkin es un pintor ruso de fines de mil ochocientos. Me lo encontré casualmente y empecé a distinguirlo. Pinta árboles, árboles y más árboles. Bosques y bosques. Lo hace con enorme eficacia y pertenencia, como la de un amante avezado. Quisiera entablar con él una conversación o más bien hacerle preguntas. ¿Cómo se apropió así de la naturaleza, fundiéndose con ella? ¿Le hablaría? ¿Cómo se volvió su respiración tan verde?

Todo el que ame a un árbol es mi hermano.

5 de febrero, sábado

Me dicen que el cedazo por el que cuelo a las personas es muy estrecho. Que es difícil pasar. Si me pongo arrogante diría que es «selectividad». Los años lo van agudizando, no hay tiempo para afectos indiscriminados. Ni tiempo, ni ganas, ni energía.

Lo aprendí de mi padre, que murió en un día como este. Él era un hombre iluminado.

6 de febrero, domingo

Veo una película holandesa donde caracterizan a Ana Frank como una chiquilla poco querible, repleta de idiotez adolescente, bastante frívola y llena de risas chillonas y tontas. Siempre hemos visto a ese personaje como alguien adorable. Entonces me pregunto cuál de las dos fue, en realidad: ¿la del diario o esta veleta tontorrona? Supongo que una mezcla de ambas. Las dos cosas a la vez, como ocurre siempre.

Todos escindidos.

7 de febrero, lunes

Un adjetivo que fastidia: empalagoso.

No solo ciertos postres, también hay caracteres así. Se intuye una cierta falsedad tras el edulcorado, un afán meloso por ser acogido que resulta pesado, molesto. Nunca me gustó que las manos me quedaran pegajosas luego de comer un caramelo.

8 de febrero, martes

Han reeditado la primera novela de Antonio Gil, *Hijo de mí*. La leí en su momento y he vuelto a hacerlo ahora. Iluminada absolutamente por su lenguaje y su imaginación, concluyo que leerlo es una experiencia. Quizás con los años su prosa se ha vuelto más farragosa, menos límpida que entonces (demasiado Carpentier). Me enoja que sea un autor tan de nicho, todos debieran leerlo.

Qué gran escritor es Antonio.

9 de febrero, miércoles

Continuando con las lecturas: de esto no he hablado porque me resulta difícil hacerlo. Hace un par de semanas Andrés Valdivia me envió su «diario oncológico» para que se lo evaluara. Es la historia del cáncer que vivió su hijo Julián de dos años que, contra todo pronóstico, sobrevivió.

Los niveles de dolor, las distintas capas del sufrimiento de un padre están escritas a modo de puñales, uno tras otro atravesando el cuerpo del lector. Su sentido del humor salva, es probable que sin él la lectura se hiciera imposible.

He quedado fundida.

Resulta ineludible relativizar el propio pesar.

Y todo esto sobre los hombros de un ser tan, tan querido por mí.

11 de febrero, viernes

Debo pedirle a Marcel que a mi muerte me busque en una mariposa. En la Antigüedad, el pueblo griego imaginaba el alma que escapaba del cuerpo después de la muerte como una mariposa.

12 de febrero, sábado

¿Se puede ser sin memoria?

Algunos muertos, cuando llegaban al Hades, eran rociados con un vapor narcótico que sumía a quien lo recibía en la amnesia total. Era llamado «sueño estigio». Lo sabemos gracias a Psique, que fue de las pocas divinidades que logró, estando viva, traspasar las barreras del inframundo. Salió de él con una caja muy cerrada —con el mandato de no abrirla— entregada por Perséfone, en la cual reposaban estos polvos. Pero ella la abrió. Eros alcanzó a salvarla cuando el sueño estigio comenzaba en ella su labor.

Si aquel sueño nos acomete, me pregunto en qué nos transformaríamos, cuál sería nuestra identidad si no recordamos quiénes somos. Nos envolverían las tinieblas y nuestros pies no sabrían dónde pisar. A una persona de mi edad eso es dejarla sin vida.

El Alzheimer.

La absoluta sombra, la sombra total.

14 de febrero, lunes

Lispector, al decidir que el mundo le ha fallado —y ella al mundo—, cree que lo único que le queda es vivir automáticamente. Luego reconoce que no puede vivir así, reconoce necesitar amparo y amparo del amor.

18 de febrero, viernes

Nunca releo lo que yo misma he escrito. Sin embargo, he vuelto, después de diez años de publicada, a mi novela *Diez mujeres*. Lo hice solo para imaginar qué les sucede a otros ojos si se la encuentran. He quedado sorprendida por la energía de «querer contar». Cuento, cuento y cuento (son diez historias, después de todo). También me asombró el nivel de conocimiento en temas que ni recordaba saber. Qué raro es el camino de la escritura, qué cantidad de sangre en las venas. De repente entendí por qué tuvo tanto éxito, por qué tantas traducciones. Muchos pensamientos y sentires allí vertidos.

A veces, escribir es iluminador.

19 de febrero, sábado

Tuve que devolver a los perritos de la Lotty. Después de la pelea entre Peter Pan y el Lucho se instaló la hostilidad y con ello mi miedo a que se repitiera. No tengo la energía requerida para cuatro perros que no se avienen entre sí. Me dio pena, eran deliciosos, pero no me abandonaban un solo momento, me rasguñaban mucho, anhelaban mi presencia y mi cama a todo minuto y mi cama es de mi gato Pamuk. Todo era un caos en mi entorno, movimiento continuo, desplazamientos y ladridos día y noche, con decibeles altísimos.

Siento no haber descansado nada este verano.

No ha sido plácido.

La vida doméstica es el *black out* de los días.

20 de febrero, domingo

Se pregunta nuestra Gabriela: ¿cuáles son los sedimentos de la infancia sumergida? Pienso en la hermandad. Luego agrego:

- Los animales
- La lectura
- Los dibujos y escrituras
- El silencio
- Los árboles y el río.

21 de febrero, lunes

El tarot le dice a la hija que su madre es triste y sola. Ella lo cree. La madre se ve a sí misma como una persona bastante feliz y sin tristeza. Incluso cree que ha elaborado bien sus duelos. La hija explica una visión que la madre ve como laberíntica y ajena, alude a penas no resueltas, a disciplinas forzadas (¿cuándo han sido espontáneas las disciplinas?), y todo se vuelve incomprensible.

La madre camina por el pasto descalza y sabe que las cartas se han equivocado. Lamenta que la hija no lo vea así.

Se pone el sol en el campo y la madre agradece los pálidos rayos que ya se esconderán.

22 de febrero, martes

Hoy fuimos a la parroquia a vacunarnos. Lo genial del pinchazo es que también te inocula la certeza de ser un buen ciudadano. Has cumplido con el deber que te pide el Estado. Te retiras de ahí con buenos sentimientos.

Me gusta el pueblo chileno. Me gustan las actividades que me permiten ser parte de él. Somos insaciables y quejumbrosos, pero somos un pueblo amable.

23 de febrero, miércoles

Uno de los soles de mi alma. ¿Cuántos son? La gracia de tener mi edad es que esos soles devienen cada día más selectivos, por lo tanto, más gravitantes. La edad de la patota ya pasó, como dijo John Lennon cuando dejó Los Beatles. *It's over*. Lo que queda es lo que debemos cuidar. Son ellos los que te cerrarán los ojos, son ellos los que te acompañarán a morir. La última mano que tomará la tuya.

El último abrazo con la yema de los dedos abierta.

24 de febrero, jueves

Empezó la guerra.

Mientras este hemisferio dormía, los tanques rusos cruzaron la frontera de Ucrania y dispararon.

Las imágenes de las dos guerras mundiales acuden inevitables a nuestros ojos y ciertos nombres brotan inevitables: los Sudetes en Checoslovaquia y la anexión de Austria el 38, y la invasión de la frontera polaca el 39. Crimea subyugada, Bielorrusia cómplice. ¿Putin como Hitler? ¿Puede Occidente quedarse con los brazos cruzados?

Lo que sucede es terrorífico.

Europa con los ojos desorbitados, no puede creerlo.

Comienza a apagarse la luz.

Menos mal Chile está lejos.

26 de febrero, sábado

Quizás la estupidez cuente con su propio lucero.

27 de febrero, domingo

El Consejo de Seguridad de la ONU solicita hoy a la Asamblea General el pronunciamiento sobre el tema de paz y seguridad. Es la tercera vez en la historia que lo hace, la última fue hace cuarenta años.

Así están las cosas.

Mientras, nado en la piscina, duermo hasta tarde, veo series, como mozzarella y leo a Benjamín Labatut (*Un verdor terrible* me llena de gozo, ¡qué originalidad!), aunque cada uno de estos actos privilegiados y también ordinarios están cubiertos por el velo de la guerra.

28 de febrero, lunes

Que el amor mata ya lo sabemos, nos lo han contado desde los boleros hasta la filosofía.

Deyanira era la mujer de Heracles (la legítima, pues mujeres tuvo muchas) y, justamente por ser este un mujeriego, ella aceptó del centauro Neso un «filtro de amor». Un día llegó apuradísimo un sirviente de su marido pidiéndole que le entregara su túnica pues la necesitaba para una ceremonia. Celosa Deyanira de las que podrían participar de ese evento, decidió empapar dicha túnica con el filtro. Heracles se cubrió con la túnica e inmediatamente empezó a arder. Trató de quitársela, pero estaba pegado a ella y al desprenderla arrancaba su propia carne. Se retorcía y aullaba de dolor. Pidió que lo mataran para terminar el sufrimiento, pero nadie osaba hacerlo.

Al final él mismo se subió a una pira para arder del todo y desaparecer. Entonces Deyanira comprendió que Neso la había engañado y en vez de un filtro de amor le entregó un feroz veneno. Heracles muere y ella se suicida.

¿Quién dijo que el amor es pura luz?

1 de marzo, martes

«*We grow accustomed to the dark*», dice Emily Dickinson («Nos acostumbramos a la oscuridad»). Las tinieblas han invadido al mundo entero con esta nueva guerra. Ya, tan pronto, se habla de armas nucleares, de Tercera Guerra Mundial, palabras que entendíamos como prohibidas. Escalan los rusos en su invasión, se encuentran con más resistencia de la esperada, tensión en el mundo entero.

Mis recuerdos de Ucrania: las iglesias y los potreros. La recorrí en un tren desde Moscú, tomando té en samovares plateados. Belleza pura. Cualquier pueblo poco importante contaba con su propia iglesia en una cima, cúpulas siempre doradas que parecían joyas gigantes. Todo era verde, portentosa la fertilidad de esa tierra. Llegué a Járkov, ahora bombardeado, y no llegué a Kiev. Cuentan que hoy las viejas jubiladas en sus casas fabrican bombas molotov. Una periodista les pregunta cómo aprendieron a hacerlas. «Google», contestan.

Empezó marzo. En chileno, empezó la vida real.

Mañana dejo el campo.

2 de marzo, miércoles

Busco entre mis libros de poesía a Anna Ajmátova para ponerme a tono con los mapas que hoy se trazan. No la encuentro, otro libro más que alguien se ha llevado, maldita costumbre. Leo algunas páginas de Ilya Kaminsky, su *Deaf Republic*, la sordera como protesta contra la tiranía y la violencia. No olvidar su nombre, tiene un par de cosas que decirnos. También Serhiy Zhadan, novelista del Donbás, lugar rarísimo según sus escritos, violento, caótico y corrupto, pero terriblemente leal.

De noche los rusos bombardearon edificio que contenía poder nuclear, no llegaron a los reactores. ¿Un Chernóbil ampliado? Me pregunto si es aviso o amenaza.

Me reciben en Santiago con vodkas y largas conversaciones, no me quejo de volver.

3 de marzo, jueves

Qué horas malgastadas. Trámites telefónicos con mi banco porque me hicieron un fraude y me han bloqueado todos los dispositivos. Son estos los momentos en que me gustaría ser una monja o un vagabundo, alguien sin cuentas bancarias, sin tarjetas de crédito, sin acrobacias online. No nací en la época digital y me cuesta muchísimo hacer las operaciones que me pide el ejecutivo al otro lado de la línea, paciente él, que se ha hecho cargo de mi caso. Transpiro y en un momento le digo, tengo setenta años y no sé hacer lo que usted me pide. No se preocupe, me responde, tómese el tiempo que necesite. Me dieron tantas ganas de retirarme del mundo activo. Odio lo práctico. Me gustaría ser una persona importante solo para que otro hiciera todo eso por mí.

4 de marzo, viernes

Dentro de una semana Piñera habrá dejado el poder. Terminan estos terribles cuatro años.

Ahora podremos hablar de un tiempo de sol.

5 de marzo, sábado

Sobre envejecer.

«Pienso en umbral donde dejé / pasos alegres que ya no llevo, / y en el umbral veo una llaga / llena de musgo y de silencio».

Mistral, *Tala.*

Es inevitable, hay días en que el sol no alcanza.

7 de marzo, lunes

Un diario italiano me pide que escriba un artículo sobre Ucrania, digo que no, que no soy periodista ni reportera, no daría ninguna mirada original. Podría contar de una anciana que, mirando la pantalla, arruga el ceño y se pregunta por qué están en guerra. «Teníamos todo lo que necesitábamos», declara. Y en mi edificio cortan la luz por varias horas y me indigno: todas nuestras actividades se relacionan con la electricidad. Y en medio de mi irritación recuerdo a esta señora que creía honestamente tener todo lo que necesitaba y me avergüenzo de mí misma.

Necesitar con desesperación es signo de decadencia moral si una no es parte de una guerra.

8 de marzo, martes

¡Vamos por la vida que nos deben!

Aquella fue la consigna de hoy, día de la mujer, conmemoración de nuestras luchas.

Salí a la calle. Vencí las fobias y fui capaz de marchar sin quedarme en las veredas. Tantas buenas vibraciones, lo que siempre ocurre cuando las mujeres se unen. Es tan reconfortante la hermandad. Todas una sola.

9 de marzo, miércoles

Quiero ser un insecto.
Título de una pintura de Leonora Carrington.

10 de marzo, jueves

A propósito del 8 de marzo. Recojo anotaciones de nuestra Gabriela Mistral: «Perdóneseme esta temeridad de feminista. Pienso que el ser que mejor recoja el dolor de las multitudes ha de ser una mujer, porque lo reconoce como madre, duplicado siente los males de su carne y la de los hijos suyos. El hombre solo padece en carne propia».

El hombre solo padece en carne propia.
El hombre solo padece en carne propia.

11 de marzo, viernes

Cambio de mando.
Al momento de tomar este lápiz, Gabriel Boric es el presidente de la República.

Aunque tuve el honor de ser invitada al Congreso para la ceremonia, decidí no asistir. Miré todo desde mi pieza, en la tele. Varias veces me emocioné, pero me contuve. Hasta que en la tarde dio su maravilloso discurso desde el balcón de La Moneda y las lágrimas por fin dejaron de reprimirse. Tantas razones para llorar. Pensé cuán feliz habría estado Allende si hubiese podido escucharlo.

12 de marzo, sábado

Fue como amanecer en otro espacio.
Hoy la luz es otra.
Buena suerte, presidente.

14 de marzo, lunes

Lo global y lo doméstico se contradicen de forma esquizofrénica.
Ayer horrorizada por la guerra.
Antes de ayer, pletórica de esperanzas por nosotros.
Las tinieblas en Ucrania mientras aquí el sol brilla. Pensaría que Helios se nos suma a la celebración, que detuvo un momento su rutina cuando atravesó esta parte del mundo. Pero también imagino a Cronos devorando a sus hijos a miles de kilómetros de distancia, donde hoy se instalan el frío y la nieve.
Me siento culpable de estar feliz.

15 de marzo, martes

Dice Emily Dickinson: «Creo que el agua es la raíz del viento». Entonces, el viento ha perdido sus raíces y la tierra está sedienta.

16 de marzo, miércoles

Tenemos gobierno y aires nuevos, puras esperanzas de cambio, de decencia, de avance. Este sería el cuaderno del sol porque correspondería a un tiempo iluminado. Pero el calor en el aire no basta, debe también traspasar el corazón o como se llamen esos espacios interiores.

A raíz de cierto episodio, una espina grande y peligrosa se me ha clavado precisamente ahí. La podría dibujar Max Ernst, repleta de ramificaciones y adherencias envenenadas. Y ha absorbido toda posible luz. Nada brillante puede emanar de ella.

Quiero desaparecer. Es el único remedio posible. Evitar mi presencia en los que daño y apaciguar el daño que han hecho en mí.

Roma. ¿Dónde más?

17 de marzo, jueves

Qué inútil es el desvelo. Las vueltas y vueltas en la cama, las sábanas enredadas como parásitos en los pies, el intento de que la respiración te lleve a una mente en blanco, la imposibilidad de escapar de las ideas fijas que taladran, todo infértil y agotado. Son las 3.30 de la madrugada, prendo la luz —inútil la oscuridad—, me encamino al escritorio, tomo este cuaderno como un espacio que opaque a la desidia del desvelo.

19 de marzo, sábado

Pensamos en los refugiados ucranianos y nunca en los rusos que han dejado su país por ser contrarios a la guerra. Muchos profesionales jóvenes han partido y buscan

—con muchas dificultades— dónde instalarse y qué hacer con sus vidas. (Detalle: les han congelado sus cuentas bancarias en todo Occidente).

Tendida en un colchón en el suelo de un hospedaje, una mujer rusa que ha perdido todo y ahora se encuentra en Georgia, les dice a sus hijos: «*Check your privileges*».

«Comprueben sus privilegios.»

Check your privileges.

Gran lección.

20 de marzo, domingo

Tercer día en cama, ardiendo de fiebre y malestar, pienso en Galatea. En su río.

Galatea estaba enamorada de un hombre bello llamado Acis pero era pretendida por Polifemo, un cíclope monstruoso. Este, celoso, atentó contra la vida de su rival y lo mató con una enorme roca. Galatea, hija de una divinidad marina, tomó su cadáver y lo convirtió en un río de aguas límpidas. Aunque la pobrecita terminó casada con el cíclope, cómo le resultaría de placentero sumergirse en esas aguas.

En momentos como este no me apetece Acis, solo el río.

21 de marzo, lunes

Bienvenido, otoño bien amado, el de los lindos colores.

Leo lo siguiente: Rusia hará uso de poder nuclear en caso de «amenaza existencial». Vuelvo a leerlo y dudo si horrorizarme o largarme a reír. «Amenaza existencial». ¿Es que alguien no está existencialmente amenazado?

Me hago el tarot. Las cartas me alivian y de paso me urgen a trabajar en serio, a ordenarme.

Por favor, diferenciemos la responsabilidad de la culpa. A veces estas palabras se dan la mano como si fuesen primas hermanas y no lo son. Se es responsable del actuar, no culpable.

Las cartas fueron luminosas. Inesperadamente.

22 de marzo, martes

Acudo a nuestra Gabriela, una vez más: «Dame, Señor, la perseverancia de las olas del mar, que hacen que cada retroceso sea un punto de partida para un nuevo avance».

23 de marzo, miércoles

Cuán irreparables son las pérdidas. O quizás no. Tal vez exagero.

¿Qué se ha perdido?

Ni las voces del campo ni el gusto por el firmamento ni el amor por las palabras. Ofelia en el río. El Itata. ¿Allí deberé depositar mis huesos? ¿Mi carne deteriorada?

Qué cambiantes son las luces.

24 de marzo, jueves

«Deja que todo te pase, la belleza y el terror» (Rilke). Belleza y terror. Espero a ambos con mi eterno cigarrillo, con la *Séptima sinfonía* de Beethoven, con un vodka.

Cociné una carbonara.

Solo necesito un abrazo.

25 de marzo, viernes

Pienso otra vez en aquella preciosa ninfa enamorada de Narciso, Eco. Por culpa de la maldición de otra diosa celosa quedó sin voz propia, repetía las palabras que otros pronunciaban, desvanecidas, ni una suya, solo alcanzaba a doblar, reproducir, duplicar, nunca germinando, nunca gestando.

Darwin llama al pecado «otro nombre para la imperfección».

26 de marzo, sábado

En el campo.

Mi gato Pamuk se sube a la mesa en que escribo y se concentra mirando una mosca. Se concentra de verdad, como si la vida se le fuera en ese pobre y mínimo bicho. Hasta que de repente decide que no vale la pena, levanta su mano y la despacha. Como Marcel, mi gato posee ese sentido de vida virginal.

No me gusta este papel en que escribo y ello afecta la propia escritura. Absorbe la grasa del mantel —invisible para mí—, de mi mano, de todo lo que ensucie y embadurne, aunque sea tenue. El lápiz se tranca cuando quiero que se deslice.

Un antiguo refrán oriental: «Aprovecha mientras puedas, pues tu barca navega en agua que fluye». Pregunta inmediata y atingente: ¿existe aún aquella barca? Y ¿qué agua fluye?

28 de marzo, lunes

Hoy es la fecha en que Virginia Woolf decidió entrar al río con las piedras en los bolsillos. Fue en 1941, en plena guerra. Lo último que escribió en su diario fue: «Leopold está podando un rododendro».

Fui temprano a la Municipalidad de María Pinto en el intento de sacar un pasaporte. Me senté en un banco del jardín a fumar un cigarrillo. Mientras esperaba me concentré en la arquitectura, la típica heredada de la colonia, con el adobe, las tejas, los patios centrales y los corredores. Solo aquí convivo con la población rural de la zona, como cuando voy a vacunarme. De repente sentí que este era un pueblo magnífico.

29 de marzo, martes

«El tiempo que disfrutas perdiéndolo no es tiempo perdido». Gracias, John Lennon, le quitas un peso a mi corazón.

Describo este momento como uno perfecto. Nada altera el aire, la temperatura es tan pulcra e ideal que pareciera no existir, tampoco la tela de algodón de mi túnica —como la de Dido—, que no enoja ni perturba un solo centímetro del cuerpo. Los perros duermen, los gatos también. Las hojas de los árboles se mueven apenas, no alcanza a ser una brisa, solo el recuerdo de que la naturaleza vive.

Escucho que el cambio climático borrará las estaciones intermedias y habrá solo invierno y verano. Pero este momento lo desmiente.

Que no atardezca aún.

30 de marzo, miércoles

Hoy la NASA vio la estrella más distante y más lejana nunca vista: 12.900 millones de años luz. Me palpita el corazón al escuchar esta noticia, no solo por la maravilla de la ciencia sino por nuestra insignificancia. En tal dimensión una se avergüenza de sus tontas preocupaciones y sus ridículos dolores, sus pequeñas vidas tan, tan poco importantes.

31 de marzo, jueves

¿Insignificancia? Me mortifica un día lleno de ella. Para que la cotidianeidad no sea tragada por la inmediatez debemos detener el piloto automático. Los budistas aconsejan interrumpir cualquier acción y respirar profundo tres veces. Otra alternativa es escribir.

Luego de largas meditaciones en el retiro de un monasterio, Leonard Cohen declaró: «Cuanto menos había de mí, más feliz me hacía».

2 de abril, sábado

El deseo. Tantas veces he alabado al protagonista de *Novecento* de Baricco, aquel que nació en un barco, tocaba piano y nunca quiso pisar la tierra, que siguió y siguió hasta inmolarse, inmune al deseo. Recuerdo haberle contado a Baricco en Mantova que aquel era mi texto favorito suyo y se sorprendió de que una novelista lo eligiera.

Pienso siempre en ese personaje, es probable que ya lo haya mencionado.

Mirando este cuaderno, que a veces considero tan inútil, trivial y poco necesario, me vino un impulso fuerte, como al personaje de *Novecento*: seguir, seguir y seguir. (Hagamos un libro raro, me propuso un día V.) Atisbo la elección de continuar eternamente o hasta que bombardeen mi barco, lo que puede ocurrir en cualquier momento o cuando sea irrisoria la cantidad de cuadernos acumulados y a nadie le importe. Cuando te mueras te van a rescatar, me dice G. En *Novecento* nadie lo rescata. Da lo mismo. El sol se esconde igual cada día.

3 de abril, domingo

Es rara la tendencia de mirar en menos lo que se hizo o lo que se tuvo. No hablo de las infancias felices, esas te las regalaron. Me refiero más bien a lo que una ha hecho o producido con sus propias manos y determinación.

Como si fuésemos una bodega que hospeda desechos. Pero esos desechos somos nosotros mismos, cuerpo, alma y corazón. ¿Por qué esta inclinación a denigrarlos?

Algo que yo me dediqué a coleccionar, por ejemplo, los romances: hoy, Dios me perdone, tiendo a mancillarlos. Entonces, todo lo que en su momento me constituyó, ¿no vale? O peor, ¿nunca valió?

Como dice la Pizarnik: «estos ojos / solo se abren / para evaluar la ausencia».

4 de abril, lunes

Aquí, en el pabellón de los leprosos, los fumadores, los pecadores actuales, pobres ciudadanos que ya apenas lo son, reunidos en el cemento en las afueras de la clínica frente a un letrero que dice «Zona libre de humo».

Debo esperar dos horas para mi próximo examen y ya me he hecho dos hoy día. Me quedan dos más para mañana. Exageración absoluta. Hace más de cinco años que no me examinaba y ahora no hago otra cosa. No, no es miedo a la muerte. Es solo que deseo partir a Roma limpia y nítida.

Asocio la limpieza con la iluminación. La falta de ella es oscura. Es solo eso.

6 de abril, miércoles

Rosabetty Muñoz escribe su poesía pandémica mirando los rincones de su casa. Leerla es entrar en la calidez suya, esa misma que está ausente hoy en el mundo. Miro mi propia casa. No es chilota ni bucólica como la de Rosabetty, pero es la mía. Y se ha ido convirtiendo en un refugio ante las malas vibraciones exteriores. Aquí dentro cada rincón me protege, me cuenta alguna historia olvidada, me ofrece el bienestar del pan y la cama. Qué pasó, me pregunto, para que el mundo, y Chile específicamente, se volviera tan hostil.

Los cielos están repletos de almas vagabundas, algunas aún vivas.

La casa, el ventanal, las araucarias con sus cernícalos son los que me sostienen. Mi mesa, mis cigarrillos, el libro que leo. Nada más.

7 de abril, jueves

Los amores están lejos y ni siquiera los necesito. Aspiro a que el sol de Roma derrita estos hielos.

8 de abril, viernes

Para Marguerite Duras, escribir significaba aullar sin ruido, confesar y borrar huellas, lo único que llenaba su vida y lo único que la separaba de la locura.

Le tengo miedo a su imagen. A su mesa llena de colillas, de vasos de alcohol, de desesperación. A su decadencia asimilada —no se contaba historias a sí misma—. Tampoco contaba con mucho dinero para poder descansar. Tuvo amores y pasiones, muchos. ¿Se sentiría querida?

Pero escribía.

Aullaba sin ruido.

9 de abril, sábado

Ante mis ojos, *El soplo al corazón*, una pintura de Magritte de 1952. Aparece una rosa con el color que una imagina a las rosas, entre blanco y rosado. Su tallo es largo, del verde más ritual de la naturaleza, repleto de hojas. Reposa sobre un paño de tierra café y aparentemente yerma, detrás el mar y un pedazo de cielo ahumado. En medio de la pintura, una daga. Nace de una pequeña rama del tallo. Es de diseño antiguo (¿árabe?), pareciera de plata y relumbra el filo de su hoja.

Que cada uno lo interprete como quiera.

10 de abril, domingo

«El autocontrol es un amante que he conocido por mucho tiempo», dice Alejandro (Magno) en la película, con una enorme copa de vino en la mano que, por cierto, bebe.

En ciertas idiosincrasias, perder el control es un pecado mayúsculo. De hecho, lo pierden poco, están programados. Pero igual hay noches en que, como Alejandro, beben de la inmensa copa y luego se recriminan. Porque el mandato de la *dignidad* es el primero y ya sabemos cómo esta se retira de escena si el control lo hace. Las zonas oscuras no debieran estar al mando. Pero tampoco es buena idea ignorarlas. ¿Entonces?

11 de abril, lunes

De nuevo a la clínica Santa María, me he convertido en huésped permanente. Hoy estaba un poco asustada porque me interpretarían los pulmones. Pues bien, estaba todo perfecto. Soy un milagro, ¡un milagro!

Espero fumar hasta el último día.

Siempre recuerdo una escena en una isla griega: era de mañana y en un bar se sentaba una señora de tercerísima edad, al menos de unos ochenta años, con la piel curtida por el sol, el pelo blanco y una polera a rayas como de marinero. Fumaba un cigarrillo y tomaba un aperitivo. La observé y me dije de inmediato: así quiero ser yo.

No ignoro que el tabaco lleva a la muerte, como todo lo que se ama.

13 de abril, miércoles

Maggie O'Farrell es una novelista irlandesa que ama la ficción pura. Nada de experimentos ni proyectos del *yo*. Leí hace un par de años *La extraña desaparición de Esme Lennox*, hoy leo *La primera mano que sostuvo la mía*. La detecto de inmediato como una de esas mujeres que desean contar historias. Como me ocurría a mí. Envolverse en un mundo imaginado, inventar personajes, diálogos, paisajes: es una buena forma de pararse frente a la realidad.

Aunque la buena ficción siempre penetra la miseria humana, escribirla proyecta una luz determinada que te arranca de la niebla.

15 de abril, viernes

Viernes Santo. El día y su naturaleza lo corroboran. Un silencio profundo, prehistórico, se empoza sobre los naranjos. No se divisa un ser humano. Con un poco de frío pensé que a las tres de la tarde podía empezar la misma tormenta de hace dos mil años.

Recuerdo los Viernes Santo de mi infancia, ¡qué austeros eran! Apenas hablábamos, prohibido reír, escuchar música, comer, cualquier actividad mundana. La carne, ni de lejos, solo pescado. Asistíamos a unas oscuras ceremonias en el actual Campus Oriente y sufríamos.

También es un día de duelo literario: hoy murieron César Vallejo y Jean-Paul Sartre. El primero en 1938, el segundo en 1980, ambos en París.

Creo que si me descuido, caerá un rayo o el cielo se cubrirá de relámpagos.

16 de abril, sábado

Los zorros bajan de los cerros directo a nuestro huerto, cosa inédita (¿será el cambio climático?). El nochero me llama para avisarme que les ha disparado porque se estaban comiendo a un gato. Me sugiere ir a buscar los míos y comprobar si están vivos. Corro al patio, están todos, los zorros no han llegado hasta mi casa. Los escondo en la cocina, pero la Negra —siempre difícil— no ha querido entrar. Me conmociono, transpiro. Luego recuerdo que ya están muertos —los zorros— y el nochero muy orgulloso de su hazaña. Me la relata con detalle, gozoso él. ¿Cómo le explico que me indigna que mate a un zorro, aunque crea proteger a mis gatos? ¿Cómo se equilibra la naturaleza? Y si no se confía en ella, ¿en quién?

17 de abril, domingo

Imitando a las mariposas monarcas me instalo en la hamaca cerca de los naranjos a tomar el sol y extiendo, como ellas, las alas. Pienso en los habitantes de los países nórdicos y me lleno de compasión. Con razón Helios era un tirano, sabía bien la importancia que adquiría a su paso.

Recién me entero de la existencia de aquellos mamíferos llamados «perezosos». De lejos, observando cómo se cuelgan de las ramas de un árbol, podrían confundirse con un mono o un oso, pero su característica es que se niegan a gastar energía. Todo en ellos es lento y flojo y pueden tardar un mes en digerir una sola hoja. Nada los agita pues ello implicaría movimiento, lo que ellos detestan. Se ven contentos.

¿Y si inyectáramos un poco de su ADN a todos los apurados del mundo, a los que no se detienen ni un momento a sentir el sol en la cara?

18 de abril, lunes

A veces abro la despensa y me atrapa un olor de infancia: el almacén de don Telo. Era uno de los pocos panoramas que teníamos en Los Remolinos, salíamos al pueblo y nos dirigíamos a este lugar mágico donde vendían bebidas, galletas y unas telas que me gustaban para hacerle ropa a las muñecas. Don Telo era un hombre grueso, de pelo y poblado bigote blanco, que nunca se sacaba el sombrero ni los suspensores sobre la camisa —blanca también—. Cariñoso de una forma sobria, nada remilgada, era sin duda el hombre más rico del pueblo, aunque eso no era mucho decir. El olor del almacén era característico:

algo de encierro, de cosas antiguas, de comida mezclada con tuercas y alicates, de tierra apisonada. Detrás del almacén sucedía de todo, desde las peleas entre las hermanas de don Telo hasta la matanza de corderos. Allí nunca nos dejaron entrar.

21 de abril, jueves

Qué ingenuidad haber nombrado este cuaderno el del sol (o de la luz) cuando la oscuridad en este país se toma hasta las nubes.

Hoy le tiraron una piedra al presidente en Coquimbo. Él lo tilda de hecho aislado pero también puede ser un signo. Ahora se atrevieron con una piedra, mañana pueden hacerlo con un arma.

La gente tiene mucha rabia. Mucha. Se cuela por todas las ranuras. Lo que desató el estallido social —delincuentes incluidos— se ha transformado en una resistencia permanente en todo ámbito de cosas. La furia. El ambiente está espeso y oscuro, como la chancaca de las sopaipillas, pero sin su dulzor.

22 de abril, viernes

Hoy, Teillier y solo Teillier:

Cuando ella y yo nos ocultamos
en la secreta casa de la noche
a la hora en que los pescadores furtivos
reparan sus redes tras los matorrales,
aunque todas las estrellas cayeran
yo no tendría ningún deseo que pedirles.

Y no importa que el viento olvide mi nombre
y pase dando gritos burlones
como un campesino ebrio que vuelve de la feria,
porque ella y yo estamos ocultos
en la secreta casa de la noche.

23 de abril, sábado

Me entero de que Karl Ove Knausgård se dedica hoy a escribir cápsulas diarias. (¿Me culparán de haberle copiado?) Es dueño de una desfachatez que envidio. En una de sus entradas diarias saca la cuenta de cuántas veces ha hecho pipí en su vida, una cuenta matemática y muy cómica.

Me pregunto seguido por la ficción y qué le ha ocurrido. La escritura global vive un momento raro de apego al yo. Es misterioso. No es una moda, es una necesidad.

24 de abril, domingo

A los extranjeros que comen en restaurantes chilenos les sugiero que nunca pidan una ensalada como plato único. Son una estafa. Ahogan al comensal con unas lechugas desabridas que llenan esos enormes platos —los que dan la mentirosa sensación de generosidad— mostrando en su superficie algunos «caramelos» como rollitos de salmón o queso de cabra o trozos de palta. Pero es todo un engaño pues cuando ahondas en la pileta de las múltiples hojas verdes no hay más que eso, más hojas verdes, las que terminas por repudiar. Ni litros de aceite de oliva las mejoran, los aliños se saltaron esta parte del menú. Abandonas el restaurante, aparte de hambrienta, enojada por los precios insólitos que cobran y te preguntas por qué no pediste una pasta.

25 de abril, lunes

El día señalado.

Partí.

Santiago - Buenos Aires - Amsterdam - Roma. Un viaje muy largo. El fin de Alitalia ha resultado una pérdida enorme.

Arriba de los aviones no se fuma. En los aeropuertos tampoco. Maldita dependencia.

Estar en el aire es como no estar. Fascinante la sensación de no existir existiendo. Y de no saber qué lugar del mundo pisas, ¿selva?, ¿bosques?, quizás ciudades o mar. A cierta hora será el Atlántico, trecho tan largo (que nos distancia del desarrollo y de la historia, la conocida, al menos). Nosotros somos todo Pacífico, nuestra larga franja chilena. Los aires distintos nos despeinan y nos hacen extraños a nosotros mismos.

El interior del avión es oscuro, ni una gota de luz.

26 de abril, martes

No sé cuándo terminó el día de ayer, cuándo empezó el de hoy. Lo importante es que las horas avanzan, termina el lunes y el martes me lleva a Roma. Marcel duerme y duerme con sus gloriosos siete años.

Salí de esa rara vida de interiores ficticios y vi el sol después de veintitantas horas. El cielo era azul. Llegué. Roma, limpia, nítida, verde. Yo, un estropajo.

27 de abril, miércoles

En las escalinatas de la fuente en la plaza Santa Maria en Trastevere se sentaba una señora con su hija. Era grande, negra, forrada en algodones coloridos y cubría su cabeza con un pañuelo rojo. La niña —muy chiquita— trataba de subir un escalón de la fuente y la madre la bajaba de forma automática y sin mucha dulzura. Esto se repitió varias veces. Al fin comprendí que en el escalón al que quería llegar la niña había un helado de barquillo botado a medio comer y era aquel el objeto de su deseo.

Yo tendría unos cuatro años y como algo excepcional mi madre me llevó al centro. Mientras esperábamos la micro, botado en el suelo del paradero, bajo un árbol, vi un barquillo mordido con helado aún en su interior. Enloquecí de ganas de recoger el helado del suelo y echármelo a la boca, pero como la mano de mi madre me sujetaba con firmeza jugué a dar círculos para acercarme a la base de aquel árbol. Avanzaba poco a poco. Fueron tantas las vueltas que di que ella sospechó que algo pasaba. No pretenderás recoger ese helado, Marcela, ¿verdad? Muda yo. Eso no se hace, está sucio, insistió, y yo, avergonzada de haberme delatado. Mi mamá me corrió de ahí y guardé el más absoluto silencio.

29 de abril, viernes

El bus da una vuelta inesperada y, como es típico en esta ciudad, entra de sorpresa en una gran plaza. De forma automática digo: Piazza Barberini. ¿De dónde saqué esa información? Efectivamente lo era, pero ¿cómo lo recordé?, ¿cómo lo sabía? Aunque viví en esta ciudad, he olvidado mucho, han pasado años y años. La memoria guarda información que una ignora. La esconde o la atesora. Me pregunto por los extraños mecanismos del cerebro, por el conocimiento de cosas que no se sabe que se tienen. La Piazza Barberini no era una de mis favoritas, pasaba poco por este barrio y si un par de horas antes me hubiesen preguntado por ella habría respondido que no tenía idea.

¿Con qué criterio elige la memoria lo que deja inscrito? ¿Cuántas Piazza Barberini surgirán aún? Ni siquiera recuerdo cómo se llamaban algunos hombres que me gustaron, cómo entonces los lugares.

La memoria es un faro. Si se apagara, las tinieblas nos envolverían sin piedad y andaríamos a tientas.

30 de abril, sábado

Mi departamento es un dúplex, arriba duermo yo, pero al ser el segundo piso más pequeño que el primero, puedo mirar desde allí hacia abajo como desde un balcón y ver a Marcel durmiendo. Entre sus sueños y transpiraciones abraza a un animal de peluche (trajo a su asno y a un perro). Sigo mirándolo y pienso: el abrazar de noche a otro es consustancial al ser humano. Él aprendió sin ayuda la búsqueda de calor nocturno, de sentido de protección y también de amor —lo abrazo en la cama, por lo tanto, lo quiero. He abogado por que las parejas duerman solas y vivan aisladas sus horas de vigilia, que son tan delicadas. Pero la observación de este niño me desmiente, contándome que un cuerpo tiende a otro cuerpo en el descanso. ¿Habré estado siempre equivocada y lo que hice con mis maridos fue solo un capricho disfrazado de teoría?

Pienso en los brazos entrelazados de mis animales cuando se va el sol.

1 de mayo, domingo

«Arriba los pobres del mundo / De pie los esclavos sin pan».

Dijo Lenin a propósito del himno oficial de los trabajadores: «Sea cual fuere el país en que recale un obrero consciente, fuese cual fuese el lugar al que lo empuje el destino, sea cual fuere su sentimiento de ser un extranjero, privado de idioma y de amigos, lejos de su patria, puede encontrar camaradas y amigos gracias a la canción familiar de La Internacional».

Lotty, ¿te acuerdas?, ¿verdad?

2 de mayo, lunes

Posan.

Con dificultad se hacen un pequeño espacio entre la muchedumbre y se adelantan, miran un poco inciertas a la cámara —hoy un teléfono— e intentan por un instante ser las personas que desean. Para permanecer en la memoria. El posar como un acto de aspiración. El transformarse en quien les gustaría ser. Desaparece en sus mentes el atuendo del turista, se arreglan el pelo, cambian la mirada, desplazan levemente una pierna sobre otra, se humedecen los labios con saliva y luego los estiran. Ya. El Panteón detrás les da contexto. La luz primaveral romana suaviza los rasgos. Listo. Esta puedo ser. Esta mujer soy yo. Niego a la del sentido común, a la que volverá a su hogar infectado de normalidad, cansada del viaje, del marido, del ajetreo. No soy la que escuchará la alarma matinal en el velador recordando su rutina. No. Soy esa del Panteón. La de la fotografía.

3 de mayo, martes

Mi hija arregla la ropa limpia sobre la cama, con prolijidad toma cada prenda, la estira y la dobla. La pieza se vuelve un dispensario de buenos olores. Es que por fin encontramos una lavandería en el barrio. Al llegar a la casa con la bolsa de ropa limpia sentí un llamado, sería la palabra hogar, sería la sensación de que todo estaría bien. La ropa limpia es sinónimo de infancia, de protección, de pertenencia, no se lava en cualquier lugar. Me imaginé con facilidad el vivir aquí en Palazzo Velli preparando el café cada mañana, sentándome en este pequeño escritorio blanco a escribir. Y lavando la ropa.

Tener raíces es un privilegio, pero también una atadura.

5 de mayo, jueves

Miro el Tevere, grueso, repleto, tumultuoso de espesor verde al acercarse a la *isola* Tiberina. Pienso en nuestro pobre río Mapocho, en su escualidez agónica.

Pasa la gaviota. Espléndida ella, tersa, su cuerpo abierto como una cruz, entregada quizás a qué vuelos. Lisa y colorida, joven la gaviota, si es vanidosa buscará su reflejo en las aguas. El sol y la lluvia combaten sin mucha convicción, un rato uno, luego la otra, perplejas las nubes romanas sobre mi cabeza. «Soy el cerúleo Tíber, el río más amado de los cielos, el que ahora ves bañando estas riveras con su caudal sobrado...» (*Eneida*).

6 de mayo, viernes

Desde mi ventana observo a una pareja cruzar la Piazza Sant'Egidio. Son árabes, los distingo porque hablan a viva voz y ella lleva la cabeza cubierta. Él gesticula, manos en el aire, y le grita, ella solo responde una vez, muy enojada. Sigue gritándole con las manos amenazantes. Yo, lista para reaccionar, segura de que la golpeará. Pero no lo hace, al menos durante el trayecto —se me hizo largo— en que cruzan la plaza. Cada grito es un golpe, una mano, un cuchillo. El espanto se arrastra por los adoquines. Desaparecen por una calle pequeñita pero sigo escuchándolo en mi cabeza.

Si yo fuese esa mujer, lo mato.

Cultura siniestra la de los musulmanes en ese sentido. Occidente avanza, el papel de las mujeres toma un giro irreversible y ellos, sin embargo, impermeables, continúan en el medioevo.

Y esa pobre mujer maltratada, me pregunto por su vida y sus pesares, por sus amaneceres. Enteramente envilecida. ¿Qué opinión tendrá de sí misma?

7 de mayo, sábado

El hastío del derroche.

Leo sobre las propiedades de los magnates rusos en Cerdeña, las que el gobierno italiano ha congelado por la guerra. El costo de mantención es *tan* alto que el Estado no sabe cómo proceder. Son villas enormes, privadísimas, no se ven desde los caminos públicos, tienen acceso directo al mar, cámaras de seguridad, helipuertos, canchas de golf y tenis, guardias armados, varias piscinas, hot tubs y cocinas industriales. Veinte trabajadores por casa, a lo menos. Las ocupan un par de semanas al año, no más. Invitan a mucha gente —toda importante o famosa— y los aviones privados con las visitas no paran de aterrizar. Lujo, lujo y más lujo. Poder, poder y más poder. Dinero, dinero y más dinero.

Los millonarios me dan asco. Esa vida, ese derroche... me produce un vacío incómodo, oscuro. Como ellos.

8 de mayo, domingo

Las tardes de esta primavera romana son magníficas. Ya se ha ido el sol, pero demora el anochecer y la luz es vivificadora, ya sin calor.

A esta hora —si estoy en casa— me instalo en mi enorme ventana renacentista mirando hacia la plaza con un vodka y mis cigarrillos. La gente que pasa por debajo me mira. Me apuntan y me sacan fotografías. Creen que soy la dueña de este *palazzo*. No dudo de sus fantasías, que despiertan a su vez las mías. Me imagino propietaria de esta arquitectura y estos colores, perdería mucho tiempo solo mirándolos. Contrataría personas para administrarlo —con tal capital, sería lo mínimo— y me dedicaría a la belleza y al sol. Todas soñamos que íbamos a ser reinas, ¿se acuerdan?

9 de mayo, lunes

No puedo estar en Roma y no hablar de su comida.

Como pasta todos los días. La vida sin carbohidratos es una desdicha. Además, he probado las mejores pizzas (pero esto es un lugar común).

En tiempos antiquísimos, los latinos de Il Lazio armaban una masa que jugaba el papel de mesa para instalar sobre ella la comida. Los muy hambrientos terminaban comiéndose «la mesa», según Virgilio. Supongo que ese es el origen de la pizza.

Nos fascina descubrir restaurantes nuevos y recetas desconocidas. Marcel se sienta a la mesa y de forma automática pide una carbonara. Le pregunto siempre si es mejor que la que hace la abuela y me dice que no.

No subo de peso. Nuestras largas y cotidianas caminatas se llevan todas las calorías.

10 de mayo, martes

Durante cuarenta minutos ha circulado sobre nuestras cabezas un helicóptero grande y pesado. Pareciera que el Trastevere es su objetivo. A veces vuela tan bajo que espero su caída estruendosa. Nadie de mi generación en Chile podría escucharlo sin pensar en septiembre de 1973.

La audición gatilla la memoria como ningún otro sentido (por eso la música nos lleva a los recuerdos, siempre). Y este estímulo lleva a una memoria específica: el horror. Y como consecuencia, el miedo.

Más tarde un acordeón reemplaza al helicóptero. Escucho una tarantela. Entonces me levanto, subo la persiana y a raudales entra la luz.

11 de mayo, miércoles

He retomado la *Eneida*, que empecé y abandoné varias veces en Chile, segura de que Roma sería el lugar indicado para leerla. A veces cruzo el Tevere y veo allí a Eneas con su ejército descansando bajo los árboles.

Estoy embelesada con el lenguaje y la empatía de Virgilio, pareciera escribir desde el amor, lo que no hizo Homero ni menos Ovidio. Protege a sus personajes, les da un relieve determinado para que nosotros los escuchemos y los amemos. Me impresiona su aborrecimiento hacia Hera (llamada Juno en la versión latina), la retrata como un personaje maligno. Me resulta muy difícil, luego de tantas lecturas desde la perspectiva griega, aceptar que los romanos hayan renombrado a los dioses. Por ejemplo, es poco serio que Hades se transforme en Plutón, qué nombre horrible. Leí páginas sin descubrir que Minerva era Atenea. Llama a mucha confusión. Me pregunto para qué intentaron diferenciarse en eso si imitaron a los griegos en tantas otras cosas.

Salud, Virgilio. Me haces muy feliz.

12 de mayo, jueves

Terminaron las lluvias con un acto teatral de tormenta nocturna, rayos y truenos estentóreos. El calor se instaló. El verdor de Roma me abisma. Desde la sequía nuestra, la miro a la vez con pena y admiración. Cómo envidio toda el agua que les regala este cielo.

Me he desconectado. Para ser exacta: *desintoxicado*. Pero leo a diario las noticias de mi tierra, que nunca son muy buenas. No puedo ignorarlas, los vínculos son muy fuertes. A veces se me aprieta el corazón.

Cuando logro quitarle a Marcel el control remoto —él ve monos animados y no le importa el idioma— me informo sobre Ucrania. La guerra sigue y sigue. Recuerdo nuestro espanto hace poco con los talibanes en Afganistán y ya lo olvidamos, a pesar del dolor de ese pueblo. ¿Cuánto tardaremos en olvidar a Ucrania?

13 de mayo, viernes

Hoy partieron, luego de tres semanas, la Elisa y Marcel. Los acompañé a Ponte Sixto con el equipaje y allí tomaron el taxi a Fiumicino. Me vi obligada a sentarme en una escalinata de la fuente para prender un cigarrillo y resistirlo. Sin embargo, la gratitud me inunda y esa es la alegría genuina. Vivir con mi nieto en Roma este tiempo resultó una experiencia invaluable. Lo recuerdo hace unos minutos acarreando su pequeña maleta por los adoquines. Se tropezó y cayó al suelo. Se levantó como si nada y siguió adelante. No quiero cruzar el río sin él, enamorado del Tevere, lo admiraba cada día. Esos ojos tan azules.

Siempre hay pájaros volando por el cielo de Roma. Me pregunto de dónde vienen, ¿será la cercanía al río? Quién sabe hacia dónde vuelan los que abandonan estos círculos en mi cabeza. Mil veces he agradecido haber pasado mi exilio aquí y no en otra capital europea. Aquí el miedo empequeñecía hasta esfumarse, mintiéndonos, contando que todo iba bien.

Gran fortuna: me tocó la estación de las alcachofas.

15 de mayo, domingo

Llega una visita —una chiquilla amorosa— a pasar unos días con M al Palazzo Velli. A mí sí me gustan los jóvenes, no como a tantos de mi generación que no logran empatizar ni conectarse con ellos. Me entretienen sus vidas, sus luchas, su mirada. Aprendo de ellos, cautivada por sus esfuerzos de mantenerse despiertos.

En paralelo, soy una vieja de mierda. En eso me convierto frente a la decadencia de las parejas: las miro en un café, un restaurante, en la escalinata de una fuente o un parque y las compadezco. El aburrimiento. La concesión diaria. La conversación obligada o la total falta de ella. La irritación frente a hábitos antes soportados. La falta de luz en los ojos. Una mujer cansada trata de que el marido la lleve de la mano, él se la suelta y camina cinco pasos delante. Los miro y me pregunto si dormirán en la misma cama.

Como decía la Lotty: ya pasaron de moda las parejas.

16 de mayo, lunes

De lo obsceno a lo casto: el camino de una relación.

17 de mayo, martes

La Sol y Manuel partieron. Hoy comienza mi verdadero viaje, este de la absoluta soledad. No intento nada grandioso, solo probar a valerme por mí misma, a todo nivel.

Sentada en un café —mi panorama preferido— miro pasar a dos mujeres negras con unos cuerpos preciosos, altas, atléticas, erguidas. Sus piernas son muy largas y su ropa, ceñida. Se mueven como reinas que han tenido clases de ballet en la infancia. A su lado caminan dos parroquianas, de tez muy blanca, desabridas, una lleva la bolsa de la compra y su compañera, de mediana edad, pálida y rubia, asemeja una muñeca de trapo ajada. Si yo fuera una de las primeras me preguntaría: ¿y con qué derecho se han creído la raza superior?

Un detalle: solo los negros mendigan en Roma.

18 de mayo, miércoles

Eso, Bukowski, exactamente eso: «Dentro de un abrazo puedes hacer de todo: sonreír y llorar, renacer y morir. O quedarte quieto y temblar adentro, como si fuera el último».

Padecemos nuestro deseo, no lo elegimos.

20 de mayo, viernes

Se llamaba Edna St Vincent Millay.

Escribía poesía en un pueblo insignificante de Nueva Inglaterra durante las primeras décadas del siglo xx y lo hacía contando con un enorme talento. Fue una mujer bellísima, seductora entre todas las seductoras, además de rebelde y divertida. Se hizo muy famosa, el público llegó a adorarla. Ganó dinero y su éxito crecía y crecía. Vivía sus pasiones con total desparpajo, pasaba de una cama a otra sin remilgos y los hombres hacían cola para ser sus amantes. Si algo la aterraba era envejecer, segura de que al perder su poder erótico lo perdería todo. Se convenció de que su talento no servía sin la seducción. Murió a los cincuenta y seis años, morfinómana perdida, pobre, llena de deudas, con su cuerpo grueso y maltratado.

Esta historia me indigna.

Hoy, almorzando en la *isola* Teverina, pensaba en el costo que han debido pagar las mujeres de mucho éxito, cosa que los hombres ignoran. ¿Por qué no creyó Edna en sí misma, en su poesía, en su interioridad? ¿Por qué se aferró a lo efímero? El cuerpo, todo por el maldito cuerpo.

21 de mayo, sábado

Fui a presentarles mis respetos a Shelley y a Keats, ambos enterrados en un precioso cementerio en Testaccio. Los cipreses sombreaban las tumbas y una brisa mansa se paseaba entre árbol y árbol. Quieto, amplio y verde, un lugar para permanecer. Allí se encuentra la famosa pirámide de Cayo Cestio, justo tras el muro del cementerio. La mandó a hacer él mismo, un magistrado romano acomplejado con Egipto, un ególatra de marca mayor. La lápida de Keats es pequeña y ni siquiera quiso ser nombrado, solo dice: «*A young english poet*».

¿Quién es Keats o Shelley hoy en la historia y quién es Cayo Cestio?

Patético el egocentrismo, no coincide el amor del mundo con el amor a sí mismo.

22 de mayo, domingo

A cada hora suenan las campanas de Santa Maria (y yo recuerdo a John Donne). Como si ello no fuera suficiente para el precioso campanario, repican cada media hora y cada cuarto. No hay cómo desentenderse del tiempo siendo su vecina. La ansiedad de otros andará a la par de sus melodiosos sonidos tan antiguos, te cuentan al oído que las horas se escurren como la inevitable sangre roja de una herida abierta entre tus dedos. No alcanza. La vida sencillamente no alcanza, lo que no pareciera alterarme. Es la falta de prisa la que convierte esas campanas en música y no en horas. No las cuento.

Llegó volando al café Cinque un pajarito de tres colores: negro, gris y marrón. Se instaló en mi mesa picoteando la madera. No te vayas, le pedí, no te vayas. Encantada de su compañía. Se largó igual, pero logró que por un minuto me sintiera Francisco de Asís.

24 de mayo, miércoles

Roma asoleada. Hice un largo paseo a Santa Maria Maggiore y el Esquilino. Al volver, ya no me podía a mí misma. (La única forma de entrar a Piazza Sant'Egidio es caminando desde el río, una distancia nada despreciable.) Estoy agotada. Me pregunto por qué estoy aquí.

He cerrado la última página de la *Eneida*. Pensé que me acompañaría toda mi estadía en Roma, pero me la he devorado. A pesar del pequeñísimo tamaño de la letra, de los cientos de pies de página y de las miles de consultas mías, he llegado al final.

Lo único que corresponde frente a tamaña obra es enmudecer.

26 de mayo, jueves

Esto ya no es Italia, es África.

Aún no comienza el verano y ya estamos con treinta y cuatro grados. A las siete de la tarde aún hay treinta y uno. El lugar donde escribo concentra el calor y transpiro y transpiro. Voy a la ventana a buscar aire, veo muchas nubes negras. Le ruego al cielo que suelte el agua, que alguna brisa venga a aliviarnos. Como las viejas de pueblo que miran el acontecer sentadas ante la puerta de sus casas, así yo en mi enorme ventana. Los italianos son bulliciosos, sueño con algún silencio.

Esto de la soledad material no es broma. Hay que estar siempre atenta a no dar un paso en falso, y esto adquiere ribetes literales. Bajar las escaleras con cuidado, atravesar las calles con cuidado, avisar cada día a Chile que estoy viva. No sé por qué decidí prolongar tanto esta estadía. No recuerdo bien cuál era el objetivo. Sí, puedo vivir sola, si era eso lo que deseaba probar, listo, ya lo sé. Y si quería aprender a soltar, lo sabré más tarde, no ahora.

28 de mayo, sábado

Katarina se llama. Nunca la he visto a la luz del sol. Es griega pero vive en Italia hace mucho. Ha sido mi interlocutora este tiempo, aparte del personal del Palazzo o de taxistas y meseros. Ella llega cada noche a Sant'Egidio con bolsas colgando y se las arregla, justo frente a mi ventana, para instalar una pequeña mesa, un piso, una vela con aceite que hierve y sus cartas. Es tarotista. Me cuenta que ha cumplido diecisiete años sin un hombre y esto la tiene contenta, tiene sesenta. Sus rasgos son definidos, los huesos se hacen ver, el pelo desordenado, sus colores muy parecidos a los míos. Ignoro hasta qué hora trabaja, cuando cierro las persianas en la noche aún está aquí. Siempre hay alguna mujer sentada frente a ella en el pequeño piso, nunca hombres. Absorberá toda la ansiedad que ellas depositan frente a la ilusión de las cartas. Es sabia y pragmática, nada de sentimentalismos. Me pregunto dónde vivirá, cómo pasa el día, qué hará en el invierno, para mí es una figura nocturna que solo veo en Sant'Egidio.

Cuando me divisa por la ventana me grita «Ciao, Marcella» y yo respondo «Ciao, Katarina» y nos tiramos un beso con las manos.

29 de mayo, domingo

Ayer me senté en el banco de una pequeña plaza, muy cansada con las bolsas del *alimentari*, y prendí un cigarrillo. Se acercó a mí un hombre de mediana edad, común y corriente de aspecto, italiano, y me dijo: «Sonría. Sonría un poco». Insistió en que cambiara esa cara. Imaginé cuál sería, de verdad estaba cansada. Con cierto sobresalto recordé la famosa frase de Abraham Lincoln cuando estableció que no existía la belleza o la fealdad en las personas sino la expresión del rostro. Agregó que a partir de los cuarenta años se adquiría la expresión definitiva, la que a una la define. El italiano que me abordó era Lincoln revisitado.

Aquí con calor insoportable. Me salva Robert Graves.

31 de mayo, martes

Hoy es mi último día en Roma. Almorcé en el «restaurante inalcanzable» (por sus colas), me tomé el último helado de pistacho con *nocciola* en Via della Lungaretta y me instalé en el frescor de la iglesia Santa Maria en Trastevere.

Cuán profundas son las ataduras al *hogar*. Si no existieran, ¿adónde llegaría? ¿Qué lugar del mundo te ataría o te daría un abrazo de bienvenida? (Este, no cabe duda.) Las raíces me son un tema recurrente, se bebe de ellas, sus ramificaciones son las que estructuran. Y el sol no es igual en todos lados.

1 *de junio, miércoles*

Viajar es un vía crucis. Además, es un acto perfectamente vulgar. El calor, el cansancio, la cantidad de kilómetros a caminar en cada aeropuerto, las colas, las maletas, la policía, los trenes internos en los terminales, me pregunto cuántas neuronas se pierden en un viaje intercontinental. Y ahora, post pandemia, los formularios. He sudado sangre para hacerlos todos online, como si cualquier viajero fuese un experto en informática.

Ya sentada en el lounge de Air France recuerdo a Paul Bowles cuando, desechando el turismo, declaraba que solo se debía viajar sin pasaje de vuelta. Quizás es la única forma de ver el sol de varios colores, como lo hicieron los grandes del siglo xx.

3 *de junio, viernes*

Volver al útero materno: ese era mi anhelo cuando pensaba en Santiago, en mi cama, en el frío del invierno chileno y el calor de la calefacción, en mis exquisitos plumones en los que podría enrollarme y dar vueltas como una esquimal, en los ventanales llenos de sol o en la lluvia que cayó hoy, en el silencio de caverna, en la vida sin bullicio, en veredas vacías, en gente querida entrando y saliendo por mi puerta.

No necesito aventuras.

Lo que amo está a mano: una estación amable.

¿Quién dijo que el goce estaba afuera?

4 de junio, sábado

Cuando volvía de Roma me tildé a mí misma de provinciana. He viajado casi por el mundo entero (¿hay algún lugar que no conozcas?, me preguntó mi podóloga, sí, Australia, le respondí, porque no me interesa) y detecté que cuando viajo sola *todo* me produce ansiedad, desde el pasaporte a la falta de cigarrillos. Y, por supuesto, el delirio eterno de que no llegaré a mi país, ¿cómo vas a llegar si está ese océano enorme de por medio?

Me escondo dentro de mi cama.

5 de junio, domingo

Para todos los chilenos que rechazarán la nueva Constitución, esta frase del gran Pasolini: «*I diritti civile sono in sostanza i diritti degli altri*» («los derechos civiles son, en sustancia, los derechos de los otros»).

6 de junio, lunes

Sentada en mi escritorio miro los estantes de libros, tratando de recordar dónde dejé uno de Carrère que necesito y pensé en la cantidad de cajas que regalé para la mudanza —cuando me vine a vivir al parque— con libros que no me eran esenciales. Tampoco lo son todos los que hoy me rodean. La pregunta de *cuáles* son esenciales es muy complicada para un lector. Hay algunos que no necesitan análisis, no podría separarme de ellos. Pero ¿y los otros? Siempre me llama la atención esa gente que se hace fotografiar frente a sus bibliotecas solo porque desean mostrarlas, llenos de vanidad. El exceso de libros —como el exceso de todo— me sofoca. Y cuando alguien comenta «¡qué maravilla esa biblioteca!», me dan ganas de responder que no me interesa conocer a su dueño.

Años atrás fui jurado del premio Rómulo Gallegos. Era un premio que se otorgaba cada dos años y debías hacerte cargo de todas las novelas en español publicadas en ese plazo. (Por supuesto, la mayoría no se leen, bastan unas pocas páginas para distinguir.) Entonces empezaron a llegarme enormes cajas desde Caracas con todo ese material. Las miraba abismada. ¡Cientos de libros! Con cada nueva caja mi angustia subía. Bueno, leí lo que debía leer, elegí algunas publicaciones que me interesaban y regalé las cajas completas. Es probable que el vanidoso de la foto las hubiese agregado a su biblioteca.

7 de junio, martes

Como feministas debiéramos analizar lo que llamo «el síndrome de Fedra».

¿Hay que creerle siempre a la que denuncia?

Fedra fue la mujer del héroe Teseo. Este había engendrado un hijo, Hipólito, en una relación anterior y sucedió que Fedra se enamoró de él. De espaldas a su marido lo persiguió, lo acosó hasta que él abiertamente la repudió. La reacción de Fedra, humillada, fue hacerse tira la ropa y salir por el palacio gritando y acusando a Hipólito de haberla violado. Al enterarse Teseo, la cólera lo inundó de tal manera que pidió a Poseidón que aniquilara a su hijo, él no tuvo el valor para hacerlo. Epílogo: a Hipólito lo asesinan y Fedra se ahorca.

Todos tienen el derecho a la duda, pero las feministas a ultranza no lo permiten. A veces las mujeres también mienten. Como Fedra.

8 de junio, miércoles

Compré comida como para una familia enorme, gasté mucha plata en medio de la inflación desatada que azota principalmente a los alimentos y llené el refrigerador y la despensa como si fuera un búnker.

Alimentación para mi caverna.

Es que no quiero salir nunca más.

9 de junio, jueves

Leo sobre Esparta y me entero de cuán engañados hemos estado con el tema de la «virtud». A fin de cuentas, era una cultura de mierda, explotadora, inculta y misógina al extremo. Solo destacaban los guerreros y toda la estructura social se construía en torno a ellos. Las mujeres espartanas —pienso en ellas y me dan vueltas en la cabeza—, ¿qué hacían? No criaban a sus hijos, eso era labor del Estado, no vivían con sus maridos (ellos pernoctaban en los cuarteles y solo las visitaban de vez en cuando para procrear) y los ilotas, conquistados, hacían todo el trabajo, tanto doméstico como el de la tierra. Ellas no debían producir. Roberto Calasso equivale el misterio de sus vidas al canto de las sirenas: nunca sabremos su contenido.

¿Se sentirían liberadas o tremendamente invisibles y cosificadas? Pienso que esas vidas no vividas no serán patrimonio solo de ellas.

11 de junio, sábado

Frente al fuego, las llamas iluminan la piel de los perros tendidos en la alfombra.

Calibro el silencio. Entonces recuerdo ese verbo mexicano *engentarse,* que habla por sí mismo. Eso me sucedió en Roma: me engenté. Demasiado *cool* el Trastevere, demasiadas personas bajo mi ventana, repletando cafés, restaurantes, heladerías, plazas. Solo lo comprendo aquí, en esta nada, respirándola, pienso en los que nunca están solos o en silencio y compadezco aquellos cerebros contaminados por presencias y decibeles.

Me hermano con la Mistral: mientras más vueltas daba por el mundo, más viva sentía la ausencia del valle de Elqui.

A pesar de las neblinas de la mañana, el sol se las arregla para aparecer.

12 de junio, domingo

«El mundo fue más hermoso desde que me hiciste aliada», dice Gabriela Mistral en un poema.

15 de junio, miércoles

Descender de una abuela vasca y puritana tiene consecuencias. El desborde no es posible. Pienso en Stella Díaz Varín (me han regalado el libro de su entrevista con Claudia Donoso) y hubo momentos delirantes en que creí que era yo la que hablaba. Hasta que se exalta y se desboca y aparece la Villa Olímpica, la miseria, el alcohol y entonces comprendo que no soy yo. Vivió sus últimos años con sesenta mil pesos al mes. Recuerdo bien el día —hace tiempo— en que me detuvo en una escalinata a la salida de una conferencia y me dijo, con su enorme vozarrón, oye, Serrano, a ti que te va bien, ¿puedes pagarme la cuenta del gas?

No, Stella no fue nieta de una vasca y esa fue su salvación a la vez que su condena. La falta de desborde —útil para lo cotidiano— en la escritura es un pecado mortal.

16 de junio, jueves

Un escondite.

Todos debieran tenerlo. Puedes nunca usarlo, pero sí contar con él. Un lugar lejano, no a la mano. Pero hay que conquistarlo, no se regala. No es la gruta la que llama al lobo o la cueva al oso, estos buscan y buscan hasta encontrarlos. Que tenga cielo y que tenga piso, y que puedas tomar el sol en una escalera, que sepas dónde conseguir el pan y el vino (o el queso, para sonar menos bíblica) y puedas tocar las murallas y no se te humedezcan las manos. Donde la noche no amenace. Donde persigas al gato con los ojos y él no se escape.

Un lugar de acogida. Como abrir una puerta y respirar esos antiguos muros rojos escuchando las campanas de Santa Maria y contemplar una transparencia que no es obligatorio atravesar. El Palazzo Velli. Roma.

18 de junio, sábado

Ha muerto el gran Abraham B. Yehoshúa. Cada escritor que parte deja miles de palabras por plasmar, su incompletud es inaceptable y su muerte se lamenta más que otra muerte. De aquel magnífico trío israelí, pacifistas los tres, añorando un Estado palestino justo y mostrando ante su pueblo un reflejo brutal de sí mismo, solo vive hoy David Grossman, habiéndonos dejado ayer Amos Oz y hoy Yehoshúa. He sido tan pertinaz en seguir el trabajo de cada uno y admirar sus narraciones.

A Yehoshúa le importaba tanto el amor, siempre presente en sus novelas, aun en las más políticas. Tuvo la fortuna de vivir muchos años con su mujer —a quien amaba— pero la muerte de ella, dos años atrás, lo dejó sin energía. Lo recordaré siempre por su extraordinario *Viaje al fin del milenio* y la inolvidable mirada del Oriente sofisticado, hace mil años, sobre el Occidente bestial de entonces.

Descansa en paz, Abraham.

19 de junio, domingo

Leyendo a Teillier.
Quisiera volver a la aldea, aunque no sepa cuál es.

20 de junio, lunes

Hoy sería el cumpleaños de la Lotty. Tantos años marcando este día para felicitarla. Hoy le regalo este poema de Stella Díaz Varín.

> *No quiero*
> *que mis muertos descansen en paz.*
> *Tienen la obligación*
> *de estar presentes*
> *vivientes en cada flor que me robo*
> *a escondidas*
> *al filo de la medianoche*
> *cuando los vivos al borde del insomnio*

juegan a los dados
y enhebran su amargura.

22 de junio, miércoles

Ayer fue feriado —de nuevo— y ante lo abandonada que parecía la ciudad, decidí partir a La Moneda, a su Centro Cultural, a ver la exposición de Paul Klee.

Quien crea que Klee es simple, llevado a esa idea por alguno de sus trabajos con tintes «infantiles», se equivoca medio a medio. Es justamente su complejidad la que lo lleva a simplificar los trazos. Es un músico convertido en pintor, atrapado enteramente por los colores y la construcción. Es infinito.

Me emocionó lo bien cuidada de la exposición, también en Chile podemos llegar a esos niveles. Y aproveché para caminar por el barrio, desolado, y aunque no brillaba el sol, el palacio de La Moneda —ante mis ojos— era otro.

23 de junio, jueves

Por ahí me piden apoyar sin juicios. Me pongo a pensar y decido que es un asunto moral. Concluyo que ambos pueden andar en paralelo.

Imagino una situación límite: llega una hija pidiendo refugio de la policía porque ha cometido un crimen. Por supuesto, la hago pasar y la escondo. Apoyo. Pero mientras estoy en el acto de apoyar le pido explicaciones y me enojo. Juicio. Lo hago sin denunciarla, pero no puede ella pretender —luego de su crimen— que, además de protegerla, esté de acuerdo con su delito.

¿O estoy comprendiendo mal el concepto de apoyar? ¿Podemos mantenernos impertérritos frente a un error garrafal del otro/a? Algunos pueden opinar que ese verbo significa no emitir opinión alguna, solo constatar que estás de su lado.

La rabia es una mala consejera, pero también puede serlo la mudez. Y también hay soles malsanos.

24 de junio, viernes

Quiero comprarme el departamento del noveno piso, el último de mi edificio. Es el que está —literalmente— sobre mi cabeza. ¿Lo necesito? No. ¿Está destinado a alguien querido? Tampoco. Pero el sol entra a raudales.

Si fuese rica de verdad, lo haría mío para dejarlo vacío, esa es mi fantasía. (¿Sabes, Marcela, cuántas viviendas se necesitan en Chile? Sí, al menos seiscientas mil). Así controlaría yo el silencio que aprecio tanto ahora que está deshabitado.

Cuando llegaba a Chile una película de alguno de sus directores favoritos, mi padre compraba cuatro entradas numeradas e iba solo, así se aseguraba de que nadie estaría a sus lados ni delante de él. Es la misma idea.

25 de junio, sábado

¿Qué podemos hacer, se pregunta la poeta Rosabetty Muñoz, si lo más bello es lo que no ha pasado?

¿Y si lo más bello es lo que ya pasó? Supongo que depende del momento de la vida en que hacemos la pregunta. (Hasta hace muy poco yo miraba solo para adelante, colgada de la estrella de la fortuna, hasta que cayó esa cortina de hierro feroz que es la edad o el recordatorio de ella). Aun así, hoy celebro poco el pasado. Como si mirara a través de un caleidoscopio, lo deformo y lo tiño de diferentes colores que no fueron los originales. Lo único nítido es la infancia. Los Remolinos. Los caballos, mi padre, los perros, mis hermanas, el río, la risa y la tierra. Todo el resto me merece dudas. Y las dudas no son celebratorias.

28 de junio, martes

Sigamos con las palabras, las antipáticas, las sorprendentes, las avaras.

Economizar.

No sabía cuánto me disgustaba hasta verla escrita en letra imprenta, solita en medio de una página, con toda su carga. Sus sinónimos más evidentes: ahorrar, guardar, reservar. El diccionario: a) disminuir los gastos y reservar una parte de ellos para otras cosas; b) evitar un trabajo o riesgo.

En mi mente, se economizan el dinero, el afecto, la energía y el tiempo. Dejando fuera el dinero, a los que economizan se los podría catalogar de sobrevivientes. Los que calculan, segmentan, se defienden, guardan para después. Los que no estiran el sufrimiento para luego ser felices, como diría un amigo mío. No, no estiran nada. Menos mal la palabra no se economiza, para ello existe el verbo sintetizar.

Imaginémonos que al sol le diera con economizar, ¿qué sería de nosotros?

29 de junio, miércoles

«Los zorros tienen guarida y las aves del cielo nidos; pero el hijo del hombre no tiene donde reclinar la cabeza» (Mateo 8: 18-22).

A propósito de los escondites.

30 de junio, jueves

Me sorprende que las feministas no le hayamos hincado más el diente a la historia de Pigmalión. Si nos ponemos serias, era un perfecto hijo de puta, un misógino desmedido. Tampoco aplicamos una mirada de género a la obra de teatro de G. Bernard Shaw ni a la película (preciosa) *My Fair Lady*.

Pigmalión esculpía y odiaba a las mujeres, como tantos de la época. Un día decidió hacer una escultura de una mujer y a cada paso que daba hacia su culminación, más le gustaba. Llegó a tal punto la pasión por su obra que se declaró enamorado de ella y les rogó a los dioses que la transformaran en mortal. Se lo concedieron, la escultura tomó vida: Galatea. La adoró, por fin tenía a la mujer perfecta, creada por él, a su antojo, nacida para él y sin pasado. ¿Qué más podía pedir?

Creo que no nos hemos enojado lo suficiente con esta historia.

1 de julio, viernes

Ideas al pasar:

- Roberto Calasso habrá sido uno de los hombres más inteligentes de nuestra época
- la vida sin carbohidratos es una tristeza
- lo mejor que compuso Beethoven es la *Séptima sinfonía*
- una de las peores patologías de los mortales es el mal de Diógenes
- uno de los peores pecados es la lata

Se me acabó el cuaderno en que escribo, justo el día en que el año se divide en dos y que el sol se retira temprano. *Soleil, soleil,* ¿dónde te fuiste?

2 de julio, sábado

Comienzo un nuevo cuaderno, siempre con las ganas de hacer trazos en sus hojas con un lápiz 4B y también con la ilusión de inéditas inspiraciones. Su papel es amarillo.

Luego de escribir ficción tras ficción, llegué a *El manto*. Libro bisagra, el que une el antes y el después, el que avisa que todo se ha desordenado y que las historias inventadas han partido. ¿Qué sigue? Esto.

Mientras el estilo tardío sea soleado, no importa dónde me lleve.

3 de julio, domingo

Alguien me acusa de ser arbitraria. Si no lo fuese, tampoco sería escritora. Imagino textos moderados y languidezco en el aburrimiento.

Mater dolorosa, ora pro nobis.

4 de julio, lunes

Virginia Woolf tiene dos grandes temas, dice un académico: el deterioro —de cuerpo y mente— y la exploración de sentimientos intermedios entre la amistad y el amor —para los que no tiene nombre explícito—. (Le faltó el más importante: cómo ser mujer).

El deterioro es una nube oscura. Soy pudorosa frente a ese tema como imagino lo son las de mi generación. Porque nos han quitado mucho. A todo nivel. Solo me queda de juventud la curiosidad, la capacidad de asombro y la de dormir hasta tarde. La memoria perdida se lleva conocimientos enteros, avalanchas de ellos, lo que supimos y ya no sabemos. Ni hablar del deterioro del cuerpo, esa es una estación donde prefiero no detenerme.

6 de julio, miércoles

Jung me dice que el concepto de este cuaderno está equivocado. Dicho en mis palabras, es como si el sol mintiera y solo en lo oscuro se encontrara la verdad.

7 de julio, jueves

Hace tres días la Asamblea Constituyente, en sesión solemne, entregó al presidente de la República el borrador de la Nueva Constitución. Esta deberá ser aprobada o rechazada en un plebiscito el 4 de septiembre.

¿Qué pasa hoy?

Nos estamos matando entre nosotros. La tolerancia se mandó a cambiar. Ha aparecido una faceta nueva en mucha gente, la que ignorábamos. Las máscaras han caído al suelo. Y nos miramos todos, anonadados de ser quienes somos y dispuestos a sacar las garras.

Las encuestas dan por ganador al Rechazo. Tengo miedo de que así fuese y habernos perdido una oportunidad única en la historia.

8 de julio, viernes

La naturaleza hace lo que quiere con nosotros. Se ha puesto a llover / anestesia para una herida abierta. Cada gota que cae es un regocijo, un agradecimiento. Embobada miro a través de los ventanales, incapaz de acción cualquiera que no sea observar.

Así, pierdo el tiempo.

Lo pierdo y lo pierdo.

En fin, la lluvia.

9 de julio, sábado

La cordillera nevadísima.

Sus picos rosados a la hora en que comienza a ponerse el sol me recuerdan por qué una ha querido tanto esta ciudad. «El hogar es donde todos tus intentos de escapar cesan», dice Naguib Mahfuz.

10 de julio, domingo

Desearía ser la lluvia.

Transformarme en agua pura y limpia, venir del cielo y regar la tierra dura. Fertilizar los valles. Verdear el pasto. Deshacerme en una gota.

11 de julio, lunes

De Cadmo a Ulises, esa es la historia de los dioses.

Cadmo trajo desde Egipto las primeras letras del alfabeto. A partir de él, los dioses no necesitaron presencia física porque la palabra les permitía a los hombres *pensar* a los dioses sin verlos.

¿No es aquel el comienzo de la literatura?

12 de julio, martes

El sol me llega directo a la cara porque alguien lo pidió prestado para mí, en medio de los nubarrones. He tenido mi primer encuentro con el poeta Alfonso Alcalde, uno más de nuestros grandes, otro suicida. Gracias a V.

> *Hoy pedí prestado*
> *el sol a mis vecinos*
> *«una pobre hebra de luz»*
> *—les dije—*
> *algo para andar*
> *sobre la tierra*
> *con una despavorida sombra*
> *a cuestas.*

14 de julio, jueves

Una pintura de Magritte: *El sabor de las lágrimas.*
Saladas.
Lejanas.
A mi edad ya casi no se llora.

15 de julio, viernes

Observo una fotografía de la bahía de Kotor, en Montenegro. Como no deseo movimiento, viajo en mi imaginación.

Un día —hace años— tomaba desayuno en mi cama
de Buenos Aires leyendo el diario *El País.* Contaba sobre la independencia de una provincia yugoslava y cómo,
con tan pocos medios y habitantes, se convertía en país.
Empecé a buscar más información y recuerdo haberme
levantado prometiendo algún día conocerlo. Y como he
seguido la costumbre, en lo posible, de concretar mis fantasías —como afirmaba la Lotty, nadie era más consistente que yo en esa materia—, llegué a Montenegro. Visité
su capital desalada (Podgorica) y avancé hacia Kotor, esa
enorme bahía de la costa dálmata con su ciudad antigua
y enormes montañas de fondo.

Algo sucedió entre esa ciudad y yo. Nos enamora-
mos, nada menos.

Los recuerdos tienen la forma de un caballo errante
que solo a veces se detiene.

16 de julio, sábado

Volviendo al día de ayer: me he enamorado en serio de
tres ciudades, ninguna muy conocida ni importante, las

tres son pequeñas, las tres son antiguas. Como escribí, Kotor es una de ellas. La Antigua de Guatemala y Hôi An en Vietnam son las otras.

El turismo. El que lo repleta todo, corrompe, inunda y se traga los lugares más hermosos a medida que los descubre. Cuando conocí Antigua, a principio de los noventa, era un lugar solitario, inexistente para las masas, todo era auténtico, las mujeres lavaban la ropa al aire libre en los lavaderos en plena ciudad, los indígenas llegaban temprano desde sus pueblos a entregar sus mercancías y la mitad de las construcciones estaban en ruinas por los consecutivos terremotos. Hoy, Antigua es una boutique, desaparecida su naturalidad. Me cuentan que lo mismo ha sucedido con Hôi An. Lo detectaron los grandes hoteleros —se instalaron en las playas antes ignoradas— y pasó a formar parte de los paquetes turísticos. En la actualidad, tropas de visitantes agotan los adoquines de esas calles viejas y a las tiendas casi arcaicas les vuelan el polvo.

17 de julio, domingo

Leo a la argentina María Negroni, una novela sobre su madre. Es feroz. Su escritura es pedante, como si le fuese imposible contar una historia con sencillez. Cita a demasiados autores (siempre hay que cuidarse de ello, a los lectores no les importa cuánto has leído). Sin embargo, es genial. Una lumbrera en ciertos párrafos. Y nos recuerda, una vez más, lo difícil, compleja y enigmática que es la relación madre/hija. Me ha dejado ensimismada.

Me gustan los domingos en Santiago. Salimos de paseo con mis hermanas y a pesar del frío y de lo disminuido de su presencia, nos llegaban mendrugos de sol. Cómo se disfruta cuando es escaso. ¿Será así con todo lo demás?

18 de julio, lunes

Hermoso el verbo suprimir. En la memoria, en el teclado, en la casa. Su antónimo sería coleccionar. O acumular (¿codicia?).

Quisiera penetrar la conciencia de los acumuladores —ya he hablado de esto— y entender por qué rellenan, por qué no el vacío, la línea limpia, el espacio libre. Cómo no agobiarse con lo colmado, desde las calles hasta las cocinas, los bares y las discotecas. Recuerdo las fotografías que se viralizaron durante la pandemia de las ciudades vacías. Las calles de Roma sin transeúntes, ¿no se asemejaban acaso a un paraíso?

Suprimir todo lo posible. Ni siquiera ambicionar tanto recuerdo.

19 de julio, martes

Entro, en palabras de Alfonso Alcalde, en la comarca de la dicha y la agonía. Deambulando por allí, respiro. La mente se convierte en una larga línea costera, como la chilena, con faros que van alumbrándola, esperanzados de convertirse en los soles de la noche. Cada luz proyectada es la mano de una mujer que ha escrito, una madre de la que soy heredera. En vez de alejarme por sentir la distancia entre esas manos y las mías, dejando de lado la autoflagelación, decido acercarme con humildad, me acurruco y les doy las gracias. Son tantas.

El primer faro es Jane Austen.

El segundo, Emily Brontë.

Bellas talentosas, suicidas, glamorosas.

20 de julio, miércoles

Alex Haley, autor afroamericano de *Roots*, cuenta en el *New Yorker* las ceremonias de bautizo en su Gambia originaria. Hasta el momento del rito, nadie conoce el nombre del recién nacido más que el padre. Entonces, frente a la comunidad de su pueblo, el padre toma a su hijo/a en brazos y le susurra al oído cómo habrá de llamarse. Para que él o ella sea el primero en saber quién es. Solo entonces aparece el nombre.

22 de julio, viernes

Es la selva. Puedes avanzar un trecho, rasguñándote la piel o clavándote una espina, y llegar a un claro. Entonces descansas un poco, observas los vaivenes de la luz, pero no debes distraerte en demasía. Ya sabes, el mandato es siempre avanzar. Vuelves a la vegetación turbulenta e hiriente, la que te odia y te agrede y jadeando le ganas pequeños espacios, un poco aquí, otro allá, preguntándote cuánto falta para un próximo claro, no pensarás paralizarte, ¿verdad? Te enrabias y te imaginas las próximas cicatrices si es que logras salir de allí.

Esa selva lleva el nombre de mi país.

23 de julio, sábado

Dice Mateo, citando a Jesús: «Saldrán los ángeles, separarán a los malos de entre los justos y los echarán en el horno de fuego; allí será el llanto y el rechinar de dientes».

¡Qué pavor!

Y existen los que siguen una religión así de amenazante. Dios me guarde.

24 de julio, domingo

Hoy —hace dos años— partió la Lotty.

A la hora del atardecer cerré la puerta de mi pieza, prendí la vela y me sumí en el *Réquiem Alemán*. Más bien, me sumí en la Lotty. Si el pensamiento se escapaba, lo traía de inmediato de vuelta. Me conecté con ella pensando que sus partículas paseaban por el éter. Recordé muchos momentos, me reí, lloré un poco. Al terminar Brahms entró Marcel y me preguntó cómo me había ido. Bien, le respondí, pudimos conversar. ¿Y te contestó?, fue su pregunta. Me quedé mirándolo. Sí, le respondí.

25 de julio, lunes

Siguiendo los pasos de Martín Gusinde por la Patagonia:

- Puerto Fantasma
- Puerto Engaño
- Isla Quemada
- Golfo de Penas
- Última Esperanza

Cómo estigmatizaron la geografía con esos nombres. Al final aparece uno llamado Cabo Deseado. Algo es algo.

26 de julio, martes

Mi amiga cumplirá ochenta años pronto. Trabaja, viaja y tiene un amor. Él es extranjero y se encuentran en distintos puntos del globo. Los idiomas coinciden poco y me dice que eso le encanta, así no conversan mucho.

Lo extraordinario es el lugar que toma el sexo en la relación: central. (¿Y los rollos de la guata?, le pregunto preocupada, ¿y las carnes sueltas?, me contesta que a él no le importa nada). Justicia divina.

Me deja pensando en las mujeres de mi edad, diez años menores que ella, las que se han descartado a sí mismas. En mi caso, siento que una escritora con mis años no debiera escribir mucho sobre el tema, como si al hacerlo pudiese asomarse a un abismo patético.

Tener buen sexo a los ochenta me inyecta una cierta esperanza en la humanidad.

28 de julio, jueves

Vuelvo a mi guarida.

Hoy es mi cumpleaños y me celebrarán esta noche hijas, hermanas, exmaridos, todos.

> *Porque lo gastado, lo vencido por el tiempo*
> *Desemboca en los sueños:*
> *Danzando.*
>
> Alfonso Alcalde

29 de julio, viernes

Romperse o curtirse: esas son las alternativas.

Cada año cumplido me colgaba de distintas partes del cuerpo hoy al despertar, un cansancio mortal. El instinto decía: quiero ser la Bella Durmiente, tocar la punta de un huso y dormir, dormir cien años.

Lo latente se cierra, anunciará el fin de una etapa. Somos seres en movimiento, así corresponde, sin estridencias. Sigamos. Natalia Ginzburg aconsejaría a una escritora mirar y buscar —desde el principio—aquella línea que nos ha definido y desde allí escribir.

Quizás me dejé cegar por el sol y el maldito invierno siempre estuvo aquí sin que yo lo viera.

31 de julio, domingo

No sun. No sun at all.
Empieza agosto, invierno férreo.
El sol hace que el camino ondule y se distorsione.
El sol estalla.
El sol se divide en miles de chispas.
El sol expele brasas.
La desconexión es un antídoto a la ansiedad. Como la anestesia. ¿Será posible desconectar a voluntad? ¿Ser cómplice de una misma para ejecutar tal operación?
Creo que moriré luego.

1 de agosto, lunes

He terminado *Cuentas pendientes* de Vivian Gornick. Su inteligencia me obnubila, su clarividencia personal y literaria me han hecho cerrar el libro y mirar con insistencia el techo y la vida.

Gornick, como buena judía de Nueva York, se ha sicoanalizado en largo. Entiende el enlace entre su vida y su escritura y es capaz de analizarlo en otras autoras. Entonces me pregunto: si alguien tuviese aquella intención conmigo, ¿cuál sería la línea final que subyace en mi trabajo? Yo no lo sé. Tampoco soy capaz de mirarme como una línea continua. Retazos, fragmentos aislados, anécdotas. A veces me quedo fija y repito el recuerdo varios días sin la certeza de ser justa o si de verdad sucedió así.

Vuelvo a Natalia Ginzburg y a la Gornick: pareciera ser que la falta de conciencia va de la mano con la falta de profundidad, y me odio por mis propias cavilaciones al respecto.

2 de agosto, martes

Mi abuela no concebía el aburrimiento. Lo llamaba *falta de vida interior.* Nos inculcó este concepto desde muy pequeñas. Era una mujer sencilla, vasca, austera y una gran lectora (solo leía en francés). También fue piadosa y cumplidora de los mandamientos y no toleraba la frivolidad. En la infancia, inmersas como estábamos en nuestros juegos, no asomaba peligro alguno. Pero entrando en la adolescencia empezó a gustarme el sexo opuesto y me puse tonta. Nuestro primo Pelayo, a quien entregábamos un gran poder de juicio, me enfrentó un día y con un cierto desdén en la mirada me acusó de carecer de vida interior. Yo temblé frente a la acusación y temí por mi futuro.

Ese era el gran pecado.

Mi abuela era una iluminada.

3 de agosto, miércoles

La inmediatez de la satisfacción.

Estábamos instalados en Washington D.C. cuando comprobé que Amazon cumplía, que todo deseo se hacía real a las veinticuatro horas. Si durante la noche me venía el impulso de ver una película determinada, la pedía en Amazon y al día siguiente era depositada en mi puerta. Entonces en Chile no existía ningún servicio parecido y para mí aquello se aproximaba a la magia, como un hada madrina servicial y complaciente.

Anoche, a las dos de la madrugada, pedí a Mercado Libre una crema desmaquilladora. En la sección de «tiempo requerido para que llegue a tus manos», la pantalla deletreó «hoy». Me embelesé con aquella palabra

Durante la tarde había leído un texto sobre la lentitud y sus bondades. Pero cómo resistirse a la velocidad si fascina, marea y embauca. Es así como nos coopta el capitalismo.

4 de agosto, jueves

Hoy el cuadrado está en blanco y me llena de dicha el que cada hora de este día sea mía.

Antes de entregarme a la fobia, usaba una agenda cada año, unos cuadernos que parecían cajas invitadoras, portadas de cuero, cada fecha con una página entera para anotar. Cuando me cerré hacia el mundo no tuve más agenda, no se justificaba si mis compromisos eran mínimos. Pero no confiaba solo en la memoria, inventé papeles cuadriculados hechos a mano, una hoja de carta por mes y un cuadrado por día. Hasta hoy. Allí anoto ciertos cumpleaños, la cita inevitable con el dentista, algún almuerzo. Me esfuerzo por no anotar más de una actividad al día, si son dos, ni digamos tres, la jornada se ha arruinado.

Hoy miré el cuadrado del 4 de agosto y no había anotaciones. El día enteramente mío. Se me llenó de sol el corazón.

5 de agosto, viernes

Leo en el *New Yorker* sobre un nuevo empleo: los «acurrucadores profesionales». *The skin-hunger* («el hambre de la piel») le llaman a esta epidemia de falta de contacto entre los cuerpos. Pagas noventa dólares la hora y eres abrazado. Acuden a la «consulta» desde estudiantes universitarios hasta ancianos decrépitos. No es sexual, es solo paliar la soledad corporal, acrecentada por la distancia social de la pandemia.

Dos veces le tomo la mano a Marcel mientras vemos la película y las dos veces me la retira.

7 de agosto, domingo

Leo la buena biografía de Pedro Lemebel escrita por Óscar Contardo. Me lleva a un submundo desconocido —o apenas divisado en otras vidas—, uno de descontrol, genialidad, miseria, promiscuidad, todo pasando a un par de cuadras de mi casa.

Nací formateada.

Una lástima.

8 de agosto, lunes

La casa de mis libros son los estantes de madera que rodean mi escritorio. En mi pieza solo cuento con uno pequeñito, arriba de un mueble de cocina que quiero mucho, al lado de mi cama. Allí solo tengo mis propias publicaciones y algunas poetas. Quiero contar quiénes son: las chilenas Elvira Hernández y Rosabetty Muñoz, la peruana Blanca Varela, la cubana Dulce María Loynaz, la argentina Alejandra Pizarnik (de la Mistral tengo muchos volúmenes, allí no caben). Las miro, me hace bien tenerlas cerca y me hago los momentos para visitarlas.

Aquí, la Pizarnik:

> *No.*
> *Las palabras*
> *No hacen el amor.*
> *Hacen la ausencia.*
> *Si digo agua, ¿beberé?*
> *Si digo pan, ¿comeré?*

10 de agosto, miércoles

Europa se derrite.

«Si me ves, llora», decían antiguamente las piedras del hambre, llamadas así porque alcanzarlas bajo los ríos implicaba sequía. Solo se dejaban ver si el agua bajaba su nivel.

Si me ves, llora, dirán los incontables pueblos testigos de la sequedad de sus tierras.

11 de agosto, jueves

Ya cumplen un año los talibanes en Afganistán y pareciera que los hemos olvidado.

Nada dura más de quince minutos en nuestras emociones (los mismos quince de la fama, diría Warhol). Me espanta la fragilidad de nuestra capacidad de asombro. Eso tarda nuestra humanidad en transformarse en su melliza: la inhumanidad.

Somos oscuros, después de todo.

13 de agosto, sábado

He conocido a tantas personas —algunas muy de cerca— que sienten que la vida *les debe* y todo lo malo que les sucede es culpa de los demás. ¿A qué edad —si es que hay alguna— se aceptan las limitaciones como lo que son? ¿Hasta cuándo se es necio?

A un cierto punto, la ceguera es un pecado.

15 de agosto, lunes

En ciertas actividades creativas no se llega nunca al lugar central. Pienso en el ego de un violinista de una orquesta, de una cantante en el coro, cuán amansado lo tendrán para ejecutar su arte de forma colectiva y no sobresalir individualmente. Si ellos observan a un pintor, un compositor, un escritor, siempre con su nombre específico en letras impresas contundentes, hacen un ejercicio de humildad insospechado para los anteriores. (Pertenezco a una cofradía de puros engreídos).

16 de agosto, martes

¿Por qué nombrarlo todo?

Las palabras también se gastan, a veces en demasía. Somos las mujeres quienes más nos aferramos a ellas. Somos las que exigen la verbalización. No se perdona la oración no dicha. Tampoco un amor no expresado verbalmente. Quizás el nivel de especificidad al que la vida nos ha forzado nos robó abstracción, como si una despedida debiera llevar la palabra adiós, así como una llegada la de bienvenida. Aunque en los corazones sepamos cuál es el sentimiento verdadero, este permanece deshilachado y pendiente si no hay una frase a la cual adherirse o alimentar la memoria. ¿Será que atesoramos, más que sentires, las palabras sobre ese sentir?

El sol es mudo.

17 de agosto, miércoles

Ojos. Cuello. Abdomen. Diez veces lo acuchillaron. Diez.

Salman Rushdie fue condenado a muerte hace mucho tiempo. Desde Irán partió la famosa *fatwa* —en 1989— por haberle «faltado el respeto» a Mahoma en su novela *Los versos satánicos*. Un testigo cuenta que al criminal debieron tomarlo entre cinco hombres y aun así fue difícil reducirlo, seguía hundiendo el cuchillo, presa de una furia insaciable.

Diez, veinte, treinta, cuarenta, sigue la multiplicación del cuchillo porque cada escritor del planeta fue salpicado por una gota de su sangre.

Religión maldita. Todas. Y la que lleva a esa furia, a ese delirio sin nombre, más maldita aún.

Conocí a Rushdie en algún lugar que ya no recuerdo. Era suelto y encantador. Ante mis preguntas, hablamos de los escondites (donde debió pasar tanto tiempo) y eso me entretuvo mucho. Cuando salió al mundo de nuevo, declaró, sin ninguna estridencia: «*Oh, I have to live my life*».

19 de agosto, viernes

El más mínimo estímulo —ya sea un movimiento de las hojas o un pequeño pájaro instalado en la rama del limón de la terraza— me colma de palabras. Todo lo que observo me incita, aunque luego lo olvide y no lo escriba. Me convenzo de que lo único real es la naturaleza. El resto va y viene, arbitrario y subjetivo, hasta parecer abstracto frente al tronco de la araucaria.

Hacer un hoyo en la tierra y ovillarme ahí. Que me entierres, no. Ni que me transformes en un gusano. Solo un lugar fresco de acogida.

20 de agosto, sábado

Pisar los mármoles del piso del Museo de Bellas Artes es como leer un poema.

Con Marcel de la mano fui mostrándole en las esculturas a los personajes que él ha escuchado en mis cuentos:

Prometeo, Ulises, Eco. (¿Qué habrían creado los artistas de no mediar la mitología griega?) Nos detenemos en un vaciado del original de la cabeza del *David*. Le cuento a Marcel que durante el exilio me hice muy amiga del verdadero *David*: sobrevivimos un tiempo con una beca que entregaba algún organismo de Florencia, entonces debíamos ir una vez al mes allí a recoger el dinero. Mientras el marido se ocupaba de ello, desde la estación misma partía yo a la Galleria dell'Accademia, a mi cita mensual con el *David*. Me sentaba a su lado y lo contemplaba, casi siempre sola, él y yo (aún no se desataba la furia turística). A veces entraba algún grupo de japoneses que tomaba una foto de la escultura y partía de inmediato. Conozco de memoria cada línea de su rostro, hasta la vena que sobresale de su cuello. Hoy quise tocarlo, pasar la yema de los dedos por sus ojos, su nariz perfecta, su boca perfecta, perfecto todo él. Sonó la campanilla, el Museo cerraba. Hube de abandonarlo. Pensé en la luz que entraba por ese techo de vidrio y atravesaba la escultura y me atravesaba a mí.

22 de agosto, lunes

Pulsé la tecla. Enviar. Y partió mi texto al computador de V, abriéndome así a la exposición. Me levanté de la silla de mi escritorio y caminé por la casa, enderezando el cuerpo, recordando a la Carla que me instaba a darle un poco de aire a este trabajo, a permitir que cristalizara. Nunca escribí con tanto sigilo, tanta intimidad, tanta discreción. Y nunca tan insegura.

Qué poco respeto le tengo a mi *late style*.

23 de agosto, martes

Y de repente un acto de ternura te desarma. Un mensaje que te dice cuánto te quieren. Cómo si nunca te lo hubiesen contado.

La dependienta del almacén de un cuento de Sherwood Anderson que vivía en la más pura planicie emocional, que nunca supo de intensidades ni pasiones: estoy hablando como ella, qué desfachatez. Aquel cuento se me instaló en la memoria —no recuerdo el nombre, pero escribí sobre él en un prólogo para una edición argentina—. Pensé muchas veces en su protagonista y quedé fijada en la compasión hacia ella, era mi opuesto en todo sentido: la distancia entre ella y yo, sideral.

El amor del bueno, dicen los boleros. Mi pobre dependienta del cuento no lo conoció. Nada sucedía en torno a ella. Nada. Pasaba el día tras el mesón del almacén, atendía amablemente a los clientes, esperando que algo pasara y le cambiara la vida, y lo hacía con resignación. No aullaba, la pobrecita.

24 de agosto, miércoles

Hay algo lujurioso en hacer una compra online —que llegará a la puerta de tu casa— y pedir cosas caras mientras algún látigo escondido te acusa de ser una miserable afortunada. Aun así, lo gozo. Me instalo en el computador de buen ánimo y abro la página seleccionada, todo es abstracto, lo que pido, lo que pago. Antes se abría la cartera in situ, se sacaban los billetes y constatabas cómo disminuían. Ahora todo es virtual, lejano, por lo tanto dispendioso. Entonces te dan a elegir entre una edición elegante de tapa dura o un *paperback* —ambos con el mismo contenido— y eliges lo más caro porque sí, por algo has trabajado tanto, ¿tengo que comprar el más barato?

Si alguno cree que no ha sido tocado por el neoliberalismo, que tire la primera piedra.

26 de agosto, viernes

Magníficas las fotografías de LaChapelle, repletas de humanidad mezcladas con pop. Tenemos que mantenernos dentro de la luz, declara, y por cierto no habla solo de su cámara. Él siente, como tantos, el lento tránsito del mundo a la oscuridad. Mirando la Historia —aquella con mayúscula— se constatan muchos momentos parecidos en que los mortales se sintieron perdidos, pero todo pasa, incluso el tenebroso Medioevo tuvo su fin. El problema es que nuestro fin puede ser involuntario.

Nos terminarán.

¿Qué hará entonces el sol? Quemarnos.

27 de agosto, sábado

Carretones con caballos atropellando a la gente en plena Alameda por huasos con fusta en mano. Los del Rechazo. En Valparaíso cierran el acto del Apruebo con unas locas sacándose la bandera del culo, literalmente.

28 de agosto, domingo

Vuelta a Katmandú.

A veces, un domingo, las tres hermanas santiaguinas nos juntamos en algún restaurante amable a almorzar. Hoy fuimos a comer *bagels* y la Sol traía la siguiente proposición, a raíz de haber releído la emblemática novela de mi madre, *Chilena, casada, sin profesión*: ir en busca de ella —nuestra madre— en su *pasaje a la India,* cuyo objetivo final fue Nepal.

En mi propio viaje a la India, lo que más se fijó en mi memoria y afecto fue Katmandú. Muchas veces he querido volver por la robustez que tuvo esa experiencia para mí y la he rumiado en silencio. Lo insólito es que cuando estuve allá ignoraba lo importante que había resultado para mi madre (leí su novela hace mucho tiempo). Y la Sol lo revive y nos propone ir las tres juntas y ojalá escribir.

Pienso en mi madre en Katmandú.

Pienso en mí misma en Katmandú.

29 de agosto, lunes

Fui a la tienda de los quesos a comprar una burrata y luego donde mi amigo el Turco por mis cigarrillos. Caminando por mi barrio recordé el episodio de anoche de *Blacklist* en el que mi criminal —por primera vez— se pregunta si *an ordinary life* podría ser un camino. Por un segundo, la mirada se le enternece.

Quizás si incluyera el amor en una vida ordinaria, lograría apartarse de ese lugar de riesgo, alerta y peligro, pero aquello —en ciertas actividades— termina por ser un lastre, una carga.

30 de agosto, martes

Hace veinte años una novela me planteó una pregunta que aún no dilucido.

En *Océano mar,* Baricco cuenta de un hombre al que la casualidad ha llevado a un pequeño hotel frente al mar donde otros hombres narran sus historias. Es de noche y el ambiente es opaco y misterioso, casi mágico. Entonces él, este hombre que llegó del mar, narra largamente lo que le ha acontecido, nombrándolo como «lo peor» que a un ser humano puede ocurrirle en la vida, se expande en el dolor y el espanto sin revelar qué le ha pasado.

Mil veces he vuelto a ese oscuro narrador y las mismas veces me he preguntado qué será lo peor que le puede pasar a un mortal en esta vida. Baricco no da respuesta. Sin embargo, hay tantas posibles.

Una noche comí con Baricco en Mantova, hablamos de sus libros y no le pregunté. No me habría respondido.

31 de agosto, miércoles

¿Qué puede nacer del matrimonio del Pudor con la Dignidad? ¿Una etérea ninfa en las aguas de un río o un pequeño mamífero contrahecho? Mi abuela habría apostado por lo primero. Yo, desconcertada en la duda.

Tantas veces me he preguntado si a las *dignas* les ha valido la pena serlo. Cuánto se habrán abstenido del goce y la espontaneidad. Cuántos gritos no dieron y quedaron agarrotados en el cuello. Sin embargo, no perdieron la elegancia, nadie las vio humilladas con las rodillas torcidas o los hombros quebrados.

¿Y las pudorosas? ¿Pusieron su cara al sol? Pobrecitas, ellas, tú, yo, aterradas del placer desaforado, sin aullar, cuidando toda apariencia, arrojando hojas escritas, ciegas quizás a cuánta existencia.

Confieso que —en cierta medida— he adherido a este maridaje. No por convicción sino por imposibilidad de deshacerme de ellos.

2 de septiembre, viernes

Perfectas montañas rusas nuestros pobres estómagos. Suben y bajan las premoniciones y respiramos al compás del miedo de perder y la alegría de ganar. Ante el próximo resultado del plebiscito, pareciera que todo el país estuviera enajenado.

Anoche cerró la campaña del Apruebo con un acto multitudinario. Empecé lentamente a emocionarme mientras miraba las imágenes. Calculé que esa emoción tan colectiva cumplirá en mi vida unos cincuenta años de existencia y la mantengo intacta. Muchos de mi generación lo sienten igual. Como diría Simone de Beauvoir, es lo que nos evita envejecer de verdad. Somos privilegiados, después de todo. Hay mortales que nunca la han sentido, qué enorme soledad.

4 de septiembre, domingo

Nos derrotaron.
Nos derrotaron estrepitosamente.
38% Apruebo, 62% Rechazo.
Hay mucho que reflexionar. Pero no esta noche. Esta noche estoy solo para la tristeza.

5 de septiembre, lunes

El sabor de la derrota, una naranja ácida, una leche cortada, un vómito.

Pienso en el poblador de Petorca: yo tengo agua, pero voté para que él la tuviera y él votó contra sí mismo.

Como bien dice Montaigne, una hora de lectura te aleja de todo mal. Ante mi rabia y mi dolor, tomo un libro, una bella novela de Elizabeth Strout, *Oh, William,* y me sumerjo hasta apaciguar mi alma.

7 de septiembre, miércoles

Leo a mi madre.

Raro ser escritora y haber sido hija de una escritora.

A propósito de Katmandú, tomé *Chilena, casada, sin profesión.* Transcurre en la India y en Nepal, lugares que ella conoció bien. De repente me encuentro con ciertas frases magistrales; otras, con conceptos finamente hilvanados. Pero a veces también me llena de dudas. ¿Envejeció mal esta novela suya? ¿Se resisten personajes así hoy en día? Y ¿se puede escribir tan, tan desde la clase a la que perteneces, siendo aquella tan ciega?

Toda mi posición es ambigua. Y soy incapaz de no juzgarla.

¿Qué les sucederá a mis hijas cuando me lean y haya yo partido? Al menos ninguna de las dos se dedicó a la escritura.

Si la relación más complicada de la existencia es la de madre/hija, agrego el suplemento que significa ejercer la misma profesión. A veces la siento, a ella, llena de luz. Otras, sus páginas se tragan el sol.

8 de septiembre, jueves

Hoy murió la reina Isabel. Tenía noventa y seis años y reinó setenta de ellos, exactamente toda mi vida.

Durante las largas temporadas de la infancia que pasábamos en el campo, nuestra única conexión con el mundo exterior era la suscripción de mi madre a la revista *Paris Match*. Su formato era grande, dentro tenía muchas fotografías y cubría farándula y política. En sus portadas vi por primera vez el rostro de Fidel Castro y, por cierto, el de la reina. Cada paso que ella daba era seguido por nosotras desde tan, tan lejos. Tenía la edad de mi madre y nosotros nos identificábamos con sus hijos, que nacían junto con nosotros. Lamentábamos que la princesa Ana fuera tan poco glamorosa.

Me he preguntado muchas veces por qué no abdicó antes. Qué forma tan dramática y contundente de decirle a su hijo —y al mundo— que no confiaba en él.

9 de septiembre, viernes

Esta ha sido una semana dura. Todo se desmorona alrededor. Me pregunto hacia dónde vamos. El resultado del plebiscito nos ha pegado muy fuerte. A pesar de mi encierro de estos días y mis intentos de avanzar en el trabajo, algo me carcome. Hoy inventaron que el presidente estaba hospitalizado por sufrir una «descompensación». Pensé en lo que significaba —a distintos niveles— una mentira como esa.

Vivo estos días con la sensación de que a nadie le importa nada la vida de los demás, como si unos grandes muros nos escondieran del otro. Recordé la Muralla china o algún bonito castillo medieval. Así estamos: atrincherados, solos, con miedo. Sin un mísero rayo de sol.

10 de septiembre, sábado

Oh, Kundera, la vida está definitivamente en otra parte, donde no estoy yo.

«No se recogen higos de los espinos ni de la zarza se vendimian uvas.» Eso dice el Evangelio.

Y el sol insiste e insiste: no se deja ver.

11 de septiembre, domingo

Esta fecha hunde sus garras en el cuello, fuerza los recuerdos, toma autoritariamente la cabeza y no la suelta, como si dijera: mira, mira, no dejes de mirar, no olvides nunca.

El olvido está muy lejos. Para mi generación, en un lugar imposible. Es la gran herida o la gran cicatriz.

E me recuerda que la única vez que pensamos que yo me moría fue también un 11 de septiembre, en un hospital mexicano. Desde la camilla en que me trasladaban, en un pasillo, vi la pantalla de la TV. Se caían las Torres Gemelas. Creí que era parte del delirio.

Hoy ha muerto Javier Marías. Justo hoy. La mejor voz en todo el mundo de habla hispana. No puedo creerlo, no quiero creerlo.

Fue un día nublado, aquel 11 del 73. Hoy también.

12 de septiembre, lunes

Me pesa y me pesa la muerte de Javier Marías. Voy a mis libros y lo busco. Tomo *Mañana en la batalla piensa en mí*, mi novela preferida y también la suya, según me confesó, y leo su hermosa dedicatoria. Era un hombre adorable, cómico y caprichoso. Sus cartas están guardadas en un cajón de mi escritorio en Mallarauco. Escribía a mano.

El lenguaje es el ADN de una persona. Lo revela todo: dónde y cuándo naciste, tu género, tu nivel de estudios, tu formación. Revela tu identidad, aunque trates de ocultarla (durante la Guerra Fría se desarrollaron expertos en esto para detectar a los espías).

Un español y una chilena no formarían una frase de una misma manera.

13 de septiembre, martes

Subo al noveno piso de mi edificio, solo hay un departamento allí y es mío. Camino directo a la luz y piso una enorme habitación en cuyo fondo una chimenea de mármol actúa como patrona del lugar. El suelo es de parqué y brilla. Unos enormes ventanales muestran las copas de los árboles del Parque Forestal. Está vacío. La luz entra a raudales, tanta luz ¿de dónde sale? El espacio se ve muy grande, camino por él fascinada. La convención diría que en ese lugar va el living y el comedor, yo digo una sala de baile o una cama enorme. No quiero arrendarlo, me gusta demasiado. Si fuera millonaria me quedaría con él, vacío. Sería criminal llenarlo de muebles, los arrendatarios anteriores lo tenían atiborrado. Por ahora, Marcel lo usa para jugar a la pelota.

15 de septiembre, jueves

Lo mejor del campo es la lentitud de sus días, lisos como sábanas puestas al sol para secar. Por eso los tontos se aburren aquí.

Voy a comprar quesos y me encuentro con una de mis primas (el valle plagado de familia). La abrazo fuerte, con afecto del bueno, sin embargo su casa está a pocos kilómetros de la mía y no voy a verla ni hago nada por alcanzarla. La ametrallo a preguntas, quiero saber todo de ella, si está bien o mal, si es más o menos feliz. Nos fumamos un cigarrillo en las mesas de afuera y seguimos conversando. Y de repente comprendo que casi todos —con poquísimas excepciones— son para mí como mis primos, esa es la relación que entablo con el mundo. El abrazo es tan cierto como la lejanía. Digo que llamaré y sé que no voy a hacerlo, porque al final no llamo a nadie. Porque nadie me importa lo suficiente.

Ser prima de la humanidad. Esa es mi elección.

16 de septiembre, viernes

Me quedo en cama hoy porque puedo hacerlo. Llegó el Inti con el sol bajo el brazo, jugando con las palabras, rindiendo honores a su nombre.

17 de septiembre, sábado

La Lotty pensaba que si hubiese tenido ojos verdes, toda su vida habría sido distinta.

Y yo pienso, como Jorge Teillier, que nunca estaremos solos mientras haya un puñado de tierra fresca.

18 de septiembre, domingo

Con los hombros pesados de fracaso celebramos hoy la Independencia de Chile.

Tiempo para perder. Siempre hay tiempo para perder. Eso le pertenece a V y yo me lo apropio y le sugiero que lo perdamos ya.

19 de septiembre, lunes

Ahora sufriendo con Chejov, como si todo el objetivo de la lectura fuese sufrir. Contaba un amigo querido que solo leía para constatar la miseria humana, ese era su objetivo.

En el siglo xix los hijos eran una inversión. Primero para ayudar a los padres en el trabajo, luego para mantenerlos y al final, para cuidarlos en su vejez. También para depositar en ellos la ira, los golpes eran pan de cada día. El cuerpo del hijo era su propiedad.

No coincido con quienes piensan que una infancia desdichada crea fortalezas para el futuro. Los golpes, la pobreza, cualquier tipo de violencia resienten de modo feroz y para siempre. Se traduce más tarde en vulnerabilidad y en miedo, sin mencionar la imitación. La capacidad de amar termina por aturdirse ante la degradación moral. Incluso las privaciones materiales reducen la posibilidad de una vida interior fecunda.

¿Infancias felices? Un concepto moderno, sin duda.

20 de septiembre, martes

No se puede servir a dos amos y menos que nada en el amor.

Yo vivía con mi gata Emily. Su hermana melliza, Charlotte, había sido devorada por los perros frente a mis ojos en un episodio muy traumático, lo que me estimulaba a querer a Emily y cuidarla mucho. Un buen tiempo después llegó Pamuk, el gato que comparte cama conmigo.

Me lo regalaron recién nacido y era una bolita rubia y cariñosa que se escondía en mi nuca y se entregaba sin inhibiciones. La reacción de la Emily fue destemplada: se enfureció, los pelos siempre parados por celos y enojo. Estábamos en Boco con la Nina y tuve que entregarle a Pamuk para que ella lo criara y durmiera con él mientras yo le sobaba el lomo a la Emily, tratando de convencerla de que mi amor por ella no estaba en juego. Resumen: me perdí todo ese primer tiempo de Pamuk cuidando los celos de la Emily y hoy lo miro tratando de recordar su infancia en que fui una pésima madre por culpa de la otra que más tarde me abandonó.

Menos mal los malabares que hice con mis dos hijas tuvieron mejor resultado.

23 de septiembre, viernes

Estábamos en la pieza de alojados de nuestra casa en México con mi madre, yo estaba frente a un espejo arreglándome para una de mis tantas obligaciones sociales y ella al lado me miraba. De repente me dijo: qué suerte has tenido. Le pregunté si lo decía por la embajada y todos sus privilegios, me respondió que sí pero que en verdad pensaba en «mi carrera», en lo bien que me había ido. Pero no es pura suerte, respondí, he trabajado harto. Respondió que muchos habían trabajado y no habían tenido la suerte mía. Insistió en que mi caso se debía al puro azar. Yo empecé a molestarme: bueno, pero mi buena vida familiar, ¿también existe por un golpe de fortuna o está mi empeño en juego? Me despachó, como si eso no fuese central. Siguió con lo otro, mis premios, mis traducciones, ¡cómo podía yo no verlo! Todo gracias a la suerte.

24 de septiembre, sábado

Si de madres se trata, la de Chejov comenzó a llorar el día en que lo parió y no se detuvo hasta su muerte (ella lo sobrevivió). Nada la hacía feliz. Se quejaba de la mañana a la noche. Su hijo debía alimentarla hasta el fin, a ella y a toda la familia, una tropa de inútiles. (Cuenta Chejov que aprendió a escribir rápido para entregar a tiempo la cantidad de hojas que correspondían al pan familiar.)

Mary, la madre de Shakespeare, era obsesiva con que su hijo trabajara para *su* sustento desde jovencito y miraba hacia otro lado cada vez que el padre lo golpeaba (y lo golpeaba fuerte). La mamá de Marilyn Monroe, una arribista de manual, la maltrataba hasta el punto de intentar ahogarla en una tina. Luego se volvió loca del todo.

Pienso en las caritas inocentes de la infancia. Pienso en Marcel y cómo reaccionaría yo si alguien osara tocarlo. Naciste aquí o allá, pura suerte, diría mi madre, sin el más mínimo derecho a elegir ni a rebelarte. Los ojos de esos niños.

26 de septiembre, lunes

A propósito de las fobias.

Viví seis años en México como «consorte» del embajador de Chile. Durante ese tiempo, además de atender a los eventos respectivos, viajaba mucho por razones de mi trabajo, lo que significaba estar siempre en exposición.

Se había convocado a un gran almuerzo en la embajada, uno más de tantos, y ninguno de los comensales me importaba nada. A la hora del café, en la mesa del comedor, un señor desconocido me hablaba apasionadamente de algún tema que no recuerdo pero que, obvio, tenía que ver consigo mismo y yo parecía escucharlo encantada, como lo hacía siempre. Al ritmo de sus palabras empecé a sentir en el estómago algo extraño, no era náusea, no era asco, sentía de forma rara que la saturación se hacía carne. Tuve que levantarme, muy educadamente, y correr hacia mi dormitorio, ahí me encerré en el closet, que era como una habitación en sí misma. Me hice un ovillo entre las ropas y me puse a llorar. No volví a salir de ahí. Sentía de lejos que la gente preguntaba por mí, querían despedirse y nadie me encontraba.

No volví a salir nunca más.

27 de septiembre, martes

Cuando me dio hambre en la mitad de la noche temí transformarme en una de las muchas tías abuelas que tuve: la tía A se casó tempranamente pero el marido, a corto andar, la devolvió, nunca supimos por qué. Se instaló en la gran casa familiar en el campo y allí permaneció para siempre.

A medida que pasaban los años, la tía A fue adquiriendo ciertos hábitos extraños. Como de codicia. Empezó a llevar comida a su habitación, allá al fondo del corredor, y la guardaba sobre su mesa de noche, aterrada de que alguien se la arrebatase. Al principio era una copita de vino, inofensiva y solitaria. Luego agregó las galletas y el queso. Terminó trasladando platos enteros, como si a medianoche se preparase para una gran bacanal. En su actitud, cuando avanzaba por el corredor hacia el cuarto del fondo con los platos tapados por un paño de cocina, fue acentuándose el sigilo, luego la aprehensión, su figura se agazapaba detrás de cada poste y miraba hacia lado y lado como si una jauría de perros hambrientos la acechara.

Cuentan que, tras su muerte, encontraron el armario de su cuarto, que alguna vez fue un mueble fino, repleto de comida, también de ratas y de hormigas.

28 de septiembre, miércoles

Me rindo.
No quiero trabajar.
No quiero escribir.
Las personas que escriben tienen la libertad de crear sus propias reglas de trabajo, pero esas reglas hay que seguirlas.
Hasta pensar me cansa.
Estoy vieja y agotada. Hasta los huesos me duelen, signo de la decrepitud total. Natalia Ginzburg piensa que envejecer es dejar de sorprenderse y no sorprender a nadie a la vez.
Estamos tomando con mi hija E y su padre el poco sol que se asoma por la terraza y les comento esto. Ella, entre gajo y gajo de mandarina que se echa a la boca, nos dice: A ustedes dos eso no les va a pasar.
¿No?

29 de septiembre, jueves

Lavo los platos frente a la ventana de espaldas a la TV de la cocina, donde ha empezado el noticiero. Cuentan que hubo un accidente en el metro, un suicidio, y no le doy importancia, sigo lavando, hasta que el periodista relata que la víctima ha sido una mujer. Dejo el plato en su sitio y me detengo a escuchar. Ese es el hecho que me aprieta el corazón, como si no importara que un hombre quisiera matarse. No dan datos, no sé su nombre, qué edad tenía, en qué trabajaba, pero es una compañera de historia.

Es chilena y vive en este país. Hasta allí somos semejantes. Todo el resto ocupa mi imaginación. Padecería una fuerte depresión o un duelo irresistible o estaría al borde del hambre. Pero en el fondo sé que algún hombre amado la ha abandonado. Como en las cárceles, las mujeres que cumplen largas condenas han matado a un hombre, a uno que fue propio. ¿Cuánta violencia sufrió? ¿Dónde vivía? Y si tenía hijos, ¿qué pasará con ellos? ¿De qué color serían sus ojos, su pelo?

Podría escribir sobre su vida, la intuyo. Para ella, el sol se ha apagado.

30 de septiembre, viernes

Never look away es el título del filme alemán dirigido por Florian Henckel, el que hizo *La vida de los otros*. Fina, inteligente, emocionante.

Esta es la historia que cuenta el gran artista Joseph Beuys en la película: durante la Segunda Guerra Mundial él formaba parte de la Fuerza Aérea. Sobrevolando la región tártara, bombardean su avión y caen. Muere el piloto al instante y él queda herido, inconsciente. Un grupo de hombres tártaros, los mismos que él iba a bombardear, lo recogen y lo llevan a su choza. Allí lo curan con grasa y fieltros, solo esos dos materiales, y así le salvan la vida. Más tarde, cuando Beuys decide dedicarse al arte, busca lo que está en su corazón, lo más profundo y significativo, para trabajarlo como materia artística. Elige la grasa y el fieltro.

1 de octubre, sábado

Leo *El vino y la soledad*, la más autobiográfica de las novelas de Irene Nemirovsky, centrada en su infancia. Me parece floja, acurrucada en las eternas descripciones de la naturaleza exterior e interior de la protagonista, que no resulta un personaje especialmente atractivo ni complejo. La revolución de Octubre es despachada en un par de frases, cosa imperdonable, como si no hubiese determinado su vida entera y su muerte. Pero es el retrato de su madre el que me abruma y que resulta el más fascinante (¡de nuevo las madres!).

Es una mujer frívola en toda la acepción de la palabra, además de arribista, fría, egocéntrica. Y frente a alguien así, una se transforma en una jueza severa, en la abadesa puritana de un convento o en una gendarme política. Y digo en voz alta: ¡odio la frivolidad! Ojalá no la perdone ni el más piadoso rayo de sol.

2 de octubre, domingo

Leo en algún diario de habla inglesa sobre un espantoso crimen en Kansas (oh, *Cold Blood*), el asesinato de un joven químico chileno que estudiaba allí su PhD. Por ser chilena pongo especial atención pero los detalles son escasos, muy pocas líneas. Termina la noticia y leo: *next story*. Pasan directamente a contar otro hecho escabroso.

Cada crimen es digerido de forma rápida, como un consumo, despachado pronto para ir a la próxima novedad, para abotagarse de horror, pero todo ligerito, no perdamos tiempo. El pobre químico de Kansas quedó encerrado entre una historia y otra sin ninguna consecuencia.

Next story.

Buen título para una autobiografía.

3 de octubre, lunes

Hace treinta y cinco años se rompió mi bolsa de agua al amanecer. Mi ginecólogo, que había llevado este embarazo con enorme cautela y que me echó a la cama por cinco meses, me había llamado la noche anterior para avisarme que pasaría el fin de semana en Buenos Aires porque tenía entradas para la ópera. ¿Y si nace?, le pregunté aterrada, y respondió que no estaba en fecha, que no me preocupara. ¿Y si pasa algo?, le insistí. Entonces me dio las señas de otro doctor al que acudir, su reemplazo.

Era plena dictadura.

Aquel otro doctor, de entre todos los hospitales de la ciudad, hacía turno en el de la Fuerza Aérea.

Allí hube de ir, como si me dirigiera a una prisión, y allí parí. Mi recién nacida fue instalada en la incubadora entre varias guaguas de padres militares (alguno pudo ser un torturador). Se debió conseguir un permiso para que el padre de la creatura pudiese entrar y yo no permití que me hicieran la cesárea sin su presencia. (Por supuesto, ningún amigo llegó a visitarme).

Esto sucedió hace treinta y cinco años, cuando la luz había que rasguñarla.

El doctor sustituto resultó ser adorable.

5 de octubre, miércoles

La relación madre/hija es la más asimétrica de todas: embarazo, parto, crianza, educación. Como los vampiros, te dejan sin sangre y luego se van cuando se hace de día. Ya no son tuyas. Pero una es eternamente de ellas. Te poseen por toda una vida mientras año a año tú las pierdes y ellas se van más lejos. No podría ser de otro modo si les has dado la vida. Pero la asimetría es la que incomoda, más aún si la madre es independiente y no hay que hacerse cargo de ella.

Además, te culparán. De todo. Luego de las respectivas terapias decidirán que cada uno de sus males es por tu culpa.

Las nuevas generaciones se cuestionan la maternidad, con justas razones. Sol y oscuridad simultáneos.

Hoy, hace treinta y cuatro años, ganamos el plebiscito que derrotó a la dictadura.

6 de octubre, jueves

Los perros de la noche, los llamo. Viven en mi edificio, no sé en cual piso, ni siquiera sé si los he visto. Deben ser unos blancos y pequeños que caminan muy erguidos con un cierto dejo de histerismo. Ignoro qué pasa con ellos durante el día pues es de noche cuando empieza la fiesta, a costa de todos nosotros, los que vivimos aquí.

Se anuncia con un llanto, ese es el aviso. Del llanto pasan al grito. Del grito al aullido. Componen una orquesta estridente y de altísimos decibeles. No desgarra, molesta. El tono no es de sufrimiento sino más bien de descarga. Pienso en reclamar a la administración, pero me vienen a la mente esas vecinas que se multiplican en París, viejas neuróticas y avaras, siempre de labios delgados, que se enfurecen ante el más mínimo sonido, las mismas que delataban a sus vecinos durante la Ocupación. No, por sobre mi cadáver me convertiré en una de ellas. Adelante, perros de porquería, sigan nomás.

7 de octubre, viernes

Kandinsky es el único pintor que logra hacer un dibujo musical sin una sola nota en él. Con esa música parto al campo. Entre rosas deshechas y abejorros. La primavera.

Los perros, incansables, me pasan la lengua por las manos, la cara, no sé cómo agradecerles que me quieran así. Enredan sus garras en mi pelo, que llevo largo porque murió mi peluquero.

El misterio del campo es tenue. El sol se retira discreto dando pasos lentos, dejando estelas en la copa de los árboles. Como si los famosos caballos de Helios —dicen que eran los más hermosos— estuvieran ya cansados.

10 de octubre, lunes

He decidido ver todas las películas basadas en novelas de Jane Austen que ofrece el streaming. *Persuation. Sense and Sensibility. Emma. Pride and Prejudice.* Esta última ha sido desde siempre mi favorita. El personaje de Mr Darcy es irrepetible, nunca deja de emocionarme. Me pregunto cómo sobrevivió Austen al protocolo de su época, es horrible constatar hasta qué punto estaba de preestablecido el destino de las mujeres. El tema del dinero, la herencia solo para los hombres —aunque fuesen parientes lejanos—, las dejaba descolocadas y a merced de cualquier matrimonio para subsistir. Jane no se casó. Nadie como ella se burló tanto de la banalidad masculina, aunque lo hizo con cierto cariño. Poseedora de esa inteligencia y humor, más encima sin fortuna, ¿con quién podría haberse emparejado? Siempre se habría mantenido como una montaña frente a una loma.

12 de octubre, miércoles

A me señala, un poco escandalizado, que no puedo entregar mi pelo al peluquero de Mallarauco. Las mujeres se cuidan el pelo, me dice con voz de mando. Ya. Parto al lugar más caro y elegante de los alrededores y me instalo. Hacen mil cosas conmigo, de acá para allá va mi cabeza. Que la hidratación, que el color, que el brillo, que el corte. Yo me dejo hacer, no pregunto nada. El superpeluquero, Ignacio, solo da pautas y corta. Una chiquilla muy linda se hace cargo. Hay mucho personal, todo es ágil y eficiente, todos pesan cuarenta kilos y se visten de negro. La música, a todo volumen y con estupendo sonido, es para ellos, no para mí. Bailan mientras barren pelos del suelo. Cuando la chiquilla bonita me hidrata —fue largo— se acerca un amigo suyo que va de paso y ha entrado a saludarla. No le veo la cara —miro al cielo desde el lavatorio— pero escucho la conversación. Ella le pregunta por su pareja, él contesta: «Anoche le fui infiel por primera vez, conocí a un cubano y amanecí en su cama. ¿Almorcemos mañana? Ahora estoy apurado».

Ya partiendo, a unos metros de distancia, le dice que va donde su pareja a contarle lo del cubano.

Mi pelo sigue hidratándose. Todos contentos.

14 de octubre, viernes

Ribeyro habla de los excluidos del festín de la vida. En cambio, yo pienso en los incluidos:

- los hermosos
- los educados
- los que comen huevos de campo
- los que tuvieron sexo
- los que dan propósito a sus días
- los que sueñan con torres de la Toscana
- los que toman el sol

15 de octubre, sábado

Este es mi deseo: copiarle a Orhan Pamuk —el Nobel turco, no mi gato— e inventarme un Museo de la Inocencia. En él este autor ha concentrado todas sus ansias y nostalgias, su aspiración a la libertad e independencia, a la igualdad, la añoranza por tierras idas, por playas blancas sin contaminación frente al mar. He hablado ya de un mundo otro, mío, uno en el que habitan mis fantasías: allí quisiera construir mi Museo de la Inocencia y refugiarme. No habría dentro muchas reglas, lo que evitaría que sus habitantes se congelaran, ni el sol ni la justicia lo permitirían. Porque en ese lugar el sol estaría en su casa, el entorno sería suyo y brillaría por doquier. Se puede correr entre sus rayos sin quemarse y se puede amar mientras corres.

La inocencia. Palabra olvidada.

17 de octubre, lunes

En el tiempo de la UP no había telas, entre otras muchas cosas. Alguien me regaló una sábana, no un juego, solo una, y la valoré como un enorme lujo. Yo aún vivía con mis padres, pero estaba lista para emplumármelas. Un día decidí teñirla —como forma de ensalzarla— y elegí el color morado. Con una cajita de tintura Montblanc la metí a la tina y obtuve una larga sábana de color, cosa rara en esos tiempos en que todas eran blancas.

Yo nunca había sido dueña de una sábana.

Pocos meses después hacía mi maleta para partir al exilio. Aparte del destierro mismo, el exilio es sinónimo de pobreza, de desposesión. Junto a mi ropa, doblé cuidadosamente la sábana y partió conmigo. Cubrió mi cama por largas temporadas hasta que decidí convertirla en vestido. Es el único vestido que he cosido en mi vida, lo hice con la máquina prestada por una amiga chilena. Era un especie de túnica larga hasta el suelo —aprovechando la cantidad de tela— con un círculo verde pintado por mí en el centro del pecho. Era un trapo, un saco, un adefesio, y así andaba yo feliz por las calles de Roma.

¿Qué llevaría hoy si tuviera que partir?

18 de octubre, martes

¡Lo toqué! ¡Lo toqué!, grita una mujer dentro de un tumulto que rodea al presidente.

Yo sonrío.

19 de octubre, miércoles

Narciso.
Jacinto.

Qué palabras hermosas: hermosos nombres, hermosos colores, hermosas flores. Sin embargo, no los trataron bien las Moiras. Compartieron un par de cosas: ser infinitamente bellos y ser inmensamente codiciados (uno por sí mismo, el otro por un dios) y terminar sus vidas en plena juventud.

La historia de Narciso la sabemos de memoria: el hombre que se enamoró de sí mismo y que se ahogó en el agua en la que se reflejaba para hacerse de su imagen (además de crear, para el futuro, la tipología masculina que también conocemos de memoria).

Jacinto fue más inocente. Su vida con Apolo, su amante, era idílica; sin embargo, jugando un día a tirar los discos, el de Apolo aterrizó sobre su cabeza, matándole al instante. Dicen que fue el celoso Boreas, dios del viento, quien dirigió el disco hacia él para privar a Apolo de su amor. También dicen que quizás las diosas se lo llevaron para que Hades no se apoderara de ese cuerpo sublime.

Cuando me haga de otro par de gatos o perros los nombraré así.

20 de octubre, jueves

Haces una mejor persona de mí, le dice a la reina su marido. Ella contesta: ¿No es para eso el matrimonio?

21 de octubre, viernes

Un militar pensionado recibe en Chile los mismos recursos del Estado que siete u ocho civiles. Pinochet no quiso que los militares compartieran con el resto el sistema de las AFP (¡por algo sería!). Nosotros miramos alucinados sus cifras comparadas a las nuestras.

Pero ¿cómo lo hacen ustedes para vivir?, pregunta el extranjero.

Peleando.

En eso llevamos cuarenta y nueve años: peleando.

22 de octubre, sábado

¿Tendrán dinastías los perros, así como los reinos u imperios? Quisiera saber algo sobre las herencias dentro de ese mundo.

Racún era el abuelo de Peter Pan. A la muerte del primero, el segundo —siendo mucho más joven— decidió tomar su lugar. Se echó. Dejó de ser el activo perro que era, apenas corre, apenas anda por el potrero, se tiende en el canil donde se tendía Racún y come en el espacio donde él comía. Eligió como lugar de reposo —dentro de la casa— el sillón que Racún prefería y de donde me costaba tanto moverlo. Camina con la gestualidad de un sabio, un poco cansado, un poco displicente.

Definitivamente se transformó en su abuelo y recogió su corona.

23 de octubre, domingo

Las codornices pusieron huevos en el jardín de al lado, preciosos óvalos blancos manchados de pintas café. Me pregunto cuánto tiempo necesitan para convertirse en una patota de pequeñas codornices. Ojalá Pamuk no los detecte, hoy me trajo de regalo un pájaro —un chincol— muy apretado entre sus dientes. Logré salvarlo. Qué enorme vulnerabilidad la de estas aves cuando dejan de volar, ganas de pedirles que no pisen la tierra.

26 de octubre, miércoles

Carrère dice que la verdad y la sinceridad son cosas distintas. Le pregunto a G su opinión. Me responde que la verdad es la descripción de los hechos tal como sucedieron y la sinceridad es nuestra interpretación íntima de lo vivido.

27 de octubre, jueves

Cosas de escritores. En el campo trabajo en la mesa del comedor. Subo a mi escritorio en el segundo piso a buscar un cuaderno, ya no escribo ahí. La última vez que lo ocupé fue para escribir *La Novena*. Y caigo en la cuenta, con sorpresa, de que aquel era un lugar para la ficción. Abandoné la ficción y abandoné el escritorio y todas «las historias para contar» quedaron allí atrapadas, en un calor intolerable.

Como con las plumas Montblanc. Las adoraba. Incluso me compré, en el aeropuerto de Frankfurt, el modelo más caro de esa marca, grueso, fantástico. No escribía sino con esa lapicera negra con su estrellita blanca en la punta de la tapa. La tinta me manchaba los dedos. De un día para otro, abandoné las plumas, no solo la Montblanc sino todas las que tenía, y tomé un lápiz a pasta vulgar y ordinario, hasta hoy. Eso habría escandalizado a las monjas de mi colegio, que nos obligaban a escribir con lo que en aquel entonces se llamaba «lapicera a fuente». Ahora las odio. Qué vueltas raras da el sol.

28 de octubre, viernes

Pinochet ganó.
Sigue ganando cada día.

Nuestros dos grandes enemigos: la inmediatez y el individualismo. Se refleja y se refleja. Un pueblo cuyo objetivo es alcanzar la prosperidad personal inmediata (que se joda mi vecino, quiero todo el seis por ciento de las imposiciones para mí, no me atañe que le sirva a otro) y una elite cuyo enfoque es la urgencia del retorno de sus inversiones al costo que sea. La avidez.

¿Lo colectivo? ¿Lo comunitario? Aquello existía en el Chile de mi infancia, en el alma de su gente, pero se escurrió por el agua de los ríos y llegó al mar con la custodia de los soldados o de los Chicago Boys, que para estos efectos fueron lo mismo. Ninguna bifurcación posible, ni un arroyo, ni una vertiente.

Es posible que la luz se enojara con esta tierra por su codicia.

29 de octubre, sábado

Joan Didion considera que una frase o una línea de escritura debiera ser como una pincelada de acuarela, la más difícil de las técnicas pictóricas.

Siempre le tuve miedo. No a la Didion, a la acuarela.

30 de octubre, domingo

Tanto se ha mencionado el tema del escritor/a versus la página en blanco y nunca me identifiqué con eso. Si escribía una novela, nada me detenía ni bloqueaba. Sin embargo, miro hoy la página de este cuaderno y la siguiente y la subsiguiente y ni imagino cómo las llenaré. No es que los años me hayan robado el asombro, como dicen que ocurre. El problema es la traducción de ese asombro en palabras.

Mi cuaderno es bonito y sus hojas son amarillas. Sin embargo, veo ante mí unas polvorosas páginas de ese color como un sol que no alumbra, ese color.

Virginia Woolf odiaba a James Joyce y su *Ulises*. Lo anoto porque me parece divertido, sin embargo, ella no habría podido escribir lo que escribió si Joyce no hubiera hecho lo suyo.

31 de octubre, lunes

La política enloquecida.

Gabriel baja y baja en las encuestas.

Ganó Lula en Brasil, pero cincuenta y seis millones de personas votaron por Bolsonaro. Cincuenta y seis millones han optado por perpetuar a ese monstruo en el poder.

Mañana hay elecciones en Israel. Netanyahu y su gente no se han ido para la casa, se han aliado con un nuevo partido ortodoxo, teocrático, que plantea ideas medievales, como enseñar solo la Torá, eliminar las ciencias, separar a hombres y mujeres en el colegio.

Irán continúa reprimiendo a las mujeres que protestan por el velo, no les dejan mostrar sus caras.

Kiev está sin agua ni electricidad por culpa de unos misiles rusos, la guerra no tiene para cuando terminar.

Y mi Italia querida, con una fascista de primera ministra.

Tanteo en la oscuridad, en cualquier momento pierdo las manos.

1 de noviembre, martes

He comprobado la adicción que produce la escritura si la practicas cada día. Me imagino llenando este tipo de páginas para siempre. Sería divertido que me encontraran muerta enterrada entre puros cuadernos, con la tinta pegada en la piel y el papel desvencijado.

Día de los Muertos, no hice un altar como lo hacía en México, yo, con tanto muerto propio.

2 de noviembre, miércoles

De nuevo.

Esas mañanas en que el cansancio se apodera del cuerpo, en que pesan los ojos y las piernas, en que cancelo cualquier actividad del día por falta de fuerza, en que sin tragedia alguna pienso que me voy a morir.

En mi Museo de la Inocencia grabaré en un muro estas palabras de Tolkien: «¿Cuáles castigos de Dios no son regalos?».

3 de noviembre, jueves

Abandonar un mundo iluminado y asombroso es una pérdida: eso ocurre cundo se ha terminado un buen libro. Lo cierras, te das vueltas por la casa, juegas con los animales colmada de ideas, de estímulos y de amor por quien te lo ha producido y no sabes ya cómo continuar el día. Nunca acabo un libro para empezar a leer otro de inmediato, necesito que primero decante, que al menos duerma conmigo esa noche.

Las pequeñas virtudes de Natalia Ginzburg. Me lo prestaron, una lástima, no pude subrayar tantas líneas como habría querido. Qué serio era su amor por su oficio, sin que desconociera las penurias que trae. Nunca usa palabras difíciles ni frases enrevesadas, es una literatura límpida, no hay estafa alguna.

Bueno, es italiana.

4 de noviembre, viernes

La organización Comunidad Mujer ha lanzado una campaña titulada Carga Mental. El solo nombre llama a identificarse. Ahora la reivindicación no es solo material —la crianza y el clásico trabajo doméstico—, sino que también alude a nuestras mentes, siempre atiborradas por la atención al bienestar colectivo, a la necesidad de cada otro con el que conectas —familia— y a hacer propio el cuidado de los que de ti dependen (¿padres?, ¿hijos?) sin haber sido jamás remunerada por ello.

Al mirar el video se me vino encima, como una lluvia potente, la cantidad de labores que implica tener una pareja, unos hijos, una casa, un trabajo, en un *estar siempre atentas.*

Cuánto le hemos ahorrado a la economía nacional. ¡Si nos pagaran de acorde a nuestro cansancio! Pero el avance es significativo: hoy hablamos de carga mental, ayer solo hablábamos de carga material. Un rayo de sol sobre nuestras cabezas.

5 de noviembre, sábado

Obsesión y amor neurótico: qué combinación (¿son lo mismo?)

Dado que aún no me llega el libro *Pura pasión* de Annie Ernaux, la nueva premio Nobel, decidí ver la película. Desolada, enojada quedé, mi feminismo altamente provocado. ¿Qué cables necesitan conectarse en el cerebro para producir esa aberración?

La historia es tristemente simple: una mujer francesa, pasada ya su primera juventud, se relaciona sexualmente con un joven ruso, casado, que vive temporadas en París. Establecen un romance del todo mandatado por él. Ella, pasiva, solo debe esperar a que él llame. Un día deja de llamar y su mundo circula en la espera de esa llamada. Entre ellos ha primado la pasión pura —por algo el título— y nada más. Sus niveles de conocimiento y conversación son mínimos, solo sexo, sexo y sexo. Ella deja de dormir, de comer, de cuidar a su hijo, con la idea fija de que él vuelva.

¿Puede una mujer moderna permitir que esto le suceda? Comprendo que —en la pasión— la voluntad no juega un papel central, pero de allí a perder la cabeza hay un trecho. ¿Seré frígida yo para no entenderlo?

6 de noviembre, domingo

El sexo explícito —a propósito de la película de ayer—
siempre me ha parecido, tanto en la literatura como en
el cine, un recurso que marca una carencia. No es la ob-
viedad la que manda a la imaginación, es la sugerencia.
Hasta un beso en la boca puede ser obsceno en una pantalla, decía uno de los grandes del cine francés, creo que
Godard. Una escena de sexo para un guionista o autor
conlleva cierto conflicto. ¿Cuánto insinúas? ¿Cuánto de-
velas? ¿Cuál es tu elegancia para diferenciar una escena de
sexo de una porno?

En la película que menciono, la mitad de las tomas
suceden arriba de una cama en unos arrebatos tórridos y
más bien baratos (por lo obvios). Sin embargo, el verdadero tema no es ese sino el vacío íntimo de la protagonista.

8 de noviembre, martes

Pasaron una imagen fugaz en la TV —en las noticias— del
presidente hoy en el Congreso Nacional en el lanzamiento del libro de LM y pensé: ¿quién es esa mujer tan fea
sentada al lado del presidente? ¡Era yo!

10 de noviembre, jueves

De repente se me quitó la inseguridad sobre este proyecto. Qué frágiles son mis aproximaciones. Cuando se des-
pidió hoy P me dijo: tu libro está listo.

Nos habíamos sumergido en él, incluso leyó algunas
de las páginas y las analizó. Me dio ideas. Sacudí de mi
mente algunas telas de araña y los textos adquirieron sen-

tido. Incluso me gustaron. Me desvelé, entusiasmada y repleta de ideas. Plena luz en mitad de la noche.

11 de noviembre, viernes

El aspirante a arrendar el piso de arriba, mientras lo visita, le pregunta a la corredora (la E) por su dueña. Quiere saber mi edad. ¿Y vive sola? Sí, vive sola. Pero qué triste, ¿y no tiene marido? No, no tiene marido. Pobrecita, ¿pero tiene a alguien? Sí, tiene familia. Qué pena, concluye él, mientras la E ríe por dentro.

La convención. La puta convención. Para este hombre joven, una mujer de mi edad que vive sola habita —a priori— una situación penosa. No supone que lo mío es una opción ni que mi vida sea buena. Cómo va a serlo si no cuento con un marido.

Son brutales las imágenes que se proyectan sobre las mujeres viejas (las «mujeres grandes», dirían, con más piedad, los mexicanos). Despiertan compasión y las mentes educadas en la norma no imaginan que también la vejez a solas es una fantástica liberación. No detectan el alivio. Para ellos cualquier compañía es mejor que la soledad. Como él es hombre, tampoco discurre que vivir con otro hombre puede ser un lastre. Tampoco se ha puesto al día en la forma en que las *baby boomers* enfrentan la vejez y cuánto va cambiando la convención.

12 de noviembre, sábado

FUCK!
Perro del infierno.
Este es el nombre de la nueva subvariante covid.
Apestados para siempre.

444

13 de noviembre, domingo

Anoche pude ver, por fin, *Argentina, 1985.*

Siempre he sentido hermandad con los argentinos, si me los encuentro en cualquier lugar del mundo me identifico de inmediato con ellos, los quiero genuinamente. Y me gusta haber representado, aunque vicariamente, a mi país en esa embajada. Tratándose de dictaduras, podríamos hablar de una verdadera cofradía. Por eso esta película cala tan hondo. Se trata del juicio a los dictadores por la justicia civil, Videla, Galtieri, Massera, todos esos monstruos. Eran nueve. Para una chilena, cada escena es reconocible. Cada testimonio. La arrogancia de los enjuiciados, seguros de ganar, los malditos, el miedo del fiscal, heroico él, y de su equipo, las calles oscuras y amenazantes. Y el triunfo final. Ese que en Chile nunca vimos, ese que tanto añoramos.

Pinochet murió en su cama.

Cuando en la escena final los ganadores se abrazan, un rayo de sol lo atraviesa todo, dejándome a mí oscura y vacía por no haberlo vivido.

14 de noviembre, lunes

Leyendo a Jean Améry.

Me obsesiono con su dolor, su lucidez y valentía —se atreve a contradecir a Nietzsche y a Arendt— en conceptos tan complicados como la patria, la tortura, la identidad, el envejecimiento. Inmenso, me comenta V. Sí, inmenso.

Como diría Améry, se acabó mi crédito ilimitado. Envejecí.

15 de noviembre, martes

Hoy se ha entregado —como gran noticia— la cantidad de habitantes que conviven en el planeta: somos ocho mil millones.

De ellos, solo diecinueve millones son mis compatriotas.

Y cada uno se cree único. Sus pequeñas vidas no serían distinguidas ni con el mejor telescopio. Qué gran insignificancia. El «yo» pasa a ser una ínfima basura en un gigantesco container.

Y entre ocho mil millones nos sacaremos los ojos por el agua, por el alimento y al final por el aire.

Y en el mes de febrero del próximo año, a pleno sol, seremos ocho mil millones y uno. Habrá nacido Octavio.

16 de noviembre, miércoles

Escribo, como siempre, frente a la gran araucaria, la observo y concluyo que somos la misma cosa. Un fenómeno unitario, nos nutrimos uno al otro y ambos anidamos, cuidando ramas y brazos para proteger.

Existe para mis ojos y mi respiración, me da la sombra y el verdor. Soy su respuesta.

17 de noviembre, jueves

Si estuviese, como hace tres años, escribiendo sobre las delicias, elegiría mi libro de Jean Améry (*Más allá de la culpa y la expiación*) como la delicia del día durante la semana entera.

La finura de su humanidad y su escritura me alzan a los cielos, como al infierno me acarrea su dolor y su claridad de espíritu. Con esa capacidad de disección, es legítimo y hasta correcto que una noche de hotel en Salzburgo haya resuelto tomar barbitúricos y acabar de una vez con todo. Si tu mente es un instrumento quirúrgico afilado y tu paciente eres tú mismo, no puedes vivir.

Ay de los vencidos.

19 de noviembre, sábado

Es usual encontrar en las redes sociales videos con animales. Pero me confunden las grabaciones de perros inteligentes. Las hay y muchas, sus hazañas resultan increíbles. Las miro y me pregunto apenada si los míos serán más tontos. No tendría material alguno para mostrar, nada que presumir. Aparte de quererme, no hacen ninguna gracia.

20 de noviembre, domingo

Fue en las orillas del Báltico. Avanzamos los dos por la arena, cada uno desde la dirección opuesta, hasta encontrarnos y abrazarnos. Cantábamos «There is a place for us». Luego nos despedimos. Podría haber parecido una mala película romántica si el mar de Estonia hubiese tenido otro color o si nosotros no hubiésemos sido tan jóvenes y bellos.

No hubo, por supuesto, otro lugar para este amor, como lo pedía la canción.

21 de noviembre, lunes

En Ucrania piden a los civiles evacuar el país por falta de calefacción. La historia ha dejado establecido el frío de esa zona en invierno, recordemos a Napoleón, a Hitler.

Allí las temperaturas bajan, bajan y bajan. Imagino a la reina mala de Narnia atravesando el campo de batalla, inmovilizando a los soldados con su solo aliento para luego transformarlos en hielo.

En el exilio conocí la sensación, no teníamos cómo pagar la calefacción. Los miembros entumecidos, ese es mi recuerdo. Y más tarde, tapando y tapando a mis hijas, no fueran ellas a sentirlo.

22 de noviembre, martes

Me insulto varias veces al día. ¿Será una costumbre colectiva o solo mía? Como si me dividiera en dos, la primera le dice a la segunda, cada vez que se equivoca, ¡qué tonta eres! Cuando la equivocación es un poco más significativa —solo un poco— la frase de rigor es ¡idiota! Qué autoestima podrá reservar la segunda, la insultada, ante tal arremetida. Y, por supuesto, sigue equivocándose.

23 de noviembre, miércoles

Admito que el amor no es correspondido.

Los árboles frutales no me quieren, me hacen sufrir y me dan la espalda. Peor: se burlan de mí. Con sus cerezas del tamaño de una mosca, con el ciruelo vacío, el damasco sin esperanza, los duraznos y las brevas avaras, todos me dicen que no. Mis intentos vanos: no me van a dar en el gusto.

Solo la uva del parrón, el mandarino y los limones de pica mantienen el rigor.

No entiendo: a un metro de ellos crecen las más bellas naranjas y las paltas deliciosas. Pero ellas son del campo, no mías, yo no las planté. Parece una venganza, pero no les he hecho ningún daño, solo les he rogado que den frutos. ¿Me estará mandando algún recado la naturaleza a través de este fracaso tan rotundo? Estoy enojada.

24 de noviembre, jueves

Los pájaros —los miles que habitan este campo— se roban el frío del cielo y al volar van calentando el aire. Y hacen nidos.

En la buganvilia del corredor al frente de mi pieza han construido uno. Su altura me impide mirar hacia el interior, pero intuyo allí sus huevos. Creo que mi presencia los intimida pues no se asoman estando yo aquí. Me espanta la idea de que me teman, si yo cuidaría ese nido como propio.

26 de noviembre, sábado

Antiguamente la letra impresa equivalía a la verdad. Y al poder. Lo que allí veíamos era lo cierto. Las personas importaban en la medida que su nombre apareciera impreso. Hoy ha perdido todo su valor. La prensa escrita es contestable, la revolución digital y las redes sociales le quitaron su dignidad a este sacerdocio y *la verdad* tiene hoy mil caminos, aunque algunos de ellos sean tan tóxicos.

Ni siquiera existen los tipógrafos, pobres letras, ya no valen nada.

27 de noviembre, domingo

Romero.
Romero.
Romero.

Si algo hizo la pandemia fue agudizar nuestros olvidos.

Compré hace un tiempo una mata de romero y la planté aquí en el campo. Hoy, al llegar, fui a verla y se había secado. Me gusta su olor y su sabor, pero olvido su nombre, algo pasa con esas tres sílabas que no logro retenerlas, nunca he podido. Y como respuesta, decide secarse.

29 de noviembre, martes

De nuevo las neuronas se mandaron a cambiar. Avanza una densidad rara en la cabeza, puro vacío, pura incomprensión a lo que me rodea, pura idiotez.

Si mi vida se hubiese detenido en aquella primera clase de Dibujo Técnico en la Escuela de Arte, supongo que estaría en un manicomio. Fue así: entraron dos profesores, vestían sombreros de cowboy y corbatas de lazo, nos contaron del programa semestral y nos hicieron los primeros ejercicios. Recuerdo como si fuese hoy los tableros con las largas hojas extendidas, la regla T y los lápices. Ellos, en el pizarrón. Yo observaba, pero no entendía una palabra de lo que decían. Algunos compañeros de curso comenzaron a trabajar. Me senté arriba de una de las mesas largas y grises que amoblaban el taller y solo atiné a mirarlos. Todo era nebuloso y tan improbable como toparse en plena selva amazónica con alguien que te hable en mandarín. Se me apretó el estómago, pensé que era la primera clase de Dibujo Técnico, ¡cuántas más vendrían!, y tuve la certeza de que nunca llegaría a la comprensión de esas líneas y esos números. La angustia debe haber sido mucha como para recordarlo con esta precisión. La rotundidad de una mente que se niega.

Así me siento hoy.

Imposible escribir.

1 de diciembre, lunes

Hace muchos años, cuando me dedicaba a lo visual, hice un trabajo planteando que el origen de la pintura chilena estaba en los cuerpos pintados de las mujeres Kawésqar y, consecuentemente, pinté el mío —desnudo— con sus mismas líneas blancas, ellas en el sur, yo en el Valle Central. Leí entonces a Martín Gusinde con rigurosidad, revisé sus historias y fotografías y desde entonces me he sentido cercana a ellas, las del cuerpo pintado, las que están casi en extinción.

Hoy las salmoneras han rebasado ese territorio, no solo desplazando a los que llevan seis mil años viviendo y pescando allí, sino poniendo en riesgo severamente el equilibrio de su naturaleza.

La codicia del *desarrollo.*

La cámara recorre aquellos fiordos, tan inalcanzables e invisibles para la persona común. Ansias de volver a pisar esas tierras, Punta Arenas, Puerto Natales, Torres del Paine, recuerdos para días oscuros.

2 de diciembre, viernes

Me encuentro con el sexo por todos lados. Hoy estrenaron *Lady Chatterley's Lover*. Qué profunda fue mi complicidad con Constance, la protagonista, y su sutil pasaje desde la novia amante a la esposa exasperada dependiente de un marido inválido y despótico. Ni siquiera me molestaron las escenas de sexo explícito, eran tales mis ganas de que ella fuera feliz. Fue una novela marcadora en mi juventud y he leído infinidad de veces sus dos últimas páginas, adoro la forma en que él habla de la castidad y de aquella pequeña llama que se debe cuidar y proteger (solo quiere vivir para esa protección).

Bravo, D.H. Lawrence. Y tan mal que te trataron en su momento por escribirla.

4 de diciembre, domingo

Entro a mi pieza y sobre la mesa me mira la portada de *Stella Maris*, la nueva novela de Cormac McCarthy. La miro de vuelta, de reojo, como si fuera a atacarme. Lleva unos días allí y aún no me animo a abrirla. Es que temo a los libros importantes. Los dejo reposar un poco para domesticarlos.

6 de diciembre, martes

Ojos.

Los más insignificantes son los ojos de ratón. Hay miles y miles por todas partes, en todo lugar, como los ratones mismos. Son de color café, un café neutro, opaco, no el bonito castaño casi siempre brillante, tampoco el oscuro casi negro. En su entorno no hay sombras ni iluminaciones, como en los bellos ojos de los árabes, no, son inertes y sin picardía. Las pestañas son cortas. Nada resalta, nada invoca.

Tantas personas en Chile —y en la tierra— tienen esos ojos. Permanecen un segundo en mi retina y los olvido, tan intercambiables son.

7 de diciembre, miércoles

La tía B. tenía ojos de gato, como la Greta Garbo. Era bella, bellísima, y etérea, alada, como si pudiese convertirse en aire o agua. Pero con sus ojos verdes y su hermosura, era ansiosa. Ansiosa, ansiosa. Y la ansiedad le mató todos los sueños. Ciertas gatas, las de paso majestuoso y mirada de esmeralda me la recuerdan, el decoro con que se tendía en su canapé de terciopelo en sus últimos años, tan limpia, como si hubiese pasado la mañana lamiéndose. Bien le habría hecho contar con la inconsciencia de las gatas. Desde su adolescencia soñó con el AMOR, así, en mayúsculas. Era tan romántica como una novela decimonónica, pasó los años preparándose para él. El problema es que se le notaba y los hombres tendían a escapar. La familia nunca contó su verdadera historia, ¿se habrá enamorado de un hombre casado, por ejemplo?, o quizás el objeto de sus sueños resultó ser gay. Pero en mi infancia me sorprendía que no tuviera marido. Como niña chica que era, creía que solo las mujeres feas se quedaban solteras.

9 de diciembre, viernes

En la peluquería me dejan media hora con la tintura en la cabeza y no puedo hacer nada. Ni leer, ni fumar, ni escribir. No sé no hacer nada. Pienso en Simone Weil: la atención.

Pero entre música tecno, resoplidos de secadores y conversaciones entusiastas, difícil partir tan alto. Mejor hago una lista mental de los libros que regalaré para Navidad, cuál para cada uno. La completo y empiezo otra lista: las cosas que me disgustan. Pienso en un avión, por ejemplo. Pienso en los adultos que comen con un vaso de leche en vez de agua o vino. Pienso en un cuerpo masculino desnudo con los calcetines puestos. En toallas con olor a humedad. En el hedor matinal de un cenicero que no se ha limpiado la noche anterior. Cuando me avisa el peluquero que estoy lista, caigo en cuenta de que podría seguir y seguir. Así son las tardes en una peluquería.

10 de diciembre, sábado

Bolsonaro —presidente de Brasil que recién perdió la reelección— no aparece ni administra ni preside su país hace más de un mes. Hablemos de fortaleza. Nadie puede gobernar una nación sin gobernarse a sí mismo. Se deprime y se encierra, como si fuese un ciudadano cualquiera. Pienso en la falta de control, de voluntad, de cojones y en cómo llegó un hombre así a presentarse siquiera a una elección. ¿No conocía acaso su nivel de debilidad, nunca se hizo una introspección?

Me merece desprecio una mente así, aunque hay treinta y cinco grados de calor, por lo que el desprecio es fácil.

11 de diciembre, domingo

Como la enamorada necesita el tacto del amado, necesito yo el relincho de un caballo.

Me acude César Vallejo: la soledad, la lluvia, los caminos.

12 de diciembre, lunes

En mi infancia se usaba la expresión «tener pidulles» para los que no podían quedarse quietos. No la he vuelto a escuchar. En mi entorno, todos tienen pidulles menos yo. La gente ama desplazarse, ir de aquí para allá, de allá para acá, cambiar de casa y de cama y de región y de país. Yo huyo del movimiento, quiero quedarme quieta.

Leo cuentos de Ingeborg Bachmann, tan aplaudida autora, y no me dicen gran cosa. Ya había probado con ella hace algunos años y ahora he vuelto, con los mismos resultados: no me conmueven ni su escritura ni sus historias. Fue amante de Paul Celan, eso sí me parece interesante.

14 de diciembre, miércoles

No existen ojos chilenos que no se embelesen con este largo, larguísimo muro de picos blancos que contiene al país entero. La cordillera de los Andes es nuestro paisaje primigenio, nuestro estandarte, nuestra identidad. Sin embargo, es lejana. Hostil. Imposible lugar para hacerse un ovillo y consolarse. No nos llega su olor, determinante para interpretarla, aunque la sintamos tan propia. Propia pero distante, como los amantes impasibles.

Esta postal.

Esta hermosura.

Este cobijo.

Sin ella nos alzaríamos a la intemperie.

15 de diciembre, jueves

Mantén tu cara siempre hacia el sol, dice Whitman, y las sombras caerán detrás de ti.

¿Cuánto sol es necesario?
¿Y
si
los
inviernos
se alargan?

17 de diciembre, sábado

Qué ciudad, Santiago: 36,7 grados. Me recuerda al mar
Muerto en Jordania, con 44 grados o Kotor en Montenegro con 43. El cuerpo se entrega, exhausto, músculo a
músculo languidece.

Volví a casa de mal genio: el aburrimiento. No soporto aburrirme por mi propia voluntad. Si en un almuerzo
tu acompañante empieza a hablar a la hora del aperitivo y
cuando llega el café sigue hablando sin que tú hayas inter-
venido, algo está muy mal. Se anula la conversación, el vín-
culo y la posibilidad de desgranar cualquier situación que te
interese. ¿Por qué puede alguien creer que hablar y hablar
de sí mismo puede ser interesante? Entiendo si me hubiese
estado contando una aventura con George Clooney pero
no, una lata tras otra lata y otra lata más. Y nula curiosidad
por su interlocutora. Debiese haber detenido esa egolatría
por mi propio bien, pero estaba muy cansada para hacerlo.
Hoy me voy a la cama con una baja opinión de los mortales.

Cuido mis energías porque son escuálidas. No puedo
someterme a esto.

18 de diciembre, domingo

Todos en el barrio se visten de negro, mis linos coloridos
desentonan. Miro pasear a la gente joven y me pregunto

cuáles serán sus esperanzas. Las pequeñas calles se repletan y sus invasores parecen contentos con aire y con sol. Toman helados. Comen waffles. Muchos se mueven en círculos, sin dirección, un lujo de domingo esta falta de prisa. Benditos ellos. Las parejas se besan en el parque (como diría Gore Vidal, entiendo el acompañamiento, también el sexo, pero no el romance). Además, los niños. Y los perros. Un barrio como Dios manda.

19 de diciembre, lunes

Leo en una novela —a propósito de su protagonista—: «Por demasía de sufrimiento su realidad ya no era convincente».

A esas personas las llamo «las acontecidas». A las que siempre les está sucediendo algo malo, como si las acecharan, a las que el sol no acaricia sino quema. Llaman a la desgracia. Ey, tú, no pases de largo, me falta la cuota de problema o de dolor o de desengaño o de lágrimas. Y a ella, la desgracia, ¡qué le han dicho! Con su maligna conciencia apunta de inmediato a su objetivo y así todo vuelve a su lugar, cada una ha cumplido su papel.

20 de diciembre, martes

Des-po-tri-car. Es un verbo gracioso, feo.

Luego de usarlo contra las egocéntricas y las acontecidas, hoy le toca a los sentimentales.

Como diría Kundera: *kitsch*.

Blando, torpe, aburrido y mentiroso, así es el sentimentalismo. Dulzón. Insustancial. Pan al pan, vino al vino. Sin adornos. En mi familia a sus adictos les llamamos «las almitas temblorosas».

Lloran.

Dramatizan.

Son cursis.

Disfrutan exteriorizando.

Endulzan la realidad.

No admiten lo hostil y lo enmascaran; sin embargo, con qué facilidad se les quiebra el corazón. Un quebranto cubierto de caramelo. Y lo exaltan. Qué cantidad de lágrimas derraman. Las frases de amor que profesan —a los padres, a la pareja, a los hijos— suelen ser de un terrible mal gusto.

Puesta a elegir, me quedo con lo duro, con lo recio, con lo austero.

21 de diciembre, miércoles

En *Bienvenida a casa*, Lucia Berlin escribe largos capítulos sobre las casas en las que ha vivido, desde la infancia hasta la madurez, y aunque son muchas, de cada una tiene algo que decir.

Nuestra casa de la calle Bucarest.

Un día, en un almuerzo con mis hermanas, leímos en la prensa que a la Geisha, sí, a la Geisha chilena, le habían embargado la casa, la sacaron con la policía y la dejaron en la calle armando un feroz alboroto. Por pura curiosidad, una de nosotras preguntó: «¿Y dónde vivía?» Leemos, atónitas: calle Bucarest. La casa había quedado en el total desborde y ella había partido hasta con los excusados.

¡Nuestra casa!

La Geisha, famosa farandulera, escandalosa, cuyas apariciones en la prensa nunca fueron por motivos muy santos, da titulares de tanto en tanto, todo un personaje nacional.

La de Bucarest era una casa tradicional de dos pisos más una mansarda y un pequeño jardín en un barrio de Providencia. Como éramos cinco hermanas, el lugar estaba siempre repleto, las visitas más formales en el living, los pololeos en la mansarda. El comedor era amplio y allí nos sentábamos sagradamente a la mesa cada día todos los habitantes, nada de bandejas ni de comidas en las piezas. Todo era perfectamente correcto. Hasta el día en que mi madre, ya sin hijas en la casa ni marido vivo, decidió venderla. Nunca preguntamos quién era el comprador.

Era fascinante y macabro a la vez imaginar esos muros tan largamente familiares en manos de este personaje, ¿qué pasaría allí adentro? ¿Cómo un mismo esqueleto de arquitectura resiste vivencias tan disímiles? La verdad es que santas quedan pocas en nuestra familia, pero ¡todo tiene su límite!

A Lucia Berlin le habría encantado esta historia.

22 de diciembre, jueves

Me encontré el otro día en el parque con una amiga de la universidad a quien no veía hacía mucho tiempo. Paseaba con un niño en una mano y la correa del perro en la otra, acompañada por una mujer joven y dos hombres, uno también joven y el otro apenas viejo. Cómo tanta familia, pensé, si nunca se casó. Recordaba que su vida era más bien desordenada y que le gustaba escandalizar, oponiéndose al concepto de familia, de maternidad y de matrimonio. Unos días más tarde me la topé de nuevo en el parque, fumaba sola sentada en un banco. Entonces aproveché de preguntarle.

Un día decidí ser madre, me cuenta, y tuve una hija. Parece que me quedó gustando porque más tarde cambié de pareja y volví a parir, de nuevo una mujer. No me casé con ninguno de los padres. Pasó el tiempo, dejé a mis parejas y envejecí, como todas. Tenía un departamento más o menos económico aquí en el barrio y me vine a vivir sola hasta decidir qué hacer conmigo misma. Cuando recibí una herencia compré tres departamentos en esta calle, para mis dos hijas y para mí. Por fin vivíamos todas en la misma cuadra. Sí, las dos hijas que en principio no quería tener, ¿te acuerdas? Pero una de ellas sufría porque quería estar cerca de su padre para cuidarlo y me pareció de lo más natural ofrecerle ese primer departamento económico, allí estaba, al ladito. Luego vino la pandemia, ya sabes, y el padre de mi otra hija se sintió aislado, nos pusimos manos a la obra y le encontramos un lugar en el edificio colindante. Ya, no me mires con esa cara. Es que en una cosa creí en la vida: que la familia, a fin de cuentas, son los espacios. Un simple tema de bienes raíces.

23 de diciembre, jueves

Annie Ernaux, mientras escribe, comenta su búsqueda del «orden de las palabras, el orden de la escritura», en buenas cuentas, la forma en que cada letra debe quedar escrita. Me angustia un poco. Nunca he pensado en *el orden* mientras escribo, más bien en el sonido. Es más, no me queda claro qué vendría siendo el orden. También hay que jugarse por cierta espontaneidad, por cierto aire fresco que intervenga cualquier texto. Pero Ernaux es francesa.

Anaïs Nin, en cambio, también francesa (aunque sus antepasados le habrán inyectado algo de lo hispano), no parecía estar sometida al orden. Su gran obra es su diario de vida (en el fondo, la de Ernaux también), lo que es ya un enorme desorden, pero fluye con formidable libertad. Hay muchas formas de ser libre, dice, una de ellas es trascender la realidad por la imaginación. Y ella está siempre imaginando. Escribe *La casa del incesto* y pienso en Pamuk y la Berberova, los que buscan un lugar. Todo el relato sucede en algún tiempo indeterminado en una casa con mil habitaciones, bajo el mar, entre colores y perfumes sexuales. En ella se atenúa todo rumor.

24 de diciembre, sábado

Salí a la calle cuando el sol ya bajaba y me encontré el barrio vacío. Oh, es Navidad, lo había olvidado.

Por primera vez en mi vida me quedo —en esta fecha— tranquila en casa, lo que me produce una imponente liberación. Siempre fuimos obligados a tener alguna actividad, aunque la celebración familiar fuera el día 25 y no el 24. Entonces terminabas haciendo dos navidades. Nuestro calendario imprime tanta fecha y momentos obligatorios, la norma se nos instala en los pies para que los echemos a andar, para que nos movamos, nos dirijamos a algún lugar y de súbito no hay lugar adonde dirigirse. Algunos lo lloran. Otros, como yo, se alivian.

Me pregunto por qué los ateos o agnósticos celebran esta fecha si no creen en ese niño nacido en Belén.

Nota al margen: igual se me caen las lágrimas cuando escucho «Noche de paz».

25 de diciembre, domingo

¿Para qué escribir si Anaïs Nin ya lo dijo?

«Me niego a vivir en el mundo ordinario como una mujer ordinaria. A establecer relaciones ordinarias. Necesito el éxtasis. Soy una neurótica en el sentido de que vivo en mi mundo. No me adaptaré al mundo, me adapto a mí misma».

26 de diciembre, lunes

¿Por qué nos llamamos como nos llamamos? El nombre, aquella palabra que repetimos y nos repiten a diario, desde la infancia hasta el último día, será probablemente el sonido más usado por cada uno de nosotros, pero ninguno intervino en su elección. Nos lo dan al nacer como la piel o el color de los ojos, aunque no lo acarreábamos desde el vientre materno. O sea, menos válido aún. Se podría calificar como un acto de sometimiento: la identificación con algo que otros inventaron.

Llamarse Marcela, ¿qué sentido tiene?, ¿por qué me bautizaron con él? Nadie en mi familia se llama así, es un nombre vulgar que yo jamás habría escogido, pero aquí me tienen, cargando con él. Me habría gustado tener el nombre de una abuela, nombres antiguos y bellos y que significaran algo. Los de moda me parecen intolerables, generaciones enteras que se llaman iguales, las Antonias, Danielas, Franciscas, Camilas, Macarenas, para terminar todas en la Anto, la Dani, la Fran, la Cami, la Maca. Los venezolanos son imbatibles para inventar nombres: recuerdo, para una firma de libros en Caracas, el enorme esfuerzo que debí hacer para entender los nombres que me dictaban y que resultaban imposibles para mis oídos. Bueno, siempre están abiertas las puertas del Registro Civil para cambiarlos, si es que te importa lo suficiente.

28 de diciembre, miércoles

Pobre laurel. Nadie lo mima. Entre las dos higueras y varios paltos, sus flores rosadas iluminan el verde severo en que está sumergido y nadie agradece su color.

Ha crecido mucho desde que lo planté hace ocho años, ya es más grande que yo. Sin embargo, como si lo discriminara, no lo halago ni lo consiento. Mientras Marcel juega a mi lado en el agua, decido hacerle una limpieza merecida. Arranco cada flor o botón seco o alicaído o gastado por el sol y emerge el rosado de sus ramas, nítido y brillante, y me da las gracias. Trabajo sobre su cuerpo hasta que los dedos se me cansan y prometo nunca más dejarlo solo. No se abandona lo que una misma ha originado.

Pobre laurel.

Voy por un vodka para hacerme perdonar.

29 de diciembre, jueves

Fui a estirarme sobre la tumbona al lado de la piscina para jugar a buscar pájaros en el cielo, como hago con Marcel. Competimos y gana el primero que ve al pájaro sobre su cabeza. Ahora la tumbona está vacía y pienso si vale la pena jugar sola. Él ya volverá, pero los pájaros de este año se habrán ido, irreversibles.

Nos acostumbramos a vivir con un amor que nos inunda, nos ahoga, nos ciega, nos controla. Eso dice Maggie O'Farrell sobre los hijos. Y yo agrego: los nietos.

30 de diciembre, viernes

Cierro este trabajo sorprendida. Pensé que la escritura de cada uno de los tres cuadernos sería diferente, de acuerdo al concepto elegido para el año. Concluyo que eso no ha pasado. El cuaderno de las Delicias cumplió, pero el Asombro y el Sol se han entrelazado creando una misma caligrafía, lo que significa que la bruma lo cubrió todo por igual, las notas soleadas se confundieron y el asombro se las arregló para estar siempre presente.

31 de diciembre, sábado

Pero no importa, *I'll follow the sun.*
Seguimos.

Esta obra se terminó de imprimir
en el mes de junio de 2024,
en los talleres de Grafimex Impresores S.A. de C.V.,
Ciudad de México.